組織犯罪
Organized Crime

陳慈幸 主編

 濤石文化事業有限公司
WaterStone Publishers

國家圖書館出版品預行編目資料

組織犯罪＝Organized crime／陳慈幸主編. - - 初版. - -
嘉義市：濤石文化， 2002【民91】
面 ； 公分
ISBN 957-30248-9-6 （平裝）
1.集體犯罪
548.548 　　　　　　　　91016556

組織犯罪
Organized Crime

主　　編： 陳慈幸

出 版 者： 濤石文化事業有限公司

發 行 人： 陳重光

責任編輯： 吳孟虹

校　　對： 吳孟虹、張晏綾

封面設計： 白金廣告設計 梁叔爰

地　　址： 嘉義市台斗街57-11號3F-1

登 記 證： 嘉市府建商登字第08900830號

電　　話： (05)271-4478

傳　　真： (05)271-4479

戶　　名： 濤石文化事業有限公司

郵撥帳號： 31442485

印　　刷： 鼎易印刷事業有限公司

初版一刷： 2002年10月(1-1000)

I S B N ： 957-30248-9-6

總 經 銷： 揚智文化事業股份有限公司

定　　價： 新台幣400元

E-mail ： waterstone@giga.net.tw

http://home.kimo.com.tw/tw_waterstone

作 者 簡 介

✳ 陳慈幸
日本中央大學法學博士
中華民國犯罪學學會副秘書長
國立中正大學法律系兼任助理教授
國立中正大學犯罪防治系暨
研究所助理教授
教育部全國中輟防治研究中心
教育訓練組組長

✳ 陳耀宗
中央警察大學畢業
中正大學碩士研究生
現任澎湖縣警局課員

✳ 程敬閏
中正大學犯罪防治研究所
博士研究生
中華民國犯罪學學會理事

✳ 紀文勝
台灣大學法律系畢業
中正大學碩士研究生
現任雲林地方法院少年法庭庭長

✳ 許茂雄
中央警察大學畢業
中正大學碩士研究生
現任台中監獄教誨師

✳ 張雅嵐
東海大學政治系畢業
中正大學碩士研究生

✳ 吳淑裕
中央警察大學犯罪防治系畢業
中正大學碩士研究生
現任雲林縣警局少年隊巡官

✳ 金 玲
空中大學畢業
中正大學碩士研究生
現任職警政署保五總隊

✳ 曾姿雅
高雄醫學大學心理系畢業
中正大學碩士研究生

✳ 唐大宇
輔仁大學法律系畢業
中正大學碩士研究生

✳ 胡乾鋒
嘉義師範學院畢業
中正大學碩士研究生
現任台中縣公館國小教師

✳ 洪文聰
中興大學法律系畢業
中正大學碩士研究生
現任職嘉義縣政府政風室

院長序

　　以往組織犯罪，不外乎是小規模流氓或犯罪者的聚集，組織鬆散，對社會危害不大。但隨著時空環境變遷，組織犯罪逐漸轉型，內部分工趨於精細，且朝向公司企業化經營，進而發展出各種不同類型的犯罪組織，危害層面更擴大到整個社會、經濟、甚至是國家安全（如美國境內遭受到恐怖組織的攻擊）。因此，對於各種組織犯罪的研究與對抗，就顯得格外重要與急迫。

　　國立中正大學犯罪防治研究所，為台灣南部地區犯罪問題的研究重鎮，平時對於台灣本土的犯罪研究，貢獻頗多。此一「組織犯罪」論著為犯罪防治研究所專責法律學之陳慈幸教授集合多數研究生平時研究的成果與努力，彙編成冊。本書對於各種類型的組織犯罪均有精闢的分析與見解，可稱為國內少數有關組織犯罪之重要代表作品。相信大家在研讀本書之後，將獲益良多，特別是對組織犯罪研究領域及相關實務工作者，會有更大的幫助。

　　值得一提的是，這一群年輕、充滿活力的老師與學生，除了在學術研究上追求卓越，在社會人文關懷上也表露無遺。本書在陳慈幸教授及全體作者的的美意下，版稅全數捐給國立中正大學教育學院，作為本院興建二館工程之用，此種熱忱，相信亦是值得推崇的。

　　教育是種奉獻大愛的精神，陳教授對於教育以及中正大學教育學院的熱忱，本人深感欣慰，除感謝她與其他共著者外，亦希望陳教授能在研究領域上更上層樓。

楊國德

中華民國九十一年六月三十日

序於國立中正大學

楊序

　　近年來台灣地區受到外來文化的衝擊，傳統的道德規範已無法束縛現代人對自我行為的基本要求；自我意識高漲的價值觀充斥在各種傳播媒體的報導中。在這種情況下社會中的部分成員未能擔負起個人在社會中應扮演的角色和應盡到的責任及義務，卻轉向認同不良的同儕團體，形成強盜搶奪集團、藥物濫用、街頭飆車競速、幫派入侵校園恐嚇勒索等等共同犯罪行為，這不僅是社會治安的一大隱憂，更令人憂心的是許多在學的青少年在未經世事的無知心態下，就陷入犯罪的泥淖中，且愈陷愈深，終至萬劫不復。

　　面對毒害日深的組織犯罪問題，個人在擔任中正大學犯罪防治研究所所長任內，曾從事監獄幫派調查研究，並給予政府各項政策之建言和針砭，以期能對於打擊此類「以犯罪為宗旨」的常習性集團犯罪有所貢獻。

　　陳慈幸學棣在本所服務期間致力於「組織犯罪」方面之研究工作，對於當前防治組織犯罪提供我政府諸多正面的建議，實為一不可多得之英才。欣逢中正大學教育二館即將動土興建，在尋求各界經費奧援之際，陳老師邀集所內十餘位優秀之博碩士班研究生針對組織犯罪問題集思廣益，貢獻所學，將著作集結成書付梓，並將新書之版稅悉數捐獻作為教育二館等設之部分費用。雖為杯水車薪，卻不失為拋磚引玉，為募集更多經費的前導之舉。

　　打擊組織犯罪之成效若不彰，足以撼動國本，並招致亡國滅族之禍。今日欣聞陳教授帶領學生苦成此書，期能喚醒國家及社會大眾對於組織犯罪之危機意識，欣喜之餘予以嘉勉並為之序。

楊士隆

中華民國九十一年七月八日

序於中正大學犯罪防治研究所

自序

　　在撰寫本書時，我經常在研究室從清晨待到深夜。雖說研究的工作是相當孤寂的，在四坪不到小小的斗室中，面對著大型的液晶型電腦，我寫下一句句對於目前青少年犯罪的詮思與對於未來法治教育工作的企望。

　　中正大學的夜色是相當美的，我無法真確地告訴各位我所感受到的情境，也是因為如此情緒的驅動，我才可以用最懇切的心，道出句句對於教育的真誠。

　　有人說，青少年犯罪問題是一個進步中社會的產物，而同時也是一個污點。但是，目前愈漸增加的青少年犯罪問題也使得這個污點擴大為一種黑暗，並逐漸吞噬著許多遊走於黑暗邊緣淪失的靈魂。對於這群迷失的靈魂，他們的孤獨與無助以及對於救贖的企渴，深深地擄掠我的思緒。

　　對於這群孩子，我經常在詮索適切的輔導方式。刻板的刑罰雖然能一時遏止非行少年的犯罪行為，但是，這是真確的輔導方式嗎？我經常如此迷惘著。

　　或許，非行少年所需要的不是法律上的刑罰，而是社會對於他們的認同。這種認同感也就是教育青少年一個價值感的理念，也就是，自己仍是於社會中佔有一定地位、仍有存在性的價值。

　　此種對於自我生存價值理念的認知，或許正是我詮思中的輔導及教育非行少年的最佳方式。

　　我想，非行少年的輔導方式也正與「北風與太陽」的童話不謀而合[1]。在這個故事中，最後使旅人將他的大衣脫下的，不是強硬地使旅人脫下外衣的北風，因為，越受

強風的侵襲，旅人只有愈將外衣拉緊禦寒。但是對於溫暖的太陽，旅人卻自動的脫下了他的外衣。

對於非行少年的輔導，目前的我們是否選擇了北風的角色呢？

最後，謹對於提攜我進入教育界並影響我最深的中央警察大學校長蔡德輝博士以及國立中正大學教育學院院長黃光雄博士，呈上我最深的謝意與感恩。

言語僅能道出我的平庸，感動與情感的昇華才是超然物外的意境。

陳慈幸
中華民國九十年十二月
於中正大學教育學院

1.在此引用我最尊敬的一位日本律師伊藤芳朗先生的話。

送給我們熱愛的

中正大學與教育學院

目　錄
Organized Crime

Ch13...宗教斂財之迷思

Chapter1

組織犯罪現象與法規範初探：
關於日本組織犯罪之探討

- ■ 前言
- ■ 幫派犯罪之現象
- ■ 幫派以外組織犯罪類型初探
- ■ 組織犯罪之法規範與處遇
- ■ 結論

陳慈幸

日本中央大學法學博士
中華民國犯罪學學會 副秘書長
國立中正大學犯罪防治系暨研究所 助教授
國立中正大學法律系暨研究所 兼任助教授
教育部全國中報防治研究中心 教育訓練組組長

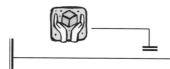

前言

　　組織犯罪為國際間嚴重治安問題，已不容忽視。關於組織犯罪防制對策的探討，成為國際間一大盛事，世界各國，莫不競相以組織犯罪相關對策為議題，進行立法之程序。

　　「組織犯罪」的立法制訂，首重定義的界定。目前組織犯罪相關法令中對於組織犯罪的定義，卻產生爭議性的模糊。原因是，一般實務人員、學者多以傳統暴力性質的幫派犯罪觀點來詮釋組織犯罪，不僅我國，多數國家組織犯罪防治條款及其相關刑法修正也多以針對此為出發點，因此，法令中歷歷可聞暴力幫派魅影聳聲。

　　縱覽目前組織犯罪，組織型態、規模及謀求利益的手段已逸脫傳統暴力幫派。例如，企業犯罪，是以合法企業型態為掩護肆伸犯罪之爪；目前少數宗教團體，也超乎世人「信仰為善」信念，從事非法行為。因此，對於組織犯罪的定義，不應單以依循暴力性質為主，此為學者專家所必需深思。

　　承述所言，以組織型態犯罪之主體已非幫派，或不僅為幫派情形，已在目前社會中所發生的組織犯罪類型中歷歷可見。但往昔的定義，例如以暴力犯罪的性質及以「團體」為主的概念，仍是不可或缺要件。因此，日本擬定「組織犯罪對策法」草案時，擴大了以往的定義，將「『以暴力犯罪為宗旨之組織』，或『以非法利益為宗旨從事犯罪行為之組織團體』」合併為「組織性質的犯罪」。

　　為避免學術的訛誤，本文摒棄廣義組織犯罪的論述，探傳統暴力幫派組織犯罪研究。因此，本文將日本研究文獻中所擴充之組織

犯罪類型，例如企業犯罪、宗教犯罪等議題為輔，將傳統的幫派犯罪為核心議題論述。

　　本文原針對組織犯罪本體做深入探討，惟組織犯罪之定義過廣，為使本議題更為精確，故擬將組織犯罪中擇取幫派犯罪為對象，並以「現象面」及「法規範」二方面擴大論述，雖有範圍過大之嫌，但以研究比較法學之觀點，或許也有些許參考價值。

幫派犯罪之現象

日本幫派之沿革

　　日本幫派統稱為「暴力團」(Bouryokudan)。

　　「暴力團」之語最初非法律用語及一般慣用語。二次世界大戰後，日本警方及報章傳媒為求語彙統一，將當時「やくざ」(Yakuza)、或「極道」(Gokudou)等幫派的稱謂統稱為「暴力團」。此使「暴力團」一語逐漸普及化，成為一般民間常用語。

　　「暴力團」真正成為法令用語是在二次世界大戰結束的數十年後。為有效防制幫派犯罪，日本政府於一九九二年三月一日公佈並施行「暴力團對策法」，由此，「暴力團」一詞於此正式成為法定用語。

　　再論日本幫派形成的緣起。

　　日本幫派聚集的前身可追溯到十八世紀日本江戶時期的賭場聚集。十八世紀時，一些地方有力人士結合了地痞流氓，在地方上成

立賭場收受利益。此種賭場是暴力與利益的結合體，也就是幫派聚合形成的要因。

二十世紀後，警察對博奕業嚴格強化取締。因此，博奕業者將賭場開設於掩人耳目之地，以「掛羊頭賣狗肉」的合法事業掩護，或以賄賂警察的方式，以求存續。

二次大戰時，博奕業者與右派分子結合，暗中資助右派份子政治的活動[1]。二次世界大戰後，維持公共安全的警察勢力衰敗，加上當時社會中退役軍人與失業者增加，博奕業者深感亂世中賭場經營困難，於是轉為黑市販售毒品、賣春斡旋營利，逐漸擺脫博奕專業，成為當今稱為「暴力團」的幫派。

一九五〇年代後期，「暴力團」以暴力為後盾經營各式非法行業，因此勢力範圍亦因暴力經營的關係逐漸遍及社會。伴隨經濟成長，幫派份子除暴力犯罪之外，逐漸以企業犯罪其經濟基礎，以求更多利益。

一九七〇年代時，日本幫派轉為以企業、經濟犯罪為主，暴力為宗旨的經營型態已較少見。此外，取締幫派之聲逐漸擴大，幫派間進行統合計畫，大型幫派吸收了部分零星小型幫派，使大型幫派呈現勢力擴張的現象。

再論幫派型態的消長情形，日本主要學術文獻將幫派型態劃分為四個階段（**參閱表1-1**）[2]。

表1-1　日本幫派組織織轉型期之説明

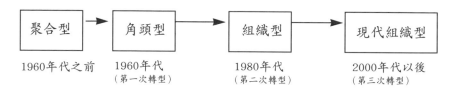

聚合型	角頭型	組織型	現代組織型
1960年代之前	1960年代 （第一次轉型）	1980年代 （第二次轉型）	2000年代以後 （第三次轉型）

1.加藤久雄（2001年3月），「刑事政策」，青林書院，頁253。

2.松下義行（2001年5月），「暴力團の實態の對策—關西暴力團中心」。
　警察政策會資料第十五號，頁1。

　　第一時期為一九六○年代之前，日本國內幫派是傳統的「聚合型」。組成份子大多為地痞流氓，犯罪行為皆是臨時起意為多。

　　第二時期為一九六○年代之後。日本幫派進行第一次轉型，並從以往單純的犯罪聚合逐漸轉型為「角頭型」。此時幫派的非法營利仍是以傳統賭場經營、風俗業、麻藥販售為主。

　　第三時期為一九八○年代，也就是第二次轉型期。

　　從事傳統營利行為的「暴力團」，因國內經濟變化及拓展國際化，迅速發展為「組織型」，並公然以幫派威名擾民。例如，成立討債公司或以上市公司小股東身分在股東會上鬧場、恐嚇；或以勒索分紅之方式（日人稱為「總會屋」）專擾中小企業及銀行。

　　此外，幫派的營利事業性質方面，保有傳統非法營業較少，此時期組織幫派集團已拓展為一般企業型態。第三時期可說是日本幫派集團發展最快速時期，亦是奠定日本幫派集團朝向企業化經濟活動發展之重要關鍵。

　　第四時期為2000年代以後（第三次轉型期），因日本國內經濟不景氣，經濟成長率低迷，後又連遭全球性經濟不景氣波動等影響，失業率屢高不降。各企業為求自保，採裁員等各種濟急措施，拯救企業危機。在低迷景氣下，幫派組織無法如同往昔吸取大型企業利益。此外，一九九九年日本政府公布實施組織犯罪對策法，此法於實務及學術界大力倡導下，企業界與實務機關同聲共同抵制組織幫派的威嚇。

　　因新組織犯罪法令施行，幫派份子無法公然再以威名侵擾企業界，為避免幫派消滅，幫派份子一方面配合相關單位辦理登記，配合政府單位管理。另一方面，將非法營業活動轉為與他國合作從事地下化經營，例如與大陸幫派合作，從事偷渡客非法入境日本以及其他國家偷渡的斡旋，或與其他亞洲黑道幫派串連從事偽造貨幣、信用卡，以及販售毒品工作。

　　日本國內幫派組織雖早於一九八○年時已轉為「組織型」型態，但挾其威名脅嚇企業界的風光卻因經濟不景氣影響，蕩漾無

存。此外，幫派所經營的各式企業也受到不景氣波及倒閉的狀況非常多。因此，第三時期（一九八〇年代）與第四時期（二〇〇〇年代）的幫派類型雖皆已轉化為「組織型」，但牟利方式由「公然化」轉為「非公然化」。

幫派組織之特色

　　幫派的定義，綜合目前台、日二國傳統的定義來說，為「集團性或常習性行使暴力行為之組織」。因此，以暴力犯罪為背景維持組織本體的存續，為幫派活動的本質。

　　窺探幫派內部，層級分佈極為確立，一切活動均由上級指揮命令。也就是，幫派首領對旗下人員下達指揮命令，同時旗下成員對首領誓以忠誠，並為組織的利益從事非法行為。組織份子如違反組織內部規律（「幫規」）時，將被組織施以制裁。

　　前述已有說明，首領階級的「大哥」有權命令旗下「小弟」從事非法營利，「小弟」為對幫派及「大哥」誓以忠誠，除竭力遵守指令外，有時還會替「大哥」頂罪。「小弟」代「大哥」頂罪之舉，已非中外稀事，其理由乃在於前述之為表忠誠之外，尚有為確保從監所釋放後便於組織內升遷的機會。

　　再論日本幫派。

　　日本幫派最明顯的特徵是，內部階層文化。

　　除幫派之外，日本社會其實是充斥著濃烈封建式文化，這是儒家文化東傳的輝煌。

　　封建文化的影響，「服從長上」是日本社會的中堅理念。也因此，日本社會呈現出井然的秩序。此點除讓日本犯罪率得到有效的控制，並使治安良好之美名播及世界各國外，同時，亦使得日本於二次世界戰敗後迅速擠身於世界經濟強國。

　　日本幫派文化也受到封建文化影響，內部層級制度也歷歷可見。

日本組織犯罪集團基本上由「大哥」（日語稱為「親分」(Oyabun)）及「小弟」（日語稱為「子分」(Kobun)）之上下擬制關係所組成。雖我國幫派組織中也有「大哥」與「小弟」上下層級觀念，但其性質較傾向於對長上的崇敬。日本層級觀念，除「對於長上的崇敬」外，也涵蓋了對於上司、君主崇敬的意喻，與台灣的幫派文化有些迴異。

從**表1-2及表1-3**中即可窺視出台日二國組織結構的不同。我國幫派組織著重人治管理。以竹聯幫為例，我們可以看到總堂主（首領）以下的明顯層級構造，其狀態似為一個大家庭，堂主地位如同家庭之尊親。日本幫派雖強調人治管理，但其組織構成主要是管理部門與執行部門的分層管理，並注重管理部門與執行部門間互相的協調性，分層構造也井然有序，與一般企業極為相似。

幫派犯罪之特色

幫派活動主要目的為維持組織存續及發展。依其性質，又可細分為「純為經濟利益」，以及「為擴展或維持組織存續」等二大類。

以往幫派為謀求利益，多從事賭場經營、賣春斡旋、麻藥非法販售等傳統非法行業。近幾年，為求更多利益，幫派以脅迫的手段，從事交通案件和解斡旋，及從事討債活動等之民事案件介入暴力的行為。此外，許多大型幫派成立地下金融機構，或以幫派之名，成立討債公司或專門以上市公司小股東身分在股東會上鬧場、恐嚇，其他尚有以勒索分紅（日語稱為「總會屋」）專擾中小企業及銀行。

另一方面，近幾年因迴避法規範及取締方案，日本幫派間進行內外部統合，並吸收地方零星小型幫派，此種迴避取締的「瘦身」方案，造成了幫派勢力向外擴張，形成幫派間鬥爭愈演愈烈。同

表1-2　竹聯幫組織結構[3]

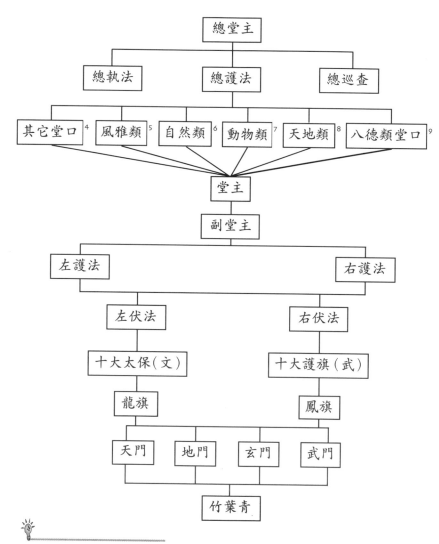

3.資料來源：莊榮宏，竹聯幫三十六堂口成員名單，自由時報，民國85年
11月11日。

4.可分斗六堂、戰堂、捍衛隊。

5.可分梅、蘭、竹、菊、月、聖等。

6.可分東、西、南、北、風、火、雷。

7.可分龍、獅、天蠍、天龍。

8.可分天、地、至、尊、萬、古、長、青。

9.可分忠、孝、仁、愛、信、義、和、平。

表1-3 日本大型組織－山口組之結構[10]

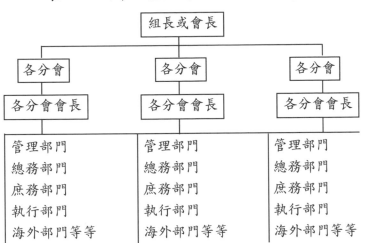

時，幫派間的鬥爭造成了槍枝的高使用率，例如近幾年日本幫派間械鬥已衍化為在街道公然開槍射擊，波及無辜民眾，對於人民日常生活造成直接的威脅。

近幾年，幫派跨越國際從事犯罪已為常象。日本幫派於跨國犯罪方面，山口組除於歐美各國設置分區辦公室，與當地幫派合作從事非法麻藥販售，並於民國六、七十年代時在台灣成立製造安非他命地下工廠，將所製造安非他命輸往日本、韓國販售。最近山口組活動因一九九九年組織犯罪對策法之頒佈轉為地下化，主要配合大陸漁船走私偽造信用卡、香菸、以及大陸人民偷渡斡旋[11]。

幫派營利活動的傾向主要為積極開拓新市場，並以低成本高利益取得為主。因此，幫派在從事營利行為時，精於市場利益評估。因此，幫派最近積極引進現代科技，例如電話、傳眞、電腦情報等通訊技術，並熟知各國金融制度。例如，日本幫派近幾年為將非法

10.資料來源：陳慈幸（平成十一年），「暴力團迷你講座」，日本松江八束建設業暴力團追放對策協議會，2000年5月11日。

11.陳慈幸（平成十三年），跨國組織犯罪之現象，日本中央大學刑事法研究會報告，2001年3月15日。

利益洗錢，幫派積極將旗下人員授予電腦資訊及金融常識訓練，並提供其至國外留學，或派遣至各大企業從事企業情報竊取工作[12]。

我國與日本幫派型態於早期雖有相似之處，近幾年兩國經濟發展及政治體系、穩定度不同，犯罪組織發展型態及活動趨勢有所分歧。

相較日本，我國幫派發展較緩慢，但目前國內幫派活動跨兩岸三地（目前跨海至大陸、港澳地區，或與大陸、港澳地區幫派結合進行非法活動狀況增多），以及目前組織犯罪呈現「白道犯罪」，也就是不以傳統暴力為宗旨的營利傾向來說，未來我國幫派組織的發展，亦會與日本相同。

惟我國與日本幫派相異之點，在於對政治的熱衷度。日本社會長期處於政治穩定狀態，因此民眾對政治體制變徙較我國敏感性低。反之，我國內政經常處於不穩定狀況，民眾對政治熱衷度高，且民眾對於政治人物的個人隱私所抱持的興趣與選舉期間民眾的熱切，成為我國特殊的政治文化。因此，幫派營利的方式增加了政治利益的一環。例如，侵擾我國社會及金融秩序的「黑金政治」，具體描繪了幫派組織與地方政治勢力之結合，產生所謂「權力」、「金錢」、「暴力」三者密不可分之共生關係[13]。

12.同注11。
13.許福生（民國九十年三月），刑事學講義，頁253。

幫派以外組織犯罪類型初探

　　如以「以非法利益爲宗旨，從事犯罪行爲之組織團體」的概念來推論組織犯罪的定義，即可得知組織本身並非全以犯罪宗旨而結合的團體。也就是，依合法程序組成，並從事合法活動的組織，不僅爲組織內成員個人的利益，亦有可能爲組織全體利益來從事犯罪行爲。此可併合爲組織犯罪定義中的一部份。

　　在此，將日本國內幫派犯罪以外的組織犯罪，以「企業犯罪」及「宗教犯罪」爲例，做一簡單介紹。

企業犯罪

　　近年來幫派從事合法營業傾向越來越高，例如以不動產業、砂石業、廢棄物處理業等爲主，與過往以暴力爲宗旨的幫派營利活動有相當的差別。此外，一些合法企業爲使股東大會順利進行，向幫派提供非法利益，讓幫派分子到場維持秩序，或者，爲方便經營向政治家行使賄賂；爲防止顧客流失，給予特定遭受股票下跌損失的顧客賠償金等之非法行爲。此種涉及團體之不正權益企業犯罪，亦可歸納至組織犯罪定義之範疇。

　　企業犯罪與傳統幫派組織犯罪比較，可發現到組織成立動機及非以暴力爲後盾迥異處。企業犯罪所觸犯的法令是違反商法之經濟犯罪，以及僅限於賄賂罪等非暴力犯罪之性質，傳統幫派犯罪則以暴力犯罪爲主要。以上述之例，合法企業提供金錢給予維持股東大

會秩序之例來說,企業與幫派間成立了相對犯之關連性。因此,企業犯罪應歸為組織犯罪的定義之下。

宗教犯罪

　　日本憲法二〇條規定保障人民宗教信仰的自由。此外,宗教法人法中亦有規定:「行使宗教儀式、推廣宗教教義,教化信仰者為宗旨之宗教團體,國家特別賦予其法人格,並給予其稅法上的特惠」。由以上二法中的條文,日本對於民眾宗教信仰及宗教團體機關,賦予極大的保護。

　　雖宗教的宗旨在於勸人為善,但仍有少數惡質宗教團體強迫信仰者捐獻、強迫購買宗教物品,或對離脫宗教者行使威嚇等非法行為。例如近幾年日本國內所發生奧姆眞理教所涉及犯罪,多數可歸納於組織犯罪範圍內,在擴充組織犯罪定義的觀點來說,深具意義。

　　奧姆眞理教是以教主為中心,構成類似國家結構的組織。在組織內部,又分為各部門,其下又有專屬人員專其職。奧姆眞理教從事犯罪行為時,即有專責犯罪行為的部門及相關人員。此外,奧姆眞理教教主為充分掌控信徒,強迫信徒將其大部分財產捐獻予宗教,使信徒的經濟方面能力完全歸屬宗教;又利用信徒的虔誠信仰心做精神方面的掌控,如信徒不服教主命令時,以私下處刑方式處罰信徒,或以前述方式對其信徒親友採取報復活動等等。

　　奧姆眞理教所涉及犯罪,目前仍有多數尚在調查中。但以幫派為核心之組織犯罪定義來比較,有下列特點與組織犯罪的定義相似:

　　奧姆眞理教穩固組織經濟基礎為優先考量之點,可推論為類似幫派的組織內部統治行為,例如強迫信徒捐款、為防止信徒離脫宗教,積極從事各種預防措施,如將信徒監禁、強取信徒財產、甚至

將已離教信徒殺害等。如出現反對教派團體，例如信徒親友，或教壇附近居民結成「被害者之會」，進行批判、反對活動，或聲援被害者時，奧姆眞理教即進行暴力報復行爲，例如前幾年聲討奧姆眞理教的律師慘遭眞理教徒滅門血案，以及「奧姆被害者之會」會長殺人未遂案等。除此之外，奧姆眞理教又涉及司法人員宿舍毒氣案，及駭人聽聞的地下鐵沙林毒氣案，使多數無辜民眾受害[14]。

奧姆眞理教最終目的，是將犯罪對象擴及於一般民眾，並顛覆國家安全秩序，可詮釋爲類似西方恐怖主義份子的活動。眞理教的顛覆活動雖不至如同美國九一一事件的駭人驚聳，但以推翻現有社會體制及擾亂社會秩序的觀點來說，卻是不折不扣的恐怖活動。也可以說，日式的恐怖活動雖無歐美各國戲劇般的血腥動感，但靜謐的殺人恐怖行動，卻十分弔詭離奇。

組織犯罪之法規範與處遇

總論

如前述所言，組織犯罪定義的涵蓋範圍，非僅止於幫派犯罪，許多其他的犯罪，例如前述企業犯罪及宗教犯罪皆可歸於組織犯罪定義之內，因此，組織犯罪的定義非單指幫派。惟目前法規範的範圍，仍然是侷限於狹義的幫派暴力犯罪。

若如以狹義的幫派犯罪來探求組織犯罪防治對策，以往日本學術研究主要針對「人（幫派分子）、金錢（非法利益）、物（犯罪時所使用之物）」等三大方面取締爲要點[15]。如繼續沿用目前的法規

範，未來僅有傳統暴力爲宗旨之幫派才受到法規範的約束。組織犯罪法規範的制訂，一般國家趨向爲以刑法爲中心的各式法令運用的修正外，亦包括制訂組織犯罪專法。

法制度的整備

過去的法規範

幫派的犯罪，例如：殺人、傷害、強盜等犯罪，爲適用刑法中處罰規定。刑法的觀點，主要採個人責任主義原則。即是，將刑事責任的問題歸屬於行爲的本體，並酌其犯行處分。以幫派犯罪的例子來推論，幫派大哥指示從事犯罪的指令，但實行計劃者多爲幫派中的「小弟」，「小弟」執行命令從事犯罪行爲觸犯法律時，以刑法上以正犯處置，此時爲避免「大哥」逍遙法外，以往日本判例採共謀共同正犯處理，將「大哥」視爲正犯，並處其刑事責任[16]。

欲將減弱幫派組織勢力，須有潰其經濟基礎之必要性。舉例來說，幫派重要收入來源是非法販售、製造麻藥及其他違禁藥品。爲配合麻藥取締，日本安非他命取締法及麻藥取締法皆禁止非法輸入、讓渡、所持麻藥以及其他違禁藥品。但幫派組織日益巧妙的犯罪手法使得麻藥犯罪取締日益困難，聯合國麻藥違禁藥品取締委員會於一九八八年頒訂「麻藥與管制藥品公約」，爲呼應此公約並鑑於日本安非他命取締法及麻藥取締法二法取締效果不彰，日本在一九九二年頒訂「麻藥特例法」與修訂「麻藥與管制藥品取締法」。依據上述二法，幫派違法販售麻藥與管制藥品所得非法收益及財產，需依法沒收。

14.上述請參照平成八年版（一九九六年版），日本犯罪白皮書，頁1以下。
15.同注11。
16.同注2，頁257。

再論非法槍械取締與減低幫派勢力之關連性。

槍械在從事以暴力為宗旨之違法活動中佔有重要地位。幫派間的械鬥行為，或內部進行鬥爭時經常使用槍械禍及無辜民眾。違法走私槍械，亦是幫派組織重要資金來源。因此，嚴格取締槍械來源，將可減低幫派勢力並減少幫派加諸社會的侵害性。

關於槍械管制是依據槍砲刀劍所持取締法（以下簡稱為槍刀法）之規定，例如，槍械的非法製造、所持（槍刀法第三條，第三十一條之三第一項），非法輸入（槍刀法第三條之四，第三十一條之二）等。鑑於幫派非法走私槍械之事日益嚴重，為加強取締，日本進行二次法令修訂，即為一九九三年、一九九五年二次的槍刀法的增修規定中，上述槍械非法製造的規定外，又增加了「集團性，或為有從事暴力行為的常習性，經國家公安委員會認為有從事非法活動之虞之集團，無法所持槍械刀劍類」（槍刀法第五條第一項五之三號）規定。

暴力團對策法

為處理幫派的暴力行為、非法走私違禁藥品、槍械等為目的，並防止民眾受到幫派暴力犯罪波及，維護民眾生活安全，日本政府於一九九一年擬定「暴力團對策法」，並於翌年正式施行。

「暴力團對策法」為日本最初防制幫派犯罪專法。本法有以下三大重點：

第一、本法中幫派的定義是，「組織的組成分子有集團性、或助長其暴力性之虞，並有不法行為常習性的團體」（暴力團對策法第二條二號）。在此定義中，可發現到我國現行組織犯罪防制法亦有相類似的規定。

為配合取締幫派，採幫派登記制，此種登記制並非將幫派徹底消滅，而是將幫派登錄，以方便管理。本法並嚴格禁止已登記完成的幫派從事以暴力為宗旨之行為（暴力團對策法第九條以下），如有違反，立即施以強制的手法解散幫派。

第二、關於脅迫入幫，或為妨害他人脫離幫派禁止規定（暴力團對策法第十六條）。此外，又規定公安委員會需援助有脫離幫派意思者脫離幫派（暴力團對策法第28條）。如違反上述規定，公安委員會可提出「禁止令」解散幫派（暴力團對策法第十一、十二、十五、十九、二十二條以下）。

第三、於各縣市設置取締幫派防治中心（暴力團對策法第三十一條），以及全國取締幫派防治中心（暴力團對策法第三十二條），推廣幫派防治的各種宣導，以及與警察機關聯合取締活動

「暴力團對策法」中最大的特點是採幫派登記制度。此種登記制度並非解散幫派，因為突然解散幫派，極可能對社會經濟造成極大的影響，如幫派反彈，進行報復行動，將會給民眾生活造成極度不安。因此，採幫派登記制度將可使警政單位有效監控幫派，使其不對國家與民眾、社會帶來治安的危惡。

幫派登記制算是較懷柔的方式處理幫派問題。幫派登記制的方法是，各縣市公安委員會將符合暴力團對策法中構成幫派一定要件的團體，以「指定暴力團」的名義登記。此種方式使得幫派行動造成限制，獲得相當的良效。例如，一九九一年日本國內約有91,000人的幫派分子，到二〇〇一年時減為79,300人。但反方面來說，此種登記制卻也造成小型幫派為求生存，內部逐進行統合並併合入大型幫派，這使得大型幫派的分部遍布日本的情況發生。例如，日本三大幫派：山口組、住吉會、稻川會等在一九八八年時佔有全幫派人數43.2％，至二〇〇一年時上升至66.5％。

據此，日本全國約九成幫派分子登記在案，受到「暴力團對策法」約束，至於發佈「禁止令」方面，至一九九六年為止共累計了4,685件[17]。

本法施行後至二〇〇一年為止，共登記了山口組、稻川會、住吉會等二十五個幫派（**參閱表1-4**）。

17.平成九年版犯罪白皮書，頁95。

表1-4　日本主要登記在案之幫派名稱、總部事務所所在地
　　　　代表人、總人數[18]

NO	名稱	總部事務所所在地	代表人	勢力範圍	幫派人數
1	五代目山口組	兵庫縣神户區篠原本町4之3之1	渡邊芳則	東京、北海道、京都、大阪以及其他39個縣	約17,900人
2	稻川會	東京都港區六本木7之8之4 代代木大樓6樓/7樓	道川角二	東京、北海道、及其他22個縣	約5,100人
3	住吉會	東京都港區新橋5之4之1 HUKUYA 大樓3樓	西口茂男	東京、北海道、大阪及其他17個縣	約6,300人
4	四代目工藤會	福岡縣北九州小倉北區神岳1之1之12 工藤連合草野館	溝下秀男	九州地區3個縣	約530人
5	三代目旭琉會	沖繩縣那霸市首里十嶺町4之301之6	翁長良宏	沖繩縣	約270人
6	沖繩旭琉會	沖繩縣那霸市TSUJI2之6之10	富永清	沖繩縣	約410人
7	五代目會津小鐵	京都府京都市下京區東高瀨川筋上之口岩瀧町176之1會津會館	姜外秀	北海道、京都、以及兵庫縣	約1,100人
8	四代目共政會	廣島縣廣島市南仁保町2之6之5	沖本勳	廣島縣	約280人
9	六代目合田一家	山口縣下關市竹崎町3之14之12	溫井完治	以山口縣為主附近4個縣	約190人
10	四代目小櫻一家	鹿兒島縣鹿兒島市甲突町9之1	平岡喜榮	鹿兒島縣	約120人
11	三代目淺野組	岡山縣笠岡市笠岡615之11	串田芳明	岡山、山口縣	約120人
12	道仁會	福岡縣久留米市通東町6之9 日建興業大樓2樓	松尾誠次郎	九州地區4個縣	約530人
13	親和會	香川縣高松市鹽上町2之14之4	細谷國彥	以香川縣為主附近2個縣	約70人
14	雙愛會	千葉縣市原市辰巳台西5之9之9 黑田大樓2樓	申明雨	以千葉縣為主附近3個縣	約460人
15	三代目山野會	熊本縣熊本市本莊町721之14	池田鐵雄	熊本縣	約70人

NO	名稱	總部事務所所在地	代表人	勢力範圍	幫派人數
16	三代目俠道會	廣島縣尾道市新高山3之1170之221	森田和雄	以廣島縣為主附近6個縣	約180人
17	三代目太州會	福岡縣田川市大字弓削田1314之1	大馬雷太郎	福岡縣	約130人
18	心代目酒梅會	大阪府大阪市中央區東心齋橋2之6之23	谷口正雄	京都、大阪以及附近2個縣	約280人
19	極東櫻井總加聯合會	靜岡縣沼津市原字東沖1767-1	芹澤保行	關東地區六縣	約360人
20	極東會	東京都豐島區西池袋1-29-5	曹圭化	東京、大阪，以及其他十三個縣市	約1,700人
21	東組	大阪府大阪市西成區山王1-11-8	岸田清	大阪	約170人
22	松葉會	東京都台東區西淺草2-9-8	李春星	東京、大阪，以及其他八個縣市	約1,500人
23	國粹會	東京都台東區千束4-3-1	工藤和義	東京，以及關東地區七個縣市	約520人
24	中野會	大阪府大阪市天王寺區生玉町12-4	中野太郎	東京、大阪、京都，以及其他五個縣市	約170人
25	二代目福博會	福岡縣福岡市博多區千代5-18-5	和田萬龜男	九州地區四個縣市	約340人

破壞活動防止法

　　日本政府於一九五二年時實施「破壞活動防止法」。本法宗旨主要是規範恐怖主義份子的破壞活動，例如內亂、外患罪（破防法第四條一項一號），及縱火、殺人（破防法第四條一項二號）等舉凡顛覆國家政權犯罪都涵蓋於此。依本法規定，公安委員會可禁止顛覆政府，或者是未來有顛覆政府之虞恐怖主義分子的活動（破防法第五條），並可解散其組織（破防法第七條）。因此，本法是規範組織犯罪中最為強制性之法。

　　18. 平成十三年版（2001年）警察白皮書，頁138。

日本國內所發生的恐怖組織份子活動，主要是早期的右派組織「赤軍連」，以及近年的宗教團體「奧姆眞理教」。

「赤軍連」進行顛覆活動最頻繁時期是在二次世界大戰後至六〇年代。當時因日本昭和天皇於二次世界大戰宣布投降，擁皇派的赤軍連份子不滿皇權成爲有名無實的虛像，於是策動許多反政府的活動。因當時無相關的法律規定，遭逮捕的赤軍連份子皆以刑法中的違反社會法益之「騷擾罪」處分（日刑160）。近幾年，因日人對於政治的關切已不如過往，赤軍連的行動亦因組成份子年齡衰老，新加入成員減少，無經濟來源等原因而逐年減低。近年來赤軍連份子活動也僅止於東京鬧區一角開著箱型車搖旗吶喊，成爲東京有趣街景之一。

雖日本有破防法防制恐怖主義，但因國內力行民主政治，本法並無實際運行的機會。但針對近幾年從事顛覆政府活動的奧姆眞理教，日本警察機關於一九九六年七月曾以本法的規定，向公安委員會申請解散奧姆眞理教的命令，但一九九七年一月時，公安委員會卻以不符規定之由駁回此項申請。

我國有學說曾區分組織犯罪與恐怖份子在活動方面雖有許多重疊，但二者本質仍有不同，恐怖主義活動最終標的在於顛覆國家，一般組織犯罪則單純牟利，此可明顯劃分出恐怖主義組織與一般組織犯罪的迥異之處[19]。但日本學說則是認爲，日本所發生的奧姆眞理教犯罪雖類似恐怖主義份子的顛覆行爲，但是，以組織結構與內部管理的方面來看，奧姆眞理教的犯罪行爲，仍偏向於一般組織犯罪[20]。因此，下述所示之組織犯罪對策法的成立，即是以奧姆眞理教犯罪爲契機而設。

19.林東茂（1996），危險犯與經濟刑法，五南書局。

20.陳慈幸（2001），組織犯罪に關する研究，中央大學博士論文，頁354。

組織犯罪對策法

　　以奧姆眞理教所發生一連的犯罪爲契機，一九九六年日本法務省（相當於我國法務部）爲防制組織犯罪之橫生，召開了綜合國內所發生暴力幫派、企業犯罪、及宗教犯罪爲中心之組織犯罪對策專法制訂諮詢會議。在此會議中，除重申組織犯罪的定義外，並實施多項規定，以防範未來組織犯罪橫生。

　　組織犯罪對策法與暴力團對策法的最大區別是，暴力團對策法只針對暴力團的定義，及取締幫派犯罪的方式做簡略的說明，雖有幫派登錄制嚴格規範組織運作，但本法並無前瞻性取締措施。組織犯罪對策法則是因應目前組織犯罪類型所修訂出法令，並具有積極的取締措施。

　　本法的重點可歸納出三大部分，分別是有關於一、剝奪組織犯罪不法利潤措施，二、有關搜查組織犯罪時竊聽法令之使用，以及三、刑事訴訟法的新修正。

組織性犯罪之處罰及有關防範犯罪非法收益之法律

　　1.加重組織性犯罪之刑罰。

　　2.有關防範犯罪非法收益。

　　　1.明定防範犯罪非法收益之規定。

　　　2.對於洗錢行爲之處罰。

　　　3.沒收及追收犯罪非法利益。

　　　4.金融單位需向警政單位報告可疑金融交易行爲。

有關搜查組織犯罪時竊聽法令之使用

　　1.刑事訴訟法第二二二條之二中，訂立強制處分規定作爲警政單位進行竊聽時之法令根據。

　　2.明定警政機關進行竊聽時之要件。

　　3.警政機關進行竊聽行爲之實施要點之訂定。

1. 為求司法公正，警政機關進行竊聽時須向當事人提出令狀
（第九條）；如有干預警政機關進行竊聽者，依法處罰之
（第十條）；警政機關可依法請求相關單位協助之（第十
一條）。

2. 警政機關進行竊聽時需有電信公司之管理人員或地區工作
人員在場（第十二條第一項）；上述在場人員需依法確認
警政機關進行竊聽之所有法定程序與紀錄（第十二條第二
項）。

3. 檢察官需確認進行竊聽時之通聯紀錄是否符合竊聽令狀中
之需竊聽之通信紀錄，並針對只需竊聽之最小範圍內電話
進行竊聽（第十三條第一項）；如上述之通聯紀錄中如以
外語或一些無法立即辨認之符號表達時，此時將所有信號
全部接收並立即於現場解讀之（第十三條第二項）。

4. 警政機關如於進行竊聽中發現其他重大犯罪行為之通信
時，可依現行犯之處理方式立即處理之（第十四條）。

5. 醫師等（除本身為嫌疑者外）之通聯紀錄，本社會信賴保
護之原則，不得進行竊聽之行為（第十五條）。

6. 已竊聽後之通信紀錄，需以錄音或其他適切方法之紀錄器
材紀錄之（第十九條）；在場人確認後簽章（第二十條第
一項）後，送至法官（第二十條第三項）保管。竊聽後之
資料因需於訴訟程序中提出，因此需從原紀錄中複製之與
該當犯罪無關連通訊紀錄消除（第二十二條第一至四
項）。

4. 事後防範措施

1. 需向當事人發佈進行竊聽之通報（第二十三條第一項）；
以上之通報如當事人身份或其行蹤中無法確定時，需於進
行竊聽後三十日之內補足之，惟法官認為有妨礙搜查之
時，可依檢察官之請求延長至六十日（第二十三條第二
項）。

2. 被進行竊聽之當事人、檢察官或司法警察、被告、辯護人可將閱覽竊聽記錄或影印之（第二十四條、第二十五條）；法官做成之紀錄，如檢察官不服時，可申訴之（第二十六條）。

3. 檢察官、檢察事務官及司法警察、辯護人或其他知曉竊聽記錄者，應遵守通信秘密之保護原則（第二十八條）。

4. 政府需將已進行竊聽之件數、本制度運用之狀況向國會報告（第二十九條）。

5. 本法為針對重大案件搜查時之強制處分規定，如有違反者，需處以重罰。其中，竊聽法中有設立公務員侵害通信秘密罪之規定（第三十條）。

刑事訴訟法之新修正

訂定強制處分為進行竊聽行為之根據，及訂定有關證人保護之規定。

施行日之規定

於一九九九年九月七日開始實施。

目前，根據平成十三年（一九九九年）警察白皮書的資料顯示，依組織犯罪防治法取締之幫派團體，至一九九九年為止，共有七件，分別是加重刑責（第三條第一項）六件，以及隱藏犯罪收益（第十條第一項）一件。其他，起訴前依警察的要求發佈沒收保全案共有一件。

幫派份子的處遇

幫派份子處遇制度良善與否，亦是防制組織犯罪重要的一環。一般來說，幫派份子於監所單位進行處遇時，需注意以下事項：

1. 為預防幫派份子於監所內對職員反抗、威嚇其他受刑人等情事發生，需分散收容；

2. 幫派份子對於組織歸屬意識非常強，出所後再回歸幫派傾向非常高，因此，需嚴格督促其脫離幫派的意欲。為防止幫派份子出所後再回到幫派，需斷絕其對幫派的經濟、身心方面的依存感。

上述第二種方式可說是最為艱難，主要的原因是，多數幫派份子已習慣豪奢生活方式，因此，多擇投機方式獲取利益，此也同時是多數幫派份子加入幫派的主要原因。

日本對幫派分子所進行的處遇方式主要是積極進行職業訓練，出獄後以個別追蹤方式關切出所後的就職狀況，此種目的是在於預防幫派份子未來出獄後再回歸幫派[21]。目前幫派份子所進行的職業訓練主要是烘焙、餐飲、大廈管理人員等較偏屬自由業性質，因日本企業大都為終身雇用制，有入獄經驗者較難在一般企業謀得一職[22]。

此種狀況在九〇年代初期時尚維持良好成效，但九〇年代後期因日本經濟不景氣導致多數幫派分子出獄後仍無法順利尋得安定職業的相當多。

一般市民的呼應

組織犯罪防範對策所經常被提及的，除法規範的整備、強化取締措施、及監所單位適切化的處遇方策外，民眾的呼應也是極為重要。

21. 同注2，頁261。
22. 同注2。

　　民眾對於幫派的觀點比較複雜，一方面，民眾對幫派皆存有恐懼心，深受幫派之害但也畏懼幫派之威不敢報警，造成幫派犯罪黑數。但另一方面，民眾卻也相信國家公權力不張時，可藉由幫派來解決一時之間的需要，例如，在追討債務、車禍的和解斡旋時找上幫派幫忙，皆是如此。有些民眾透過幫派購買麻藥、槍械等，無形中供應了幫派非法利益，供給幫派維生的資金。此外，一般影視劇中常以悲劇英雄刻畫幫派分子的壯烈人生，混淆民眾對於幫派的不良印象，甚至湧發青少年崇拜幫派份子為偶像之不良心態。

　　因此，民眾的心態需作調整。欲消滅幫派，民眾需有不提供幫派任何經濟來源的認知，並協同地區派出所警員進行守望相助的義務，如有發現幫派於社區內活動，甚至設置據點時，民眾有通報警方的義務。

結　論

　　傳統犯罪學中，組織犯罪歸屬暴力犯罪，這是以傳統的定義，也就是幫派組織的犯罪行為多以暴力為宗旨之觀點來劃分。但日益變遷的社會中，犯罪的型態也逐漸轉變，目前幫派謀求利益的目的雖然不變，但其手法在嚴格取締措施下逐漸轉為非暴力性質。因此，目前犯罪學中對組織犯罪的歸類，應該重新詮釋。

　　「腫瘤理論」[23]，是我對組織犯罪蝕國的聯想。

23.同樣理論，國立中正大學犯罪防治研究所碩士班唐大宇同學，也曾於
　　九十年度上學期，「我的組織犯罪專題研究」中提出同樣的看法。

　　腫瘤有良性與惡性之分，但皆是人體內所橫生非尋常的組織。如為良性腫瘤，醫生大都要患者不用心慮，以定期長期治療或以外科手術，可防止其惡化。但惡性腫瘤的狀況並非如此，初期惡性腫瘤，經外科手術可以簡單摘除，人體存活率不算太低，如腫瘤已達膏肓之期，無法以外科手術方式根治，已是回天乏術。

　　犯罪組織的拓展正如人體腫瘤的蔓延。當組織型態仍處初期，也就是在學說劃分種類中最初期的「犯罪聚合型」時期時，當前的法規範與取締措施即可應付完全。但幫派組織逐漸演化，其魔爪已潛入國家社會內部，與商業結合，徹底掌控經濟命脈，民眾日常生活皆控於幫派組織時，欲消滅幫派，已非可能。儘管歷史波動與執法機關計畫性掃蕩，犯罪組織在一段時期似有決滅跡象，但其後再興起橫虐社會反噬力之大，似乎說明犯罪組織並無徹底絕滅，反是因應取締的掃蕩，隱遁其身，犯罪手法再為轉型創新。因此，幫派組織犯罪的取締，非僅為法規範與取締措施的完善，再發的原因，需再探討。

　　犯罪，不免有黑數。恐於犯罪組織威嚇、報復行動，畏於向警方報案的企業及民眾，大有所在。雖現代人相信，良善的刑事司法制度是維護人民權益，但人心不免恐於刑事司法制度的疏漏，借重幫派的「地下司法體系」解決日常生活所困之例，在社會中經常可見。民眾的複雜心境，提供了組織有肆虐社會的良機。

　　日本國內幫派已深入民間與企業，其與社會密切結合的程度，已如人體已臨惡性腫瘤膏肓之期。此時，如將徹底根除幫派，社會及國家經濟將有癱瘓之虞。日本政府鑑此，探懷柔漸進式的幫派登錄制，將幫派設置所在地及幫派份子予以登錄，並嚴加監管控制，防止其進行暴力行為，破壞民眾日常生活。日本政府此行，或許欠缺直接性的強制，對於徹底消滅幫派犯罪的取締宗旨，略有出入。但日本政府如貿然以強制的手法取締，幫派與社會經濟密切契合的程度將使社會經濟有突發性癱瘓的可能，因此，探「登錄制」之間接性強制手法，將可避免社會遭到突發的危難。

縱覽我國幫派所涉及的非法營利行為，從傳統暴力性質犯罪為宗旨，轉至近年來「白道犯罪」等無傳統暴力犯罪色彩居多的情形。此說明了我國幫派近幾年有大幅度的轉變。但目前我國防治組織犯罪的法規範及取締幫派方法，仍是承續傳統「以暴力犯罪為宗旨」之說。因此，如無因應現有犯罪型態迅速修訂現有法規範，改善取締方式，未來民眾生活，豈不為充滿著幫派的重重魅影？

犯罪行使端靠於人，生物學中的進化，使人類大腦的聰穎日益別於其他動物。語文學家Charles Hockett曾在其著作當中說：

> 「撒謊與欺騙是人類的特性，在於此點是人類有別於動物，人類的語言訊息有時是假的，此也主導人的行為日益錯綜複雜....」[24]。

由此是否可直接呼應人類心性亦隨著進化，逐漸主導犯罪型態的變遷，不敢肆於誇言，但研究犯罪之終極結果，或許將偏屬於探討人性之哲學。

組織犯罪，根據目前的現象來說，逐漸逸脫過往的單純暴力性質，但不論其手法為暴力性質與否，謀求利益的宗旨，卻是互古不變。多數人結合為一體的組織犯罪，較起其他犯罪類型，更具體描繪出迷離的利欲貪婪人性。因此，組織犯罪的深層，是複雜人性與利益關係的糾葛，再完善的法規範與取締方法或許無法徹底將組織犯罪決滅，只有人性的轉換，才可能將犯罪止於人間。

人性的深奧，或許是詮索犯罪時永難理解的一面。

24.參閱Charles Hockett（2001），The Study of Language An Introduction，書林出版。

★ 參考文獻

1. 松下義行（2001年5月），「暴力團の實態と對策－關西暴力團を中心として」，警察政策會資料第十五號，頁1。

2. 陳慈幸（平成十一年），「暴力團迷你講座」，日本松江八束建設業暴力團追放對策協議會，2000年5月11日。

3. 平成八年版（一九九六年版）日本犯罪白皮書。

4. 平成十三年版（2001年）警察白皮書。

5. W.Bruggeman（1999年10月13日），「組織犯罪對策の國際的動向－ヨーロツパにおける取り組み－」，警察政策フオーラム中央大學總合フオーラム政策。

6. 陳慈幸（2000年3月），「關於組織犯罪對策三法之研究」，日本中央大學刑事法研究會報告。

7. 法務省刑事局刑事法制課編・組織犯罪と刑事法（1997年），有斐閣。

8. 日本弁護士連合會民事介入暴力對策委員會編・注解暴力團對策法（1997年），民事法研究會。

9. 法務省法務總合研究所編・平成8年版警察白書（1996年），大蔵省印刷局。

10. 石塚伸一（1997年）、「（特別企劃）組織犯罪立法」、法セ507號第4頁以下。

11. ウルリッヒ・ズウイーバー（武藤眞朗訳）（1995年），「組織犯罪と戰略構造」比較法學28卷2號61頁以下，早稻田大學比較法研究所。

12. 「暴力團情勢と對策」，全國暴力團追放運動推進センター警察廳暴力團對策部，1999年11月。

13. 陳慈幸（2002年）、近年中國の組織犯罪に關する法律体制、中央大學比較法雜誌第36卷第3號。

14. 陳慈幸（2002年）、アジアの暴力團の歷史に關する紹介－中國編、日本交流協會より日本訪問學者論文。

15. 陳慈幸(民90)，有關中國大陸之組織犯罪，樹德科技大學學報第三卷第一期。

Chapter2

恐怖主義組織活動發展現況
與未來趨勢

陳燿宗

中央警察大學畢業
中正大學碩士研究生
現任澎湖縣警局課員

前言

　　二〇〇一年九月十一日美國遭受到自第二次世界大戰珍珠港事件以來，本土境內最嚴重的攻擊事件，有形的人員傷亡、財物損失以及後續的全球政經、軍事影響，至今仍無法估計；無形的內心恐懼更是籠罩全美民眾，並擴散至全球。各國都想知道，到底是那個國家或組織有如此能力，能向超級強國展開如此大規模毀滅性的攻擊。透過美國中央情報局（CIA）與國家聯邦調查局（FBI）事後調查顯示，一切證據均指向於以奧薩瑪‧賓拉登為首的回教恐怖組織所為，並且隨即展開一連串的報復行動。與過去所不同者，這次的恐怖攻擊行動顯然是一項有預謀、有系統的計畫，以及具有十分嚴密組織基礎及背後國家支持，才能夠在同一時間分別進行有效的攻擊，這與過去恐怖組織份子的攻擊行動都屬於個別且小規模行動截然不同。由此可見，國際恐怖組織活動已經有所改變，遠非過去的行徑所能比擬。

　　在以往，一般印象中恐怖組織活動，不外乎是綁架、暗殺、爆炸、劫機等，例如一九七二年巴游份子在慕尼黑奧運期間劫持以色列運動員，一九八三年北韓策劃在緬甸炸死南韓閣員，一九八八年泛美航空客機在蘇格蘭上空被恐怖份子放置定時炸彈炸毀，一九九二年愛爾蘭共和軍在倫敦鬧區炸毀百貨公司，而這次「九一一」事件遭客機撞入倒塌的世貿大樓，在一九九三年也曾被放置炸彈破壞電力設施，二〇〇〇年美國海軍驅逐艦在葉門亦遭受攻擊。這些例子只是國際恐怖組織行動中的一小部分，但其傷亡和損害已令人怵目驚心。然而，比起這次恐怖攻擊的規模，簡直無法相比，怪不得

美國把這次「九一一」的恐怖攻擊事件視爲是戰爭行爲。恐怖組織活動發展至今，除了是一種特殊的組織犯罪行爲外，也被視爲戰爭行爲的一種。

毫無疑問的，在一般人心理對恐怖組織多少存有一種恐懼與神祕的疑惑，爲什麼這些人能夠不畏懼死亡，而且視死如歸。難道這個世界改變了嗎？還是他們想改變這個世界？所以，揭開恐怖組織這個神祕面紗，正是本文研究的主要動機。這些恐怖組織活動是不是也同一般幫派組織一樣，有固定的組織結構及活動模式？因此，本文擬透過歷史縱向分析與目前組織活動最新動態之研究，以瞭解恐怖組織活動發展演變、內部組織結構與活動運作模式、及未來發展趨勢等問題。

恐怖主義組織定義與類型

恐怖主義組織定義

要談論恐怖組織就必須先瞭解恐怖主義，恐怖主義或者是恐怖組織在今天的傳播媒體上是經常出現的名詞，而且令人毛骨悚然，尤其是在高度文明的工業先進國家中更是如此。什麼是恐怖？什麼是恐怖主義？什麼是恐怖組織？在一般人心目中也許都只有一個模糊的概念；但如果要對於此一領域作較深入分析，則又必須對這些名詞概念作比較明確的界定。

最簡單的解釋是（鈕先鍾，1997）：

1. 恐怖：是一種強烈的畏懼，是一種心理狀態（或感受）。
2. 恐怖主義：是一種製造恐怖的故意企圖，其具有思想的含意，進而更以行動為訴求。
3. 恐怖組織：則是想要製造恐怖的故意企圖的這一些人所組成的群體，以便行使或達成其活動，其可能類似幫派性質，但所訴求或要達成的目的卻不相同。

　　恐怖主義與恐怖組織其定義，在使用上有時很難區分，恐怖主義應可歸類於思想層面，恐怖組織則屬其下位概念，為思想的具體呈現，因此兩者有時互為使用。本文主要研究面向側重於組織活動的研究，因此將其組織名稱界定為「恐怖主義組織」（或簡稱為恐怖組織），為求更能深入瞭解「恐怖主義組織」的定義，我們可以從下列幾個專家學者或書籍文獻做一說明（轉摘自張平吾、邱臺峰，1992）：

1. 美國社會科學百科全書之解釋：凡是藉著使用暴力方法，以實現其明言的目的之團體或黨群。
2. 大英百科全書之解釋：有系統地運用恐怖或者難以預期的暴力，以反對政府、社會、個人，圖達成政治目的。
3. 美國國防部之定義：一個革命組織通常為了政治或意識型態的目的，藉威脅或非法使用武力或暴力攻擊個人或財物，以恐嚇或強迫社會。
4. 以色列戰略研究中心之解釋：任何一個非國家級組織領導的暴力活動，以便於達成政治性目的者均屬之。
5. 恐怖主義專家蘇茲（Richard H.Shultz Jr.）及斯蘭（Stephen Sloan）認為：恐怖主義也許可以界定為威脅或使用不同程度超乎尋常的政治性暴力，旨在完成既定之目標或目的。這些目標延續著那些團體組織行動所極思達成的長程或短程目的，其目的因團體而異，而其行動一般是傾向於影響既定目標團體的態度及行為，影響之程度遠超過最初受害之範圍。

6.美國陸軍條例解釋：在本質上是有計畫地運用暴力或暴力威
　脅以獲取政治、宗教的、或者意識型態的目標，其作法是經
　由威嚇、強迫，以逐漸產生民眾害怕，達到所求。恐怖組織
　活動涉及一般之犯罪行為，且意圖影響公眾視聽，使影響範
　圍遠超過一時的受害者。

　　由上述定義歸納結果，本文試將恐怖主義組織定義為：面對太
強大的對手或敵人、太懸殊的實力差距，被壓迫或被欺負的少數激
進份子，基於宗教信仰、民族意識、政治理念、意識形態、社會結
構、個別事件等因素，藉由暗殺、爆炸、綁架、劫持、恐嚇、武裝
攻擊等手段，以宣示或達成其報復或其他目的。其為求達成其目
的，通常又以組織型態來結合，透過嚴密組織分工，以及財務、武
器、通訊連絡等後勤支援，更有效的打擊對手。

恐怖主義組織類型

　　對於恐怖主義組織的類型，有依國界來區分（如國際性、國內
性等）、有依運作方式來區分（如煽動性、強制性等），亦有依恐怖
暴行結果來區分（如整體性、個別性等）不一而同。然普遍為一般
學者及大眾所能接受的分類方式，即是依其恐怖組織行動的目的來
區分，約可區分為下列五大類型（張中勇，聯合報2001.09.13）：

1.民族主義恐怖組織
2.意識型態恐怖組織
3.宗教恐怖組織
4.單一議題恐怖組織
5.國家支持恐怖組織

其實，現在的組織已難有明確的區別，就以奧薩瑪‧賓拉登為首的回教恐怖組織為例，其不僅涉及民族間（阿拉伯人與猶太人）、意識型態（伊斯蘭文化與墮落、腐敗的西方文明）、宗教（回教與猶太教、基督教）、且又為阿富汗、蘇丹、伊拉克、伊朗等國背後所支持，其所涉及的議題更是複雜，就連以美國為首的西方國家也難以處理。但平實而論，今日對於國際安全，甚至是各個國家衝擊最大的應該是屬於宗教狂熱的恐怖組織，同時也是自冷戰時期以來及未來國際安全的最大的威脅來源，這些組織以宗教為號召，游牧式的組合，隨時化零為整、或化整為零，在不同的國家出沒迅速鎖定目標，發動奇襲，而且來去無蹤，幾乎無跡可尋難以防範，其中又以回教狂熱激進的基本教義派組織最為恐怖。

恐怖主義組織起源與發展

恐怖主義組織的起源

恐怖主義組織之源起可回溯至西元一世紀的「短劍人」組織及其恐怖行動。當時羅馬人佔領巴勒斯坦區下的猶太人，這些被壓迫的猶太人基於民族主義與宗教狂熱而對羅馬人及背棄猶太教義的猶太人進行暗殺、縱火等恐怖行動，其之所以被稱為「短劍人」即是該組織成員習慣攜帶一支短劍作為武器，平時藏於外套之下，伺機刺殺其計劃攻擊的目標，故稱之為「短劍人」（張中勇，1993）。

其後，於西元十世紀的阿拉伯回教（有稱伊斯蘭教，回教徒則

稱爲穆斯林）世界中又出現俗稱爲「刺客」的恐怖組織，並以恐怖手段打擊消滅敵人。其因以匕首作爲武器，而不用下毒或投射武器等其他手段，視匕首爲安全武器（容易隱藏）且視暗殺爲特殊神聖行爲，因此這些組織份子被中世紀在阿拉伯的歐洲人稱之爲「刺客」（張中勇，1993）。「刺客」組織是結合對救世主期望及政治恐怖主義下的產物，以恐怖手段對付政治及宗教上的敵人，其實是有其背景可尋的。早於西元七世紀，回教創始者穆罕默德傳播教義時，即以武力作爲推動工具之一（回教規定教徒可用四種方式傳教，一用心、二用舌、三用手、四用劍），其認爲並不樂於使用暴力及強迫方式，但也絕不猶豫以武力或戰爭去面對反對者；況且回教可蘭經教義更是允許教徒在遭遇危機及轉化非回教徒皈依回教時，可以使用武力進行「聖戰」[1]（中國時報，2001.10.11）。因此暴力傳播教義與對抗入侵者已成爲回教徒根深蒂固的觀念，這可從一九七九年蘇聯揮軍入侵阿富汗，許多回教徒舉家前往阿富汗參加「聖戰」的原因，因爲大多數的回教徒認爲「在阿富汗生活一天勝過在普通的清眞寺禱告一千日」。也就因爲回教徒對宗教基本教義的狂熱，間接造成與西方文明國家的衝突不斷，所以我們說宗教狂熱的恐怖組織，是自冷戰時期以來及未來國際安全的最大的威脅來源，也非無事實根據。

從恐怖活動的起源而言，都是源自於中東地區，並有鮮明的政治、宗教背景。這些組織，無論是「短劍人」或「刺客」，其活動之動機和目的均具恐怖主義之雛形，雖然當時無恐怖主義或組織之名，但卻已有恐怖主義組織之實。

1.聖戰的阿拉伯文是Jihad，即英文神聖戰爭（Holy War）之意，亦可稱爲護教戰爭。基督教的「十字軍」，即相對於回教的聖戰。

恐怖主義組織的發展

　　迄至近代十九世紀的俄國沙皇時期的恐怖革命行動、愛爾蘭的民族獨立分離運動、巴爾幹半島馬其頓人脫離鄂圖曼土耳其的統治。二十世紀的猶太人建國運動、巴勒斯坦解放運動、西班牙巴斯克分離運動、以及一九九○年代德國統一後出現的新納粹運動均有濃厚的恐怖主義色彩。綜言之，歷史上不乏基於種族、宗教、政治、社會意識型態等不同動機目的的恐怖組織及其活動史實。

　　根據美國國務院「反恐怖活動協調辦公室」（Office of the Coordinator for Counterterrorism） 於一九九七年十月八日正式公告文件顯示，「正式列管」者有三十個國外恐怖組織，且分佈遍及歐、亞、非、拉丁美洲及中東等地區，其活動及所製造的恐怖訊息不僅遍及全球、且造成每年千餘人傷亡、攻擊對象包括政府及民間人士，並以使用多種恐怖暴力（其中又以炸彈攻擊、縱火、武裝攻擊居多），不僅影響各國社會治安及秩序維持，甚至政府威信及政權基礎皆面臨動搖，在國際航空與國境安全維護方面的挑戰與威脅更是日益沉重（http://www.ettoday.com 2001.9.13 ）。

　　再根據美國國務院最近公佈的「全球恐怖主義型態」報告中指出，在一九九九年全球恐怖活動中，共有二三三人死亡；二○○○年則有四○五人死亡；今（二○○一）年經過美國「九一一」事件後，死亡人數更是無法統計。這份報告亦指出，恐怖組織份子之所以能在全球各地毫無顧忌的發動恐怖事件，造成慘重傷亡，是因為有嚴密的組織及強大的國家力量在背後支持。這些支持恐怖活動的國家包括古巴、阿富汗、伊拉克、伊朗、利比亞、蘇丹、敘利亞、北韓等（http://www.ettoday.com 2001.5.2）。

　　綜上可知，恐怖主義發展至今，其組織已趨於嚴密及系統化，分工更為精細，組織運作有一套完整的訓練、連絡方式及強大的武器、金錢等後勤支援體系，宛如一個企業與軍隊的綜合體，並受國家的支持與援助。

恐怖主義組織與活動現況

組織結構分析

恐怖團體的組織結構往往視其對安全的重視程度與人數而有所不同，通常較不重視安全的團體易因遭滲透而瓦解，為了其組織穩定其必須對組織內部人員有嚴密的控制。有關組織的結構，概略上可從下列幾個方向來分析（http://www.geocities.com.tw 2001.10.12）：

組織大小

過大的組織會在行政與補給上造成沉重負擔，組織過份地膨脹將影響其任務執行效率。當組織成長時，各種資源的取得、儲藏、使用及通訊、安全維護等都日漸困難，無法有效管理與控制。例如一九六九至七〇年間在約旦的恐怖組織便因急速擴充，使得領導人反而失去控制的能力，這也使得約旦政府消滅了將近六成的恐怖組織。過大的團體早晚會曝光，團體越大，安全越難維護，除非是在一個政局不穩的國家，如巴基斯坦、阿富汗等；而像在德國、美國這種政治制度穩定的國家，大型恐怖組織便很難生存。

組織安全

政府的反恐怖單位往往致力於消滅恐怖組織或使其運作困難，而為了反制政府的反恐怖單位，恐怖組織必須暗中活動，以確保其

安全及運作。構成恐怖組織的基本單位一般被稱為秘密「小組」（clandestine cell），而一個組織的結構往往視其受到多少人民認同與支持而定，支持越大則小組越多，彼此聯繫也越密切，若沒有某種程度的人民支持，恐怖活動是很難繼續。因為同情者可以協助恐怖份子運送人員、裝備、尋找、確定行動目標、採購必需品、提供金援等。可靠的群眾支持猶如恐怖組織的防護網，形成他們與政府間的緩衝，並使恐怖份子得以自由行動。而這其中最大的幫助便是提供他們蔽護場所，以便可以藏身、通信、計畫、訓練下次的行動，或儲藏武器軍火等。今天在世界各地，只有少數恐怖組織可以明目張膽地活動，大部分都還是得隱藏起來，這也就是為何他們始終隱匿的原因，即使在行動前也不使一個小組的成員知道其他小組成員的背景，以免洩密或者因任務失敗而供出組織人員。但在中東，許多恐怖組織是公開的集會，並在重重的保護下抵達指定的地點，這是因為他們受到廣大人民支持的緣故。原本是秘密的小組化為公然地運作，當地的每個恐怖組織都屬性分明，並擁有自己的戰術武力，甚至還有新型通信裝備與訓練基地，在各種恐怖組織中，也屬這類最為棘手。

組織聯絡

對內聯絡的能力決定了組織的安全與戰力，並使組織可以正常運作。在一切的秘密活動中，通信聯絡影響了時間、人力、資源、位置、藏身所、目標、戰術等一切要因，所以恐怖組織必會考慮自身之通信能力，其方法可能透過電話、電報、電視、網際網路等譯成密碼或密語代號等互相聯繫通報或下達指令。

武器使用

恐怖組織在行動中往往使用一般的輕型自動武器與爆材，例如手槍、步槍、炸彈等。但有些先進的武器也在恐怖組織的掌握中，例如某些贊助恐怖活動的國家或人員會提供他們非核子的重型武

器，因為擁有或使用這些武器，才能使世人不能忽視他們的存在，在維持恐怖組織的"威名"方面，先進武器常扮演一個重要角色。另外據報導（中國時報，2001.10.10、聯合報，2001.10.12、Roland Jacquard，2001）指出有些恐怖組織極可能也擁有核武、生化戰劑等大規模毀滅性的武器。

訓練

恐怖份子通常在國外(或行動區域外)接受訓練，尤其是在那些同情恐怖主義的國家裡。有些美裔恐怖份子在古巴或南美接受顛覆、武器、滲透、談判等訓練；而日本、西歐與中東的恐怖份子則在北韓、前蘇聯、阿爾及利亞、利比亞、南葉門、黎巴嫩受訓。這些受過訓練的恐怖份子往往都有常人以上的智力，約二十至三十歲之間，能通兩種以上語言，並在將執行活動的環境中漸漸適應改變自己，以掩護其身分。

金錢來源

維持組織運作金錢是最主要的基本要素，除了組織成員自身的金錢來源及一些支持國家、組織、企業體、個人資助外，大部分可能都涉及一些非法犯罪行為（販毒、搶劫、綁架等），並透過洗錢方式，以確保其金錢的流通與運用無虞。而這些資助的國家、組織、企業體、個人，有時也並非完全支持恐怖組織活動，只是因為透過金錢資助以避免遭受到恐怖組織的攻擊、破壞。

活動模式分析

目前恐怖組織活動有日漸精良之趨勢，除了背後有國家支持或參與外，且各小組成員均接受過特殊的訓練，並在選定地點或目標後嚴守安全規則。而為了進一步的保密，他們不僅派專人嚴密地監

視目標,甚至到行動的前一刻才將所有小組召齊,分別下達行動指令。也爲了使行動成功而不被緝獲,許多恐怖活動都經過相當週嚴的計畫,他們通常尋找目標的潛在弱點,攻擊那些沒有防備或防備疏鬆的目標。恐怖活動的特點在於猛烈、迅速、出其不意(http://www.geocities.com.tw 2001.10.12)。

活動方法

恐怖組織份子通常是以一群經過訓練的人員,以輕型自動武器、手榴彈、爆材、收音機(用於收聽大眾對他們行動的反應,或取得發自組織內部事先約定暗碼作爲聯繫),甚至小型刀片(如美工刀、刮鬍刀片)等。他們穿著接近平民,並帶著幾天份的日用品與彈藥。每一個活動組織又可分爲突擊組與安全組,而領導者往往充任與官方談判的角色。在進行綁架、劫機、或阻擋反恐怖單位攻擊時,兩組輪流負責警戒任務,如看守人質與進出口等。他們也留意反恐怖單位的行動,並如同佔領陣地的步兵般安排火網並保持武器待發。如果人力足夠,可能由多名成員負責看守出入口並巡邏。人質則往往被分開羈押以免他們互通聲息或逃脫。恐怖份子在人質前往往會以暗語或他國語言溝通,並使用假名,以免暴露身份(http://www.geocities.com.tw 2001.10.12)。

活動計畫

恐怖活動前的準備,往往是鉅細靡遺的,如觀察目標、個別訓練、模擬等,時間則依活動任務之不同而長短不一,以美國「九一一」恐怖攻擊計畫爲例,據美國中央情報局專家指出:從潛藏蘊釀到實際執行至少可能長達五年,成本最多不超過五佰萬美金(約台幣一億七仟多萬)(聯合晚報,2001.9.15)。計畫往往由領導者擬定,而觀察則由一小群專門的成員負責。通常計畫者、觀察者、及執行任務者間在行動前往往互不相識或素未謀面,情報往往由中間人負責傳遞,行動前的訓練與模擬則往往與目標不在同一國內,而這些恐怖份子(有時連小組的領導)往往直到行動前才獲悉目標爲

何。如果預定計畫無法達成，他們便會尋求其他的補償，很少團體是行動前未經仔細計劃的，有些團體甚至同時襲擊多個目標，並提出不同的談判條件，甚至還有幾種不同的脫逃計畫。即使成員被殺、受傷、或被捕，但恐怖活動仍有可能是成功的，因為「戰術」勝利與「任務」成功不一定成正比，例如若有成員在行動中被殺或同歸於盡，但這個行動震驚了全世界時，領導者也會將任務視為成功。

行動

在前往目標的途中恐怖份子會極力作好偽裝的工作，他們往往單獨或成對地經由不同、迂迴的路線抵達目的地，若有必要他們會持假証件並使用化名。武器等裝備則分批送至預定地點，再分發給參與行動的成員。某些同情或支持恐怖組織活動的國家甚至讓他們以外交文件等官方途徑，不受檢查地將裝備運到目的地的使館，再由恐怖份子去領取。

最常見的恐怖活動

1. 炸彈
2. 縱火
3. 劫機
4. 暗殺
5. 綁架
6. 俘擄人質
7. 武裝突擊

組織活動特性

1. 製造恐慌與不安，以達其目的。
2. 相對於國家政府的軍警單位往往居於劣勢，是屬於弱者窮途反噬的一種報復手段。

3.機動性高：隨時化零爲整、化整爲零，在不同的國家或地區出沒迅速鎖定目標，發動奇襲，而且來去無蹤，幾乎無跡可尋。

4.採用無以預料的方法、手段，或者進一步利用激進的戰士，爲擊中目標，亦可犧牲性命，無視任何戰爭規則和慣例，置道德於不顧。

5.任務執行有時雖失敗，但只要戰術成功並獲得廣大民衆注意，也算是達到其活動目的。

6.恐怖組織活動的成果與所付出的代價差距極大，一顆炸彈，甚至一張郵票及一個信封便可引起全國不安與恐慌。

7.擁有有限的資源。

8.持續不斷地祕密活動。

9.認爲組織小較爲安全且有效率。

以奧薩瑪‧賓拉登恐怖組織活動爲例

　　九月十一日美國遭受到恐怖主義組織攻擊，不但規模極具組織，而且自殺式襲擊者久經訓練，顯示背後的恐怖組織勢力龐大。一直被美國視爲頭號敵人的阿拉伯富商賓拉登所組成的恐怖組織，已被證實爲本次恐怖行動最大凶嫌（在本次恐怖活動前涉及賓拉登的恐怖活動詳如**表2-1**）。因此，本文將以這個組織活動作爲分析，讓讀者更能深入瞭解恐怖組織活動運作情形。

表2-1　涉及賓拉登的恐怖活動

（資料來源:http://www.nes.china.com 2001.10.5）

年份	涉 及 恐 怖 活 動	備 考
1992	製造了葉門旅館爆炸案，事件主要針對駐索馬里的美國部隊	
1993	美國世貿中心爆炸案，導致六人死亡	
1993	下令謀殺約旦王儲阿卜杜勒王子，但行動失敗	
1994	曾下令於菲律賓暗殺柯林頓，不過因為戒備森嚴而作罷	
1995	預謀在菲律賓暗殺教宗保祿二世	
1995	下令暗殺埃及總統穆巴拉克，行動失敗	
1995	在沙烏地阿拉伯首都利雅德美軍軍營，策動爆炸恐怖襲擊，五名美國人被炸死	
1995	策劃巴基斯坦的埃及大使館爆炸案	
1996	策劃攻擊沙國達蘭美空軍住所爆炸案	
1997	策劃開羅外國旅遊車爆炸案	
1998	策動肯亞及坦尚尼亞美國大使爆炸案，導致二百五十七人死，五千多人受傷	
1998	本打算趁柯林頓於巴基斯坦訪問期間，作出暗殺，惟後來由於取消訪問，而行動告吹	
2000	策劃美國駐葉門亞丁港的「科爾」號戰艦爆炸案，導致十七名美軍士兵死亡，多人受傷	

賓拉登個人檔案

　　一九五五年賓拉登出生於沙烏地阿拉伯，父親是最富有的建築商及石油業商，由於得到沙烏地阿拉伯國王的信任，其家族迅速冒升，單是家族財富就有五十億美金以上。屬於賓拉登本人名下的財產則有三億美元左右（不過經美國中情局情報顯示，目前其財富已累積達數十億美元以上）。在五十二名兄弟姐妹中排行十七，是父親第十名妻子所生，少年時一直都得不到父親器重（因母親失寵），於是形成沉默寡言的內斂性格。賓拉登從小就接受伊斯蘭教育，一直都相信真主以外無他神，為一典型伊斯蘭基本教義派信仰者（聯合報，2001.10.15），其個人重要檔案如**表2-2**。

表2-2　賓拉登個人檔案
（資料來源：http://www.nes.china.com 2001.10.5）

年份	涉 及 恐 怖 活 動	備 考
1955	賓拉登於沙烏地阿拉伯的吉達出生，而其祖籍則爲葉門的哈達拉毛省	
1979	賓拉登離開家庭，參加阿富汗伊斯蘭「聖戰」組織（前蘇聯入侵）	
1980	於伊斯坦布爾的郊區設立總部，利用一個錯綜複雜的銀行網在瑞士、德國及法國購買武器彈藥，並且購入先進的電子設備進行恐怖活動	
1982	離開伊斯坦布爾，並於巴基斯坦的白沙瓦建立「支持者之家」，更於阿富汗邊境的帕克蒂亞建立十六個訓練基地，專門訓練恐怖份子1988年建立名爲「阿爾伊達」的大本營，專門訓練「聖戰」者	
1989	前蘇聯從阿富汗撤軍，賓拉登亦帶著手下重返沙國	
1994	賓拉登的沙國國籍被取消	
1996	賓拉登循蘇丹返回阿富汗並在阿富汗鞏固他的基地，開始實行各種恐怖活動	
1999	賓拉登以「游擊隊領導人」的名義被列入《世界名人錄》，賓拉登以訓練聖戰者成功上位，成爲阿拉伯人領袖。巴勒斯坦武裝份子擺出勝利手勢。南黎巴嫩的巴勒斯坦青年沿街歡呼。兩巴勒斯坦青年在難民營鳴槍慶祝。難民營內的巴人緊張地收看美國遭到空襲的現場直播。	

賓拉登恐怖組織形成背景

　　如前所述回教可蘭經教義是允許教徒在遭遇危機或對抗敵人時，可以使用武力進行「聖戰」。因此，以暴力傳播教義與對抗入侵者已成爲回教徒根深蒂固的觀念，賓拉登自小接受伊斯蘭教育，相信阿拉是唯一的眞主。當一九七九年，前蘇聯入侵阿富汗，令賓拉登的生命出現莫大的變化，他決定放棄舒適生活，加入回教「聖戰」。賓拉登加入聖戰組織初期，只是爲部隊提供食物和武器，以及招募阿拉伯人參戰等工作。不久之後，賓拉登更帶著自己的部隊，到前線參戰，曾經因而受傷。

　　本身擁有大學畢業工程師資格的賓拉登開始意識到，擁有組織才是持久戰的決勝因素。於是，他著手建立有系統的徵兵計畫，與

阿富汗政權合作，建立訓練基地，爲阿富汗的年輕人，找來游擊戰及破壞專家。在短短的一年內，他就招募了數以千計的志願軍，而出錢出力的賓拉登，就成爲阿拉伯人的領袖。賓拉登能夠成爲這些年輕人的偶像，除了極端伊斯蘭教主義的精神號召外，源源不絕的金錢供應亦是主要因素之一。一位發動自殺式襲擊的「死士」接受媒體訪問時稱，在他死後，他的族人可以享有光榮及一生的照顧。而在發動「伊斯蘭聖戰」時，賓拉登在全球五十個國家的辦事處，亦成爲志願軍徵兵所，而他們更可以在辦公室領取一大筆路費。在這段期間（冷戰美蘇對抗期間），他與美國中央情報局的關係亦非常良好，不少美國的武器和戰術，都是在這時期落入賓拉登手上。

在阿富汗戰爭結束後，賓拉登肯定任何西方國家對伊斯蘭世界都是威脅。一九九〇年伊拉克入侵科威特，賓拉登開始反美，他「用信仰打敗敵人」的建議，當然被沙烏地阿拉伯政府拒絕，於是思想偏激的賓拉登，就開始他的流亡生活，亦與親西方的回教政權水火不容。在一九九四年，更是被沙國驅逐出境，並凍結他的財產。但亦由這時期開始，賓拉登的恐怖組織網及活動就遍及全球，他介入所有涉及伊斯蘭的爭端，加上多次發動恐怖活動襲擊，成爲全球流亡份子，最後在阿富汗找到避難所，並利用人造衛星，遙控全球的恐怖活動。

綜而觀之，賓拉登恐怖組織形成的背景，主要是在西方與中東複雜政治架構下，以伊斯蘭宗教精神價值爲號召（抵抗西方國家或非回教徒的入侵與欺壓），加上其個人極端的思想行爲，及擁有雄厚的財力及武器作爲發展後盾，漸形成爲全球最恐怖的組織。由美國全國廣播公司、有線電視廣播網和《新聞周刊》一九九八年十二月的一段有關賓拉登的訪問（詳如**表2-3**），更能瞭解其恐怖組織的背景。

表2-3　美國全國廣播公司、有線電視廣播網和新聞周刊一九
九八年十二月訪問賓拉登節錄

（資料來源:http://www.nes.china.com 2001.10.5）

訪問者與受訪者	談　話　內　容
記　者	賓拉登先生，你發起襲擊是針對美國政府還是美國軍隊呢？在阿拉伯的美國公民包括在內嗎？
賓拉登	我們已經宣布過主要打擊整個聖地的美國士兵。<u>在我們的宗教，聖地享有不同一般的地位，我們的宗教不允許敵人居住在我們的領土上</u>。所以，即使美國公民不是我們預計打擊的對象，他們也必須離開。我們無法保證他們的安全。
記　者	美國政府指控你發展化學武器，而且試圖購買核武，這些武器將怎麼使用？
賓拉登	你已預先假定我擁有這些武器…我倒願意說，<u>獲得這些武器是保衛宗教的責任</u>。如果我真的得到這些器，那麼我就有責任去使用，而且感謝真主使我們有能力這樣做。
記　者	在英美聯軍進戰伊拉克，你擔心阿富汗會因為你而受轟炸嗎？
賓拉登	我不怕死亡，我到這裡來就是做好獻身準備，我的一些支持者們也是<u>為伊斯蘭教的事而來這裡獻身的</u>，他們願意保護我，隨時殺死進攻我們駐地的敵人。
記　者	你未來有什麼打算？
賓拉登	我想對美國記者說，<u>不要問我為什麼這麼做而應該問你們的政府做了什麼，強迫我做出這樣的反應</u>，這就是我所要說的一切，我們的義務是去戰鬥！

賓拉登恐怖組織及活動概況

組織分佈與成員

　　根據紐約時報（2001.1.17）援引情報消息指出，賓拉登在阿富汗的數十個訓練基地已訓練出將近五千名恐怖份子，且這些恐怖份子已在五十個國家裡建立了據點潛伏其內，散佈全球各地，其份子組成多以回教信仰者及阿拉伯人居多，且不乏各種科技、軍事等專業人員，其所所屬的核心組織稱為「凱達」（意指基地）（http://www.nes.china.com 2001.10.5）。並以阿富汗某個山區為組織中心所在，運用人造衛星遙控全球恐怖活動，但其內部組織及

權力架構尚不得而知，只知除了領袖賓拉登外，其下主要兩個系統，是以札瓦希里爲主的策士，及以阿布都拉爲主的軍事指揮系統，另亦設有組織發言人及擁有訓練嚴格的精銳游擊戰士。並與其他的回教恐怖組織互有聯繫，形成一個恐怖組織網，彼此訓練恐怖份子，分享資源、經費與人力（聯合報，2001.10.4，中國時報，2001.10.14）。另根據美國蒐集到的情報，賓拉登在過去五年估計已提供一億美元現金和軍事援助予神學士政權，中情局據以下結論指其「擁有並實際操作」神學士政權（目前爲阿富汗主政者）。因此，其所設立的「凱達」組織在阿富汗境內確實擁有極大的影響力（聯合報，2001.10.12）。

組織金錢來源

除了靠其既有的財富外，同時也接受組織內恐怖份子的捐輸，及一些反美的回教國家、恐怖組織等資助。另外，據美國官員所獲得的情報顯示：恐怖份子賓拉登利用銷售蜂蜜的商品[2]，作爲他集資的方式，並控制其中的數家蜂蜜零售店。這些蜂蜜商店除了提供組織合法的營業收入外，經由這些商店的貨櫃更提供了組織運（販）毒、走私槍枝、偷運核武材料及化學武器等不法犯罪活動的掩護。此外，其組織所經營的企業，從築路、魚貨買賣到種花生等無所不做，範圍甚廣，但蜂蜜仍是其組織最重要的企業，販毒則是金錢最大的來源（http://www.ettoday.com 2001.10.11）。

訓練內容

其編纂有一套十一冊的「聖戰百科全書」，教導成員從事破壞與恐怖活動的基本內容，技術層面極爲詳實，訓練工作已達非常精密的程度。包括徒手肉搏、暗殺、放毒、製造爆裂物、城市戰等基

2.蜂蜜是中東文化、宗教與貿易中十分具有代表性的商品，可蘭經指蜂蜜有醫藥與治療的功能。根據美國農業部一九九八年的調查，在沙烏地阿拉伯，平均每個月每個家庭食用的蜂蜜達二磅。

本的破壞與摧毀課程，以及安全與情報、武器介紹、急救等課程。其不僅是一套實用的恐怖攻擊手冊，更是一本精神價值的指導，可稱為是恐怖份子的「聖經」（聯合報，2001.10.3）。

使用武器

包括手槍、步槍等輕型武器外，亦有刺針防空飛彈（肩背式的地對空飛彈）。另外，極可能也擁有核子、生化等大範圍毀滅性武器（北京青年報，2001.6.28、聯合報，2001.10.12）。

活動方式

如同一般恐怖組織一樣使用各種方式（包括炸彈、縱火、劫機、暗殺、綁架、俘擄人質、武裝突擊等），只是在手段上則更為具精密及具毀滅性，且善於運用現代化媒體發出煽動言論，以西方的現代化科技攻擊西方（聯合報，2001.10.10）。

恐怖主義組織活動未來趨勢

策略多面化

恐怖主義組織活動的發展在策略上將趨向於多面化，即是朝向高科技與傳統手法的多面運用策略。以美國「九一一」恐怖事件採用飛機當炸彈過程算是高科技結合傳統的手法。恐怖活動不再僅限於炸彈、縱火、劫機、暗殺、綁架、俘擄人質、武裝突擊等傳統活

動的運用，未來利用電腦科技、導彈、現代媒體傳播等高科技策略將更爲頻繁，其中網際網路及電子郵件等高科技的運用將更爲重要，除了可以運用網路蒐集武器製造方式與攻擊目標的相關資訊外，藉由電腦病毒的散播同樣可以癱瘓國家政府、經濟、金融等的正常運作，另外利用電子郵件的傳輸更能確保組織聯絡與情報交換的速度與隱密性，大大提昇組織活動能力。

組織嚴密化

隨著恐怖活動的一再發生，各國在反恐怖的執行也愈形強化，經過美國「九一一」事件後，美國爲首的聯軍更對於於恐怖組織及其支持國家進行軍事報復行動。但恐怖主義組織活動並不會因此而消失，反而促成其宗教「聖戰」的團結，甚至恐怖組織的串聯，引發起另一種型態的恐怖報復。爲達恐怖活動的持續進行與報復，相信其組織更將朝向軍事化結構，且趨於嚴密化，行動更會因此而更加精密有效率，以達到其目的。

組織類型多樣化

目前，世界上已爲人所知的恐怖組織，大大小小約有上千個之多，其類型包羅萬象，有爲政治信仰、意識型態、獨立建國、宗教、種族、民族、環保、對社會現狀的不滿、黑幫等目的，其類型不一而同（http://www.peopledaily.com.cn 2001.9.12）。且隨著現代社會的多元化、社會階級嚴明、貧富不均、各種對立衝突不斷等因素，恐怖組織類型更將趨於多樣化。然未來對於國際安全，甚至是各個國家衝擊最大的應該是屬於宗教狂熱的恐怖主義組織，其中又以回教狂熱激進的基本教義派爲最。

活動範圍跨國化

過去恐怖主義組織活動是區域性的,或單一國別的,但現在則有了改變。恐怖組織可能散佈並潛伏全球各地,或與其他組織的國際合作,在同一時間內便可在全球各地發動數個恐怖攻擊行動,造成國際性的恐慌。

危害重毀滅性

未來所使用的手段會發生很大的轉變,過去主要有炸彈、縱火、劫機、伏擊、綁架、劫持人質等,但現在看到的是把飛機當炸彈來使用,整個過程是有預謀、組織性的作為,這跟過去傳統的恐怖組織有很大的不一樣。甚至,恐怖組織可能會進一步使用核武、生物戰劑(炭疽菌、肉毒桿菌、天花、鼠疫等)、化學武器(沙林毒氣、塔崩神經毒氣等)等手段進行大規模毀滅性的攻擊。

恐怖組織與國家、宗教勢力的結合

經過美國「九一一」恐怖攻擊事件後,美國也針對幕後凶嫌賓拉登及庇護國家阿富汗等國展開持續反恐怖攻擊,這給予賓拉登等激進份子利用文化與宗教的衝突,趁機發動回教世界的「聖戰」,在中東與中亞地區的阿拉伯人大多信奉回教,並以回教建國,有其特殊且別於西方現代文明的文化,近幾十年來面對西方勢力的強力介入(尤其是美國),反美勢力更是與日俱增,再經過這次對阿富汗的反恐怖攻擊行動,更加深伊拉克、巴基斯坦、阿富汗等回教世界的仇恨。因此,在這個地區的恐怖組織與激進的回教勢力及國家將會因此而更加緊密結合,形成一股極大的恐怖勢力。

結論

　　面對現今這個多面向的世界，衝突與對立往往是難免的。恐怖份子賓拉登於美國攻擊阿富汗後，透過媒體播放一捲錄影聲明，其中的一段話，是值得我們深思的：「我向真主發誓，在和平降臨巴勒斯坦以及所有異教徒軍隊撤離穆罕默德土地之前，美國將永無寧日。」這段話說明了極端宗教狂熱恐怖主義的暴力本質，可知賓拉登不只是恐怖組織的領袖，他也代表一種理念，甚至還代表一種宗教信仰。如此的衝突與對立，恐怖組織活動恐怕一時之間是無法消滅，反而會因此而更加猖獗，恐怖活動與手法也將推陳出新，讓民眾存在更多的不安與恐懼。所以，面對國際恐怖主義及其組織活動的安全與秩序威脅，世界各國政府莫不竭盡所能以防杜其蔓延與破壞，然要能真正控制恐怖活動的盛行，除了消極的加強國境安檢、移民、航空安全等防堵措施外，更要積極的瞭解恐怖主義組織內部組成結構及活動運作模式，並朝宗教、族群、社會結構、意識形態、個別事件等矛盾作多面向的整體研究，從其轉變中找到未來發展趨勢，以作為打擊恐怖組織因應對策之參考。

★ 參考文獻

1. 鈕先鐘 1997＜泛論恐怖主義舊經驗與新趨勢＞，《國防雜誌》，13（5）：15-26。

2. 張平吾、丘臺峰 1992＜論恐怖主義及其起源與發展＞，《警政學報》，21：423-441。

3. 張中勇 1993＜美國對恐怖主義的對策＞，《美國月刊》，8（2）：101-114。2001＜宗教狂熱恐怖主義重毀滅性＞，《聯合報》，9.13：14。

4. 林博文 2001＜回教聖戰護教千餘年征戰不斷＞，《中國時報》，10.11：12。

5. 黃庭郁 2001＜窮人的原子彈＞，《中國時報》，10.10：6。

6. 朱邦賢 2001＜若恐怖份子操縱核生化武器＞，《聯合報》，10.12：12。

7. 驚爆美國特別報導 2001＜美公佈十九劫機犯追緝五十二共犯＞，《聯合晚報》，9.15：2。

8. 胡引玉等 2001＜少年賓拉登從放蕩到投入聖戰＞，《聯合報》，10.15：5。

9. 楊清順 2001＜賓拉登左右要人來自埃及＞，《聯合報》，10.4：13。

10. 霍達文 2001＜神學士金脈軍援來自賓拉登＞，《聯合報》，10.12：13。

11. Roland Jacquard（陳　皓等譯）2001《賓拉丹秘密檔案》，台北：聯經出版事業公司。

12. 曹國維 2001＜聖戰百科詳載恐怖手段＞，《聯合報》，10.3：13。

13. 藝　非 2001＜天花恐怖份子瞄準的新武器＞，《北京青年報》，6.28。

14. 田思怡 2001＜賓拉登善用媒體造勢＞，《聯合報》，10.10：8。

1.東森新聞報http://www.ettoday.com 2001.9.13造訪。

2.東森新聞報http://www.ettoday.com 2001.5.2造訪。

3.恐怖團體的組織研究http://www.geocities.com.tw
　2001.10.12造訪。

4.中華網新聞中心http://www.nes.china.com 2001.10.5造訪。

5.東森新聞報http://www.ettoday.com 2001.10.11造訪。

6.人民網http://www.peopledaily.com.cn 2001.9.12造訪。

組織犯罪
Organized Crime

Chapter3

台灣少年加入幫派危險因子及參與幫派活動與偏差行為之關連性研究

- 前言
- 文獻探討
- 研究方法與過程
- 研究結果
- 結論

程敬閏

中正大學犯罪防治研究所博士研究生
中華民國犯罪學學會理事

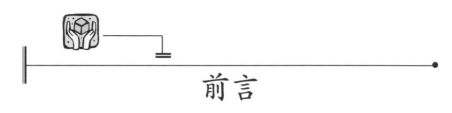

前言

研究背景

　　民國86年竹聯幫元老「白狼-張安樂」之子張建和(小胖)遭黑道份子阻殺身亡，在其出殯期間，前往致意者不乏政商名人、三教九流之士；但席間最引人側目者，莫過於那上百名頭染金髮、佩掛墨鏡，一襲黑色勁裝的「小兄弟」隨行。無獨有偶，民國88年6月，遭槍擊身亡的前北聯幫主唐重生的告別式中，各主要幫派都派員與祭，其間亦包括執政與在野黨的中央及地方級民代，親自上香或致贈輓聯；然而，在警方全程監控當中，也赫然出現上百名全身著黑衣黑褲的青少年林立其中。經警方初步調查，這些青少年多數仍是在學的國、高中生，也多是北聯、竹聯兩幫大力動員前往現場以壯大聲勢。

　　經由媒體的系列報導後，幫派入侵校園的嚴重性逐漸浮上檯面，在輿論的強大壓力之下，警政、司法及教育部門也不得不正視此一議題，集思解決之道。但期間仍有不少警察機關查獲多起青少年團體，打著國內大型幫派的名號，從事恐嚇取財、販賣大補帖等違法情事。警方從中得知不少幫派外圍份子，的確吸收在學生及中輟生壯大勢力，並利用少年學生替人圍事、強索保護費等方式，籌措幫派財源（時報文教基金會，1999）。再以具體數據來看，警方在85年至87年間，共查獲十三件黑幫滲入校園案件，涉案學生七十二人。但88年1到5月間，就已查獲六件，共計五十五人，顯示校園

幫派問題的確較以往嚴重。隨即，警方亦積極展開蒐報取締，陸續破獲四海幫海功堂、竹聯幫平堂、竹聯幫天鷹堂、東聯幫震堂等數個以青少年為主力的組織。

　　再就當前台灣幫派的組織生態演變觀之，目前青少年是黑道各堂口的主力軍，他們充當「組長」或「組員」，受幫派龍頭指揮，由其被派至幫派圍勢之酒店、Pub、KTV等場所工作，或協助販賣物品，參加迎神賽會，青少年則從中賺取少許生活費用（侯崇文、侯友宜，民88）。然而，幫派本質是暴力的，他們用暴力加諸「外人」，同時也用相同的手段對付「自己人」，少年若不聽其指揮辦事，或欲脫離幫派，輕則遭受暴力恐嚇、威脅，嚴重時則由「執法」或「護法」人員律以幫規懲處，而這也將使得原本抱持天真想法的青少年其身心蒙受極大的傷害。

　　過去國內地方角頭、幫派，佔據地盤、索取保護費、開設賭場、介入公共工程之圍標、綁標，經營色情行業，有時更圍勢討債，製造暴力、衝突危害社會治安甚鉅（侯崇文、侯友宜，民88）。近年來，黑道則更汲汲營營的介入校園，吸收國中、高中學生，以擴張其勢力，鞏固不法之利益。這種社會變遷趨勢已成氣候，但其問題本質為何？具有何種特質（條件）的青少年容易被幫派吸收？又或者青少年在參與幫派的活動過程中，其個人身心又受到何種程度的影響？而因之衍生的問題，對整體社會的衝擊又如何？在在都是值得學術與實務關心、探討的重要課題。

　　美國幫派大師Frederic Thrasher（1927），為犯罪學領域中，最早研究幫派問題，也最受推崇者；Thrasher在其著作-幫派（The Gang）：芝加哥1313個幫派份子的研究，探討都會區小孩加入幫派問題，也探討幫派的組織、活動（包括同儕活動與暴力活動），以及幫派次文化等問題，其發現也為幫派研究奠下了基石。其後，社會學者中投入於青少年幫派研究較為著名者計有；Shaw與MaKay（1931）、Tannenbaum（1939）、Cohen（1995）、White（1995）等，及近些年來也積極投入少年幫派研究的學者；Campbell（1990）、

Taylor（1989）、Huff（1990）、Thornberry（1993）等，皆有相當
的成就及貢獻（引自侯崇文、侯友宜，民88）。

反觀台灣，少年參與幫派活動的趨勢，已從早期的「混混」、
「太保」，演變至今，儼然成為幫派組織中正式掛名的「組長」、
「隊長」等機動幹部。但國內實務及學術各界，僅侯崇文、侯友宜
（民88）曾就7個黑道介入學校的案例中，實地訪問參與幫派少年，
並取得部份少年參與幫派活動的初級資料；許春金、徐呈章（民
89），針對國內30個青少年幫派，進行文本分析與訪談10名幫派少
年，就青少年幫派形成過程及相關因素進行探討；楊士隆（民
89），藉由少年矯正機構中，取得曾經加入幫派之少年264名，並針
對其成長歷程與副文化進行調查研究。其餘各界如：司法、教育、
輔導及心理等，並沒有隨著這股潮流而積極地投身青少年參與幫派
問題的探討，更遑論深入進行實證研究。而這也是引發研究者想進
一步深入少年結幫的世界中，以實證科學的研究法則，從事研究的
動機之一。雖然在初期文獻資料的蒐集過程中，遭遇許多困難，但
這也足以證明，「青少年參與幫派活動與偏差行為」的課題是值得
積極深入瞭解及研究的。

研究問題

本研究依據上述之研究動機，並參酌文獻史料及少年參與幫派
活動之現況，作為研究開展之面向，並進一步提出本研究所將要探
討之問題：

1.探索少年加入幫派的危險因子。
2.瞭解少年參與幫派活動情況。
3.檢視少年參與幫派與偏差行為之關係。

名詞解釋

幫派少年

　　有鑑於國內外學者對幫派（會）定義之分歧，又我國現行法律規範亦無對「幫派」一詞有明確之界定，故本研究所謂之幫派，乃採較廣義之概說，並依據「組織犯罪防治條例」（第二條），將幫派界定為：係指三人以上，有內部管理結構，以犯罪為宗旨或以其成員從事犯罪活動，具有集團性、常習性及脅迫性或暴力性之組織。

　　而「少年」一詞，乃依據少年事件處理法第二條：所謂少年，是指十二歲以上未滿十八歲的人。國中、高中、高職或五專三年級以下的學生，通常都是十二歲以上未滿十八歲的少年，都可以通用有關少年事件處理法之規定。但因本研究係為「回溯性研究」，故在正式取樣時，則針對少年之實際年齡為十四歲以上，未滿廿一歲者，進行問卷施測。而本研究所謂之「幫派少年」，係經由研究者所設計之少年自陳報告中萃取而得。

危險因子

　　依 Gross & Capuzzi 將高危險因素定義為：是個體處於未來危險事件的原因或行為結果的種種動力。而 Dryfoos（1990）針對青少年偏差行為，更進一步將這些前置事件或影響因素歸納為先天環境因素（如社經地位、社區生活品質等）和個人背景特質（如性別、年紀、族群等）（引自楊士隆，民87）。而本研究之危險因子乃採上述之概念並融合國內外之相關文獻，將少年加入幫派的危險因子歸納為：

1. 家庭因素：包括低社經地位、家庭結構不健全、親子關係疏離及父母管教不當。
2. 學校因素：學習成就低落、師生關係不良、遭受同儕欺壓及中輟。

3.個人因素：具有衝動、冒險、憂鬱性格、經常出入不當場所、不正確的物質觀念及對幫派生活有較高憧憬者。
4.偏差行為：個人具有較高之違規、虞犯及犯罪之行為。

活動型態

Cressey之理論指出，有組織犯罪集團（幫派）的活動型態包括二方面：一為迎合社會大眾之非法需求，另一則為對合法事業的滲透與把持。前者包括賭博（可說是組織犯罪的命脈），高利貸、毒品之運輸與販賣以及色情行業。後者如自動販賣機之零售，經營酒廊、餐館、成衣工場及控制工會，甚至盜用工會款項均有之。故絕大多數之幫派活動，皆已追逐大量的經濟利益為目的，而其觸角亦遍及各行各業。而本研究所謂之「幫派活動」乃採上述之概說，並參酌國內幫派活動之現況，將少年參與幫派活動界分為：參與幫派聚合、參與幫派買賣活動、參與幫派暴力活動、參與幫派圍勢等各類。

偏差行為

偏差行為是被視為違反一些社會共同享有的道德價值或規範的行為。當某些規範明定於法律之後，違反這些規範的偏差行為就成為犯罪行為（criminal behaviors）。

偏差行為的類型頗多，一般來說分類成：外在導向性行為問題；內在導向性行為問題；學業適應問題；偏畸習癖；焦慮症候群；精神疾病症候群（吳武典，民81），而各項詳述如下：

1. 外在導向性行為問題：俗稱違規行為或反社會行為。包括：
   逃學、逃家、反抗、不守規矩、偷竊撒謊、打架、傷害、搗
   亂、破壞、不合作等行為。

2. 內在導向性行為問題：俗稱情緒困擾或非社會性的行為。包
   括：畏縮、恐懼、消極、被動、過份依賴、做白日夢、焦慮
   不安、自我損傷等行為。

3. 學業適應問題：包括課堂上注意力不集中，學業上感覺困
   擾、對讀書不感興趣、不按規定交作業、逃避考試、考試作
   弊、學業成績普遍低落等。

4. 偏畸習癖：包括吸吮拇指、咬指甲、抽煙、酒癮、藥癮等。

5. 焦慮症候群：俗稱神經質。包括焦慮、緊張、發抖、心胸不
   適、噁心、嘔吐、全身無力等。

6. 精神疾病症候群：指嚴重的心理病態、精神分裂症、躁鬱症
   等。

再者，李梅芬（民84）以自陳報告問卷施測方式，對台北市十
二個行政區382名國中生進行調查；並將國中生較常出現之偏差行
為，概分為以下三大項：

1. 違規行為：為一些個人態度上或行為上的輕度違規；如，抽
   煙、吃檳榔、考試作弊、上課違規、對異性不禮貌...等。

2. 處犯行為：指個人的一些行為已觸犯或瀕臨觸犯法令之相關
   規定；如，飆車、逃家、逃學、與犯罪人交往、攜帶刀械、
   打群架...等。

3. 犯罪行為：指個人之行為已明確觸犯一般刑事法規或特別法
   規；如，偷竊、勒索、搶劫、械鬥及使用麻醉藥品等。

而本研究所稱之「偏差行為」乃採整合之概念。即針對研究問
題與目的之需要，以李梅芬（民84）之研究分類為主體，綜合歸納

上述之偏差行爲類型中屬清楚、明確並可直接觀察（或測量）之行爲，並參照國內少年較常觸犯之刑罰（如竊盜、煙毒、傷害、公共危險、強奪等），將其做適度之修訂，整合如下列之分項：

1. 違規行爲：以違反一般校規之行爲爲主；如，考試作弊、抽煙、儀容不整、頂撞師長、無照駕駛、破壞校園設施等。
2. 虞犯行爲：以觸犯少年事件處理法第三條第二項各款之規定者；如，經常與有犯罪習性之人交往、經常出入不當場所、深夜在外遊蕩、經常逃學或逃家、無正當理由攜帶刀械等。
3. 犯罪行爲：指個人之行爲已明確觸犯一般刑事法或特別法之相關規定者；如，偷竊、公共危險、搶劫、搶奪、傷害、殺人、藥物濫用、強制性交等。

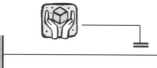

文獻探討

少年加入幫派之危險因子

北聯幫前幫主唐重生出殯當天，現場竟有上百名學生模樣的青少年出現在送行行列，凸顯出青少年參與黑道幫派活動的嚴重性，警政高層亦爲此展開一波波強力校園掃黑行動。

黑道幫派入侵校園吸收學子爲幫衆，在外省掛幫派最爲常見，如竹聯幫、四海幫等，早期就是一群青年學生的聚合，幾年發展下來，便由一個鞏固地盤、抵抗外侮的區域性組織，變成國內赫赫有

名的大幫派（何鎝，民81）。早期幫派吸收學生的目的，除了為求壯大聲勢外，主要是利用他們未成年刑責輕的條件，從事打手、殺手打前鋒任務，或在警方查獲時頂罪代罰。今日的黑幫吸納學生的動機，雖然不如以往暴力化，但仍脫離不了以「犯罪」為目的，其中又以利用他們「掙錢」為最大的因素。如台北市光華商場就曾是幫派學生販賣大補帖最大本營，還一度為了鞏固地盤利益，爆發過上百名青少年學子打群架的事件，猶如香港「古惑仔」電影情節。也有幫派利用學生將觸角伸入校園，從事地下錢莊放貸及強迫推銷舞票等不法行為。

在黑道幫派的眼裡，學生就像一棵棵的搖錢樹，因此，大都採取「老鼠會」模式吸收，有上線、有下手，慣用的方式就是利用「中輟生」進入校園展開吸收，因此成員往往在短時間內迅速倍增。而為了吸引校園學子加入，幫派都會提供他們一些「行頭」，如呼叫器、行動電話（如北部東聯幫，凡入幫之少年一律配給大哥大）、人頭抽佣費等，甚至為求嚴密控制，還有幫派乾脆利用安非他命等毒品，讓他們無法擺脫幫派任由驅使。然而，最可悲的就是這些幫派曝光後，校方竟然都表示不知情，而專門處理少年問題的專業警察單位對這些組織的存在與活動範圍也一知半解，校園幫派組織會逐漸茁壯，似乎不是沒有原因的。

再者，台北市警察局少年警察隊（民89），根據近期內所破獲青少年幫派事件中，也歸納出以下幾點，有關幫派吸收青少年的手法：

利用青少年性喜結交、壯大聲勢，並尋求保護及偏差性崇拜英雄心理

幫派吸收青少年，主要係利用在校生或輟學生血氣方剛、好勇鬥狠、性喜結交，以壯大聲勢並尋求保護之心理，先吸收其等入幫，再唆使其等吸收校內同儕，逐步擴大勢力。另青少年受電影情節誤導，對幫派分子產生偏差性英雄崇拜心理，亦是幫派吸收青少年加入因素之一。

以金錢誘惑青少年

大部分青少年加入幫派之因素，係受幫派領袖擁有之財富打動，嚮往出入有高級轎車代步、手戴勞力士金錶及貼身小弟前呼後擁之氣派。加以青少年加入幫派後，介紹至幫派圍勢之酒店、舞廳、賭場等特種場所或泡沫紅茶店等擔任泊車、侍應等工作，或協助販賣盜版光碟，或招攬參加八家將等迎神賽會，讓青少年每月有固定收入，以提供金錢，誘惑青少年。

提供毒品控制青少年

幫派分子利用青少年好奇嚐鮮之心理，由幫派中青少年在校園內暗地宣傳後，起先免費提供安非他命、FM2、快樂丸等毒（藥）品，俟學生上癮後，無法脫離幫派，而受幫派控制。

以暴力恐嚇脅迫限制脫離幫派

幫派為長期控制入幫青少年，要求青少年於入幫時，立誓不得脫離幫派，如有違反將遭受嚴厲之懲罰，如青少年欲脫離幫派，則施加暴力恐嚇，致欲脫離者，因懼其淫威續供其驅使。

另外，學者侯崇文、侯友宜（民88）的研究中也指出，青少年參與幫派的原因很多，其中失敗的學習者、尋找新的經驗、追求被尊重的感覺等，是青少年參與幫派較為重要的原因。

失敗的學習者

研究發現，參與幫派的青少年中，有部份仍是在校學生，他們的成績並不理想；也有部份是中輟生，他們並未完成學業。簡單地說，作為一個學習者，他們並不成功。根據天主教善牧福利基金會的統計，對學校課業不感興趣是學生中輟最為主要的原因。中輟生不喜歡學校，不喜歡被人認為沒有出息，於是他們逃離校園（中國時報，88年5月16日）。天主教善牧福利基金會也指出，中輟生最常

去的地方有：泡沫紅茶店、彈子房（撞球間）、電玩店、KTV、Pub、鬧區街頭、廟會，以及檳榔攤等場所。而這些地方往往有黑道出入，有些甚至是由幫派經營，學生若習慣在這類場所中出沒，自然容易被盯上，被吸收。

尋找新的經驗

對一位正常的小孩來說，他的生活範圍以學校或家庭為主軸，學校要上課，也有許多功課要準備，家裡則有父母的關心。但這對一位不想唸書的孩子來說，學校或家庭都令他感到無趣，而下課後的時間更是他最難處理的問題。尤其當他發現傳統的青少年活動，例如：補習、做功課、做家事等，都讓他感到挫折，無法滿意時，街頭活動便吸引了他。很快地，這位少年會發現，逛街、看電影、撞球、Pub、KTV等地方比學校有趣多了，但這確是他們加入幫派的原因之一。

追求被尊重的感覺

雖然青少年幫派活動充斥著暴力、衝突、刺激與危險，這類的活動往往也沒有特定的目的或組織，但部份少年仍樂於參與，探其原因幫派的活動給了他們自我、獨立自主，以及被尊重的感覺。正如車煒堅（1992）所言：這些少年為了要融入這些同儕團體的副文化，他們效忠自己的團體與幫派更重於遵守社會的規範。青少年在同儕中被接受，被尊重，被認同，這種感覺是他們持續參與幫派活動的動力。

除此之外，參與幫派的少年通常沒有一技之長，就業的機會有限，他們只能打零工，賺取微薄的生活費，經濟上的需求十分迫切；因此，參加幫派正可以解決他們生活上的困難。通常，青少年參與的打工活動為：酒店圍勢、泊車、Pub服務生、在廟口跳家將、乩童，參與迎神賽會等，黑道則提供他們金錢、物資及住宿，有的更提供他們吃喝玩樂，久而久之，青少年即被吸收。

Jack E Bynum & William E Thompson（1989）在其所著
[Juvenile Delinquency]，也曾依據美國社會背景，探討少年幫派
的演進；其中亦針對青少年參與幫派活動，提出以下見解：

「雖然有為數甚多的幫派成員做出偏差或犯罪行為，然
而，很少有證據能說明他們之所以成為幫派成員的確切
理由」。許多青少年承認他們之所以會加入幫派，是由於
害怕被一些粗鄙的鄰居、朋友孤立或責難。同樣的理
由，也就是幫派能提供一個發展同儕團體或友誼網路的
機會，這是人類很自然的一種需求，強烈驅使少年加入
鄰近的幫派團體，正如同早期參加遊戲團體一般。其他
的理由，尚包括無聊、反抗權威、效忠自己所屬的次級
團體，以及與父母、老師的不良關係等。因此，從另一
個方面來說，幫派成為次級的替代性家庭（蔡德輝、楊
士隆，民88），代替原先缺乏良好契合和良好互動關係的
家庭。

楊士隆（民89）的研究中亦指出：幫派少年大多來自結構不健
全之家庭，學校成績低落，七成六曾為中輟生，且經常入出不良場
所。此外，近七成幫派少年有刺青，對物慾之追求程度高，且對幫
派之文化及生活，有較高之憧憬，其偏差行為亦為多樣。

有些少年則認為，參加幫派是他們能夠被認可的唯一可行管
道。這些無法滿足的需求，在低階層的少年中尤其明顯，他們缺乏
身份地位，不能享有足夠的物質生活，學業成績低落，而只能在幫
派中得到社會支持、安全感及擁有權力。根據Short & Strodtbeck
（1965）的研究，青少年幫派成員在性格特徵上傾向於社會適應能
力不足、缺乏建立人際關係的技巧、自信心及在工作市場上必備的
知識、與異性交往複雜等，這些缺乏工作技術或失學失業的少年，
往往只能藉著表現粗俗行為和違法犯紀的行為，從幫派朋友的眼中
展現出英雄氣概，並且擁有成功的感覺（Zastrow &
Bowker,1984）。Short（1987）發現：幫派領袖具有很好的社會技
巧，他們支持性和撫慰性的領導方式，肯定了少年對幫派的價值。

　　在國內，青少年參與幫派活動由來已久，他們絕大部分正是師生眼中的「問題學生」，彼此呼朋引伴的聚合，主要目的不外是在校園內，讓同學不敢攖其鋒，對外人多勢眾，不受人輕視、欺侮；在程度上與本質上，與從事組織犯罪為目的的黑道幫派並不相同。然而，一旦碰上黑道幫派刻意吸收控制，以吃喝玩樂、聲色錢財相誘，扭轉他們的價值觀念後，原本只是打架鬧事的學生聚合，很快就會轉化為恐嚇勒索、強盜殺人的犯罪組識，成為黑幫的工具。清純的學子，在幫派特意的吸收下，猶如白布的一角沾染上墨汁，慢慢的滲透變成全黑，很難漂白洗淨。

　　縱覽上述國內外學者之論述可以發現，影響少年加入幫派的危險因子，除了與少年本身相關之個人、家庭、學校因素之外，幫派的主動積極介入亦是關鍵因素之一。礙於研究者之能力、時間及經濟等相關因素之限制，筆者實無法針對上述之種種加以逐一考證，故只得暫時「忽略」幫派主動積極介入之因素。因此，本研究將少年參與幫派活動的危險因子歸納為與少年相關之：家庭因素、學校因素、個人因素及偏差行為四個層面，並分別簡述如下：

1. 家庭因素：低社經地位、家庭結構不健全、親子關係疏離、父母管教不當。
2. 學校因素：學習成就低落、師生關係不良、遭受同儕欺壓、中輟。
3. 個人因素：具有衝動、冒險、憂鬱性格、出入不良場所、不正確的物質觀念及對幫派生活有較高憧憬者。
4. 偏差行為：少年本身具有較高之違規、虞犯及犯罪之行為。

少年參與幫派之相關活動

　　根據刑事警察局（民88）的資料顯示，流氓幫派之危害與活動，除持續過去之經營職業賭場抽頭牟利、霸佔地盤敲詐勒索、強迫買賣、白吃白喝、為人討債圖利、經營娼寮妓館、誘逼良家婦女為娼、走私販毒等不法行為外，更隨政經環境之變遷，逐漸轉型，開始朝公司化、企業化方式經營，以有計劃、有組織之集團領導模式，介入各行各業正常經營、團標，欺壓善良同業，乃至積極參與各項政治活動、操縱選舉，俾藉政治權位牟取更龐大不法利潤，實為社會之亂源與毒瘤，不僅嚴重破壞影響社會秩序安定，危害民眾生命身體財產安全，更對國家經濟之發展與民主政治之正常運作產生不利之影響。

　　另外，許春金、徐呈璋（民89）首度針對國內30名青少年不良幫派，就其所從事的偏差或非法活動，進行分析。其中，幫派成員較經常參與活動的前五項分別為：鬥毆（校內、外）、恐嚇取財（校內、外）、商店圍事、非法持有刀、槍械，以及參與幫派人士喪禮（公祭）。

　　幫派雖然涉及不少犯罪活動，但許多少年參與幫派並不以從事犯罪活動為唯一目的，許多成員聚集在一起只是談天說地、遊蕩、嬉戲、看電影、郊遊，有的則偷些小東西如香菸、飲料等共同享用。近些年流行之飆車、參與廟會活動、撞球、溜冰、賭博性電玩等活動，也時有所聞，足見該類活動經常有濃厚的玩樂成分存在。惟仍有部份少年幫派成員從事諸如暴力鬥毆、爭奪地盤、毒品經銷、強（輪）姦、殺人及其他犯罪之行徑。尤其，在成人幫派的慫恿下，少年在校園內分別從事了打架、獲取不當之經濟利益、恐嚇、勒索等活動（侯崇文、侯友宜，民88）。

　　Lewis Yablonsky（1970）亦認為，少年參與幫派活動的動機也有可能只是純粹想參與普通的活動。幫派進行諸如與其他團體的體育競賽、舞蹈或團體討論等社會活動，能吸引青少年渴望追求友

誼而參加中性的活動，反而很少從事犯罪活動（張景然，民80）。換句話說，Yablonsky主張有些青少年幫派招募成員用偷竊或其他非法手段得到財物，不僅是為了達到這樣的目的，或許組織技術和策略的發揮，才是幫派份子真正的樂趣。然而，Yablonsky也提到另一種暴力傾向的幫派，為維護勢力範圍和地位，幫派內會有一個行動中心，負責決策與執行，並處理一切爭鬥及衝突，而新進的成員通常都扮演著激進、暴戾的角色。

另外，研究者亦藉由網際網路，搜尋近年來有關少年參與（或介入）幫派活動之新聞報導，並摘要整理如下：

根據蒐報，東聯幫領頭者為早期竹聯幫外圍份子，後因大哥均被掃入獄，因此打著「竹聯蔣家」、「日堂蔣家」的名號，吸收北部地區三百餘名國、高中職學生，其中還包括數所明星國、高中。他們平時以舞場生意為財源，要求青少年學生，向同儕強迫推銷入場券。今日行動將針對東聯幫之中、高階幹部拘提到案（中時電子報，88.06.22）。

89年5月13日凌晨，在南京東路某大型電影城擔任組長的少女阿秋，因為懷疑清潔工黃德安拾獲客人遺失的行動電話，遂率領十餘位自稱幫派分子的年輕人，攜帶槍械到該影城2樓餐廳尋釁，要求老闆和黃德安的義母黃梅芳交出小黃，並不分青紅皂白就開始毆打店內所有員工及客人，並破壞餐廳陳設，連多位無辜的路人都被殃及，遭到毆打和乾粉滅火器的噴灑，且阿秋一夥人仍從容搶奪阿貴之行動電話並挾持1位14歲的無辜少年揚長而去（電子勁報89.05.25）。

今年初以來，幫派入侵校園的嚴重性逐漸浮上檯面。不少警察機關查獲許多青少年群聚團體，打著國內大型幫派的名號，從事恐嚇取財、販賣大補帖等違法行為。警方從中得知不少幫派外圍份子，的確吸收在學生及中輟生壯大勢力，並利用少年學生替人圍事、強索保護費等方式，籌措幫派財源（中時電子報，89.05.19）。

　　暑假來臨，各電腦賣場皆熱鬧滾滾，人氣旺盛。據調查，許多黑道幫派正有計畫地吸收十八歲以下的學生在電腦賣場兜售大補帖（非法盜版軟體），以賺取暴利。依據台灣商業軟體聯盟的資料，台灣近年來資訊運用的普及率迅速成長，盜版軟體金額從1994年的新台幣36.9億元，增加至1998年的46.5億元。賣大補帖到底有多好賺？以剛上市的微軟OFFICE 2000電腦軟體為例，原裝升級版定價8,890元，標準版17,590元。台北光華商場的盜版 OFFICE 2000每套售價約1,000元（盜拷成本每套不到50元），目前還出現嚴重缺貨的狀況（中時電子報，89.07.14）。

　　北市警察局少年隊於昨日凌晨破獲北部地區規模最大的少年幫派組織東聯幫，幫派同時以蔣為姓，「賜名」給中、高階幹部，為國內首見以統一姓氏為綽號的犯罪組織，成員保守估計有三百餘人。東聯幫組織嚴密，自蔣杰而下設四個分堂，依學校或地區各設組別，由香主、二路元帥、隊長等分層負責。幹部多為大學、專科學生或社會青年，下再吸收國、高中職學生為成員。幫眾聽命於幫主「蔣杰」彭忠傑，所有入幫者須在廟前歃血為盟，並遵守幫主定下的「四律鐵綱」：服從命令、不勾引二嫂（兄弟之妻）、不私用公款、一切循規蹈矩等四項規約。此犯罪組織曾於去年九月間，在大安森林公園舉行誓師大會，有二百餘名學生參與，聲勢浩大。去年底因綽號「蔣和」的羅文和遭萬國幫砍傷，幫主亦曾率二百餘幫眾，前往萬華地區砸店示威，作為報復。為上貢錢財、緊密聯絡，幫內不定時舉行「餐會」。他們仗著人多勢眾，曾在數家大型火鍋連鎖餐廳及泡沫紅茶店白吃白喝，拒不付帳。而幫眾平日以恐嚇取財、包舞場賣入場券、販賣大補帖、暴力圍事、強索保護費為主要財源。（中時電子報，88.06.23）。

　　警方調查，打群架的雙方是因在PUB內起衝突，隨後到外面談判時一言不合，才引爆肢體衝突，此時，PUB樓上KTV的員工發現其中一方為自己朋友，所以又加入戰局，事態才愈演愈烈，最後演變

成數十人群毆的事件。鬥毆一方稍後有輛轎車趕來支援，但也立即遭人以鋁棒、木棍攻擊，前後擋風玻璃都被敲碎，車門板金也砸到凹陷。PUB和KTV分屬不同幫派圍事，這次衝突事件並非單純發生口角所引起，應與幫派利益有關。警方目前正追查參與鬥毆的青少年，並調查是否與黑道爭地盤有關。（電子勁報，89.8.10）

根據上述之國內外學者的研究發現以及近年來我國少年參與幫派活動的現況，將其整理歸納如下，並據此加以調查。

1.參與幫派聚合（與幫派份子交往幫派、與幫派份子出遊等）
2.參與幫派糾紛（幫派仇隙、個人恩怨等）
3.參與幫派圍勢（酒店、舞廳、pub等）
4.參與幫派買賣（毒（藥）品、大補帖、門票等）
5.其他（廟會陣頭、恐嚇取財、白吃白喝、暴力討債等）

少年入幫與偏差行為之關連

幫派與犯罪少年間雖然無法全然劃上等號，但研究顯示，一旦成為幫派成員，其比非幫派成員更容易產生偏差與犯罪行為，且觸犯之頻率更高（Sperge1，1989）（引自蔡德輝、楊士隆，民89）。但值得注意的是，迄今我們仍無法獲知哪一項因素為促使幫派成員（少年）從事犯罪之關鍵。例如，我們並不知道是幫派吸引了具偏差/犯罪行為之少年，亦或是其參與幫派活動的過程（或結果）造就了偏差行為？

根據美國紐約州立大學Thornberry（1993）等教授之看法，有三種模式可對幫派與少年犯罪之關係加以解釋：

選擇或某一類人之模式
即幫派本身吸引了原來就具有犯罪或偏差行為傾向之少年。這

一群人員具高度犯罪或吸毒等偏差行為傾向，而不論其是否參與幫派活動，均不影響其固有之行為模式；即幫派並不導致其成員去犯罪，而是其具有相似偏差或犯罪因子之個人，會自然地聚集或參與幫派之活動。

Hirschi（1969）的實證研究亦顯示出，孩子所以成群結隊來從事非法行為，乃由於他們已經喪失了個人奮鬥和努力的目標，而且脫離了家庭和學校的控制，成為一群在外頭遊蕩的少年。即一個孩子若不附著（attachment）於父母親、學校和同輩團體，則他可能漂浮或遊蕩（drifting）於社會控制之外，不易接受社會團體規範的約束。一旦遇到有利的犯罪情境因素，極可能從事犯罪行為。而青少年之所以經常結黨犯罪，乃因為彼等在此之前已成為非行者，已不附著於傳統的社會機制。

Glueck（1960）的研究也支持此一論點，認為青少年在加入幫派之前，已經或多或少從事過非法行為，而成為非行者（delinquent）。所謂物以類聚，在未聚之前，必須先成為同類。（許春金，民85）

Bynum & Thompson（1989）研究洛杉磯一個名為「跛子幫」（Cripplers）的幫派指出，一個青少年只要能證明他曾經傷害過別人，就能夠參加該一幫派。這種入會儀式顯現出殘酷、怪異，對外界充耳不聞，並對該新進成員過去的行為表現，賦予最高的榮譽及勇氣。若以Thornberry（1993）等教授之見解，則可驗證第一類型：「選擇或某一類人之模式」，即幫派的確會吸引某一類人之參與（聚合），但並非促發其偏差行為之發生。

社會助長模式或某一團體之模式

即參與幫派活動之少年其本身與未參與幫派活動之少年並無兩樣；關鍵在於結幫之過程或幫派成員（Gang Process or Gang Membership）身份促使其從事偏差行為之主因。

根據Thornberry（1993）等之研究，其結果支持社會助長模式之幫派犯罪詮釋，亦即結幫之結果，促使許多少年從事偏差與犯罪

行爲之頻率大增。此項結果顯示，少年加入幫派的確爲未來之偏差與犯罪行爲埋下伏筆。

Sellin（1938）認爲偏差行爲源於文化規範的衝突，他關心那些與其他社會團體之規範不同的文化團體。規範之所以發生衝突，是因爲遵從大團體的規範並不符合該團體的利益。如街頭幫派次文化通常都認爲警察是懲罰人的、腐敗的，而不是和平的維護者及私人財產的保護者。該團體的成員學得此團體的規範，於是養成不順從整個社會觀點的人格。

Miller（1958）將Sellin對文化和偏差行爲的觀點加以擴展。他認爲下層階級的次文化（以幫派少年最具代表性）極其著重惹麻煩、強壯、刺激和僥倖。生活在這種價值中，幫派的成員逐漸被其他人，尤其是中產階級視作偏差的人（Smelser,1995）。

Sellin & Miller都認爲偏差行爲發生在個人生活的次文化與主流文化的規範之間具有衝突。但爲何有些人會吸收這些偏差的次文化價值而有些人不會呢？Sutherland（1939）嘗試以差別結合（differential association）理論作解釋；Sutherland認爲犯罪行爲是學習而來的。人們接觸偏差者，進而吸收、學習偏差價值與從事偏差行爲的技術。假如一個人有較多朋友和親戚具備犯罪行爲，那這個人將有較高的機會成爲罪犯。Sutherland的理論比一般所認爲的偏差行爲是源於結交壞朋友的常識來得更爲精確，偏差行爲是同時接觸犯罪文化與正常規範的產物。他認爲與非私人機構或制度的接觸並不具影響力（如法律或宗教），人們每天在學校、家庭、鄰居的親密接觸才有深遠的影響。城市貧民區中與街頭幫派常常往來的年輕人，而不與自己守法的父母親，想上進的同學來往，他們便較容易養成喜好犯罪行爲的態度。再者，與偏差模式接觸之頻率、次數與時間，都是個人接收偏差價值強度的原因，而年齡亦是因素之一，愈年輕愈容易接受別人的行爲模式。

Cloward & Ohlin（1960）也和Sutherland一樣認爲偏差行爲的產生不僅是社會解組和身份挫折所致，「還需要有機會參與偏差

行為，同時由此行為中獲得具體的報酬」。有些地區，年輕人可以從成功的偏差者身上，學到偏差行為，而這些成功的偏差者通常置身於有組織、專業化的犯罪集團中，同時擁有權力與聲望，及社會地位。這些人經常性地從事販毒和其他犯罪活動，並提供少年工作機會。在這種情況底下，對那些少有機會接觸到合法手段的少年而言，是相當具有誘惑力的（Smelser,1995）。

綜合上述學者的研究發現，能持續存在的偏差行為通常都不是因為某一個人曾經表現該行為。相對地，它是集體性的；而此一行為模式能進而演變成一個獨特的次文化而破壞規範。當這種情形發生時，少年偏差次文化的規範取自原來大社會的文化，但卻顛倒原來的是非標準。因此，結幫少年的行徑以其次文化的標準來看是正確的、受到鼓勵的，但若以主流文化的價值評斷，它則是錯誤的。而在幫派行為中，此種現象是顯著存在的。

選擇與社會助長之混合增進模式

亦即，幫派除了吸引原具有犯罪傾向之人加入外，結幫本身亦強化了成員從事偏差與犯罪行為之機會。此為前述選擇與社會助長類型之整合模式。

根據陳國霖（民81），針對紐約唐人街的華裔幫派的研究中指出：當移民少年在學校趕不上功課，或受到其他同學的歧視時，他們很可能就輟學。輟學後，如果他們無法得到父母的諒解與輔導，就只好跟其他失學的青少年聚集在一起。這群少年就常在唐人街的餐廳或電子遊戲店中遊蕩；日子一久，他們就可能開始在社區的賭場充當跑腿，一旦開始與成人幫派掛勾，他們就由問題少年蛻變成半職業性的罪犯。

由此可見，幫派不僅吸引了本身原具有偏差行為或傾向的少年，也因幫派特殊的生活型態，讓參與其中的少年，有了更多的機會從事或學習偏差行為，進而成為一名習慣偏差者。

研究方法與過程

研究方法

　　本研究係採「回溯性研究」，即透過收容少年回憶過去經驗，以期獲得跨時間資料的觀察法。在資料的取得方面，主要透過「文本分析」（document analysis）網羅平面媒體或網路所刊載有關幫派活動及少年結幫的現況報導等，以及透過「問卷調查」（questionnaire survey），進行實證資料蒐集。

研究樣本

　　在研究樣本與抽樣方面，研究者首先以立意抽樣方式（purposeful sampling）選取台灣地區少年收容機構，即：台北少年觀護所、桃園、彰化輔育院及新竹誠正、高雄明陽中學五所。

　　再者，研究者事先敦請機構之相關人員以集叢隨機抽樣方式（cluster random sampling），選取各院校具有代表性班級，150-200名少年，共計750名。研究共計發出715份，扣除資格不符者（未滿十四歲）、填答不完整及答案趨近一致性者（全部勾選其中某一個答案），最後回收之有效問卷為682份，總回收率達88%；其中共取得幫派少年之樣本數169人。

效度與信度

效度

　　研究者以因素分析的方式，運用SPSS for Windows 依下列步驟進行加以考驗：首先，選取欲分析之變數，以主成分因素分析法（Principle Components）作為因素選取之方式；在旋轉階段（Rotation），針對轉換因素使之更具解釋力，本研究採正交轉軸因素分析法（Varimax Rotation）；再者，從萃取出的因素中，選取變數因素負荷值（Factor Loading）超過0.3最多的因素；再進一步淘汰因素負荷值低於0.3的問項後，再以KMO係數（Kaiser-Meyer-Olkin Coefficient）評定變項之效度，KMO係數一般已超過0.5始能被接受。其結果發現，所有問項的因素負荷量均大於可被接受的0.3以上，且KMO係數亦均大於或等於0.5，顯示該「少年生活狀況調查問卷」，除了具備「專家效度」之外，其建構效度亦在一般量化研究工具所要求的水準之上。

信度

　　本研究之信度分析係以SPSS for Windows 之Reliability功能考驗問卷中各變項的內部一致性（internal consistency），以庫李方法的Cronbach's Alpka係數為指標，若係數高於0.6，則表示內部一致性尚稱良好。信度分析結果得知，本研究工具除了在個人因素之進出不良場所量表部分的內部一致性係數為達0.6之外，其餘各分量表及總量表之係數均介於0.6—0.9之間，而整體量表之係度係數更達0.93，顯示該問卷內之各變項之間的穩定性堪稱良好。

研究結果

幫派少年之基本人口特性

此一部分主要以次數分配及百分比之方式，呈現受訪幫派少年之基本個人特性及其家庭環境二部分（**如表3-1及表3-2**）。其中，基本個人特性包括：實際年齡、入院前教育程度、就學及就業情況、是否刺青等；在家庭環境部分包括：居住環境、父母婚姻狀況、教育程度、職業及社經地位等方面。

幫派少年之基本人口特性

年齡

169名幫派少年中，以16—18歲未滿者較為多數，占43.8%；其次為18—21歲未滿者，占38.5%；再者為14—16歲，占17.8%。

教育程度

幫派少年入院前的教育程度統計結果：以就讀國中三年級者較為多數，占33.1%；其次為國中二年級，占25.4%；再者為高中一年級，占17.8%。另外，小學程度及未受教育者，則各有三名，占1.8%。

表3-1　幫派少年之基本個人特性統計表

變項名稱		次數分配	百分比（%）
年齡	14～16歲未滿	30	17.8
	16～18歲未滿	74	43.8
	18～21歲未滿	65	38.5
教育程度	未受教育	3	1.8
	小學程度	3	1.8
	國一	28	16.6
	國二	43	25.4
	國三	56	33.1
	高一	30	17.8
	高二	6	3.6
就學狀況	固定上學	8	4.9
	偶而蹺課	28	17.1
	超過兩個月未上學	4	2.4
	超過半年未上學	31	18.9
	超過一年未上學	93	56.7
就業狀況	有固定職業	45	26.8
	失業超過兩個月	21	12.5
	失業超過半年	29	17.3
	失業超過一年	41	24.4
	就學，未就業	32	19
刺青	是	118	70.7
	否	49	29.3
刺青圖樣	植物類	7	6
	動物類	13	11.1
	人物類	26	22.2
	文字類	19	16.2
	物殊符號	12	10.3
	混合類	40	34.2
刺青動機	追求流行	21	18.3
	幫派認同	16	13.9
	表現自我	21	18.3
	朋友影響	52	45.2
	其他	5	4.3

＃有效樣本169名

表3-2 幫派少年之基本個人特性統計表

變項名稱		次數分配	百分比（％）
居住環境	住宅區	91	54.8
	商業區	12	7.2
	住商混合區	21	12.7
	工業區	5	3
	鄉村農村	24	14.5
	眷村	9	5.4
	其他	4	2.4
父母婚姻狀況	父母親住在一起	51	30.5
	父母親分居	21	12.6
	父母親離婚未再婚	39	23.4
	父母親離婚，且有一方再婚	22	13.2
	父母親有一方死亡	26	15.6
	父母雙方皆已死亡	8	4.8
父教育程度	國小程度（含以下）	71	44.9
	國中程度	43	27.2
	高中程度	27	17.1
	專科程度	9	5.7
	大學程度（含以上）	8	5.1
母教育程度	國小程度（含以下）	56	37.3
	國中程度	40	26.7
	高中程度	37	24.7
	專科程度	9	6
	大學程度（含以上）	8	5.3
父親職業	勞力性工性	59	43.4
	半技術性工作	42	30.9
	技術性工作	20	14.7
	半專業性工作	12	8.8
	專業性工作	3	2.2
母親職業	勞力性工性	82	60.3
	半技術性工作	30	22.1
	技術性工作	17	12.5
	半專業性工作	6	4.4
	專業性工作	1	0.7
SES	低社經地位	60	39.7
	中社經地位	71	47.0
	中上社經地位	14	9.3
	高社經地位	6	4.0

＃有效樣本169名

就學狀況

在164名（5名未答）幫派少年之中，每天固定上學者，僅有8名，占4.9％；偶而為蹺課者，計有28名，占17.1％。而超過兩個月未上學者，計有4名，占2.4％；超過半年未上學者，計有31人，占18.9％；超過一年未上學者，計有93名，占56.7％。由此結果顯示：有六成四的幫派少年為中輟生（或曾經中輟），此比率甚高，極值得重視（本處所謂之中輟，乃採較廣義之認定，並未特別限定於高中以下程度著）。

就業情況

在168名幫派少年之中（1名未答），以有固定職業者，較為多數，計有45名，占26.8％；其次為失業超過一年者，計有41名，占24.4％；再者為失業超過半年者，計有29名，占17.3％。因就學而未就業者，計有32名，占19％。研究者進一步將幫派少年之就學狀況及就業狀況，以交叉分析的方式進行統計分析，其結果發現：在中輟（或曾經中輟）的128名的幫派少年當中，具有固定職業者，僅35名，占27.3％；而其餘的93名少年（72.7％），則處於不同程度的失業狀況。

刺青

在受訪的幫派少年之中，有高達70.7％曾在身上刺青；而未曾刺青者，僅占29.3％。研究者則再進一步瞭解少年刺青的圖樣及動機時發現：其刺青圖樣為「混合類」者居多，占34.2％；其次為「人物類」，占22.2％；再者為「文字類」，占16.2％；另外，「動物類」、「特殊符號」及「植物類」則分別占11.1％、10.3％及6％。在刺青的動機方面，以「受朋友影響」者為多數，占45.2％；其次為「追求流行」及「表現自我」，各占18.3％；再者為「幫派認同」13.9％；而動機為「其他」者，占4.3％。由此統計結果顯示：「刺青」仍為今日幫派主流文化之一。

家庭環境

居住環境

在幫派少年的居家環境方面，以居住在「住宅區」者居多，占54.8%；其次為「鄉村」，占14.5%；再者為「住商混合區」，占12.7%。另外，有9名少年居住在「商業區」，占7.2%及6名少年居住在「眷村」，占5.4%。

父母婚姻狀況

在幫派少年的父母婚姻狀況方面，僅有三成的父母親的婚姻狀況是屬較為「常態」者（父母親住在一起，占30.5）；另有12.6%的父母處於分居狀態；23.4%的父母已離婚且未再婚；13%的父母已有一方再婚；15.4%的父母當中，已有一方死亡；而父母皆已死亡者，以占有4.8%。由上述之統計分析結果發現：有近七成的幫派少年，是處於父母婚姻解組或曾為解組的家庭之中。

父母親教育程度

在父親的教育程度方面，以國小程度（含以下）者，較為多數，占44.9%；其次為國中程度，占27.2%；再者為高中程度，占17.1%；另外，父親教育程度為大專以上者，則占10.8%。在母親的教育程度方面，仍以國小程度（含以下）者為多數，占37.3%；其次為國中程度，占26.7%；再者為高中程度，占24.7%；而大專以上程度者，則占11.3%。

父母親職業狀況

本研究依父母親所從事行業之專業性，將職業劃分為：專業性、半專業性、技術性、半技術性及勞力性工作等五類。在父親的職業方面，以從事「勞力性工作」者居多，占43.4%；其次為「半技術性工作」，占30.9%；而從事「專業性」及「半專業性」工作者，共占11.1%。在母親的職業方面，仍以從事「勞動性工作」者

為較多數,占60.3%;其次為「半技術性工作」,占30.9%;另外,從事「專業性」及「半專業性」工作者,則共占5.1%。

社經地位

在幫派少年所屬家庭的社經地位方面(SES),則以「中社經地位」為多數,占47%;其次為「低社經地位」,占39.7%;而屬於「中上社經地位」及「高社經地位」者,則各占9.3%及4%。

少年加入幫派危險因子分析

研究者以受試者「家庭變項」──社經地位、家庭結構、親子關係、父母管教方式與態度、父母監控;「學校變項」──學習成就、師生關係、同儕互動經驗、就學情況;「個人變項」──衝動、冒險、憂鬱性格、出入不良場所、物質觀念、幫派憧憬、是否刺青;「偏差行為」──違規行為、虞犯行為、犯罪行為,共20個因素為區辨變項,檢驗其區辨「幫派少年」與「非幫派少年」之效力。

區辨分析之結果,依次列於下表3、4、5、6,並加以說明如後:由**表3-3**所示,研究發現少年家庭的社經地位、是否中輟、衝動性格、冒險性格、憂鬱性格、出入不良場所、物質觀念、幫派憧憬、是否刺青、違規行為、虞犯行為及犯罪行為等因子的單變項變異數分析F值達顯著差異,表示上述之各變項為具有判別少年是否加入幫派之危險因子。換言之,幫派少年比非幫派少年具有:較高的社經地位;較高的輟學比率;個性較為衝動;冒險患難的精神較高;較常表現憂鬱;出入不良場所的比率較高;較負面的物質觀念;較高的刺青比率;出現各類型的偏差行為比率亦較高。

再者,如**表3-4**所示,就上述之各因子判別幫派少年與非幫派少年時,得到一個特徵值非零的區辨函數;其典型相關值為.498,達到顯著水準(p<.001)。

表3-3　各變項之Λ值與單變項F值（Univeriate F）

變項名稱	非幫派少年		幫派少年		A	F
	M	SD	M	SD		
家庭變項	－	－	－	－	－	－
社經地位	1.6488	.6496	1.8031	.7972	.991	*4.742
家庭結構	2.5603	1.5912	2.8110	1.5823	.995	2.358
親子關係	17.9410	4.2448	17.5197	4.4541	.998	.910
管教一致性	4.9732	1.9384	4.7244	1.9947	.997	1.538
管教方式	12.1233	2.8143	11.8268	2.8538	.998	1.045
學校變項	－	－	－	－	－	－
學習成就	12.0590	3.5706	12.0394	3.8471	1.000	.003
師生關係	16.6729	3.8626	15.8898	4.7536	.993	3.445
同儕互動	10.6997	1.8768	10.6535	2.3176	1.000	.051
是否中輟	3.6354	1.4632	4.0472	1.3024	.984	**7.923
個人變項	－	－	－	－	－	－
衝動性格	8.7373	2.7476	10.6457	3.3654	.925	***40.572
冒險性格	6.4745	2.1182	7.8661	2.7613	.935	***34.745
憂鬱性格	6.5657	2.4284	7.2756	2.8610	.985	**7.373
出入不良場所	4.6917	1.4825	5.7165	1.5425	.918	***44.351
物質觀念	8.9142	2.9844	11.0551	3.5194	.918	***44.371
幫派憧憬	12.4343	3.7979	16.3307	4.1577	.840	***94.953
是否刺青	1.4558	.4987	1.2756	.4486	.975	***12.994
偏差行為	－	－	－	－	－	－
違規行為	19.9625	5.0862	23.6969	5.3346	.907	***50.778
虞犯行為	15.3834	4.3657	19.1969	3.8607	.867	***76.508
犯罪行為	12.9276	4.2556	17.4724	5.3346	.841	***94.409

*p<.05　**p<.01　***p<.001

表3-4　幫派少年與非幫派少年區辨函數、特徵值、卡方值

區辨函數	特徵值	變異量百分比	典型相關	Λ	X²	df
1	.331	100.0	.498	.752	***139.354	20

***p<.001

依**表3-5**所示，分現呈現非標準化與標準化的區辨函數係數、幫派少年與非幫派少年區辨函數係數的群組形心、變項與標準化典型區辨函數係數間的相關。就群組形心而言，該區辨函數能明顯區辨出幫派少年與非幫派少年，並依此群組形心繪製形心位置圖（如**圖3-1**）。

表3-5　區辨函數、變項與區別函數細述之相關摘要

變項名稱	非標準化區別函數係數	標準化區別函數係數	變項與標準化區化別函數係數的相關函數
社經地位	.017	.154	.156
是否申報	.060	.086	.253
衝動性格	.049	.144	.495
冒險性格	-.050	-.116	.454
憂鬱性格	-.017	-.042	.256
出入不良場所	.166	.246	.556
物質觀念	-.022	-.070	.517
幫派憧憬	.136	.534	.770
是否刺青	-.336	.163	-.270
違規行為	-.029	-.149	.555
虞犯行為	.035	.150	.690
犯罪行為	.105	.476	.777
常數	*3.994*		
各組形心			
非幫派少年	-.323		
幫派少年	.978		

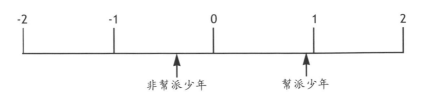

圖3-1　幫派少年與非幫派少年之區辨函數形心位置圖

其次，就**表3-3**中的標準化區辨函數係數，顯示各區辨因子在區辨函數中的重要性。藉由各區辨因子與區辨函數係數的相關係數，即可明白顯示，整體區辨函數中各區辨因子的貢獻情況，亦即涵蓋此一區辨線性組合中的變異量。

研究者遂進一步採用「逐步迴歸法」執行區辨分析後發現，僅以模式中的「犯罪行為」、「幫派憧憬」及「出入不良場所」三因子，即能有效地判別幫派少年與非幫派少年（為上述因子中，最具判別效力）。如運用上述三因子進行派別，則幫派少年具有較高犯罪比率、對幫派生活及文化，有較高度之嚮往以及出入不良場所的比例亦較高。

最後，由**表3-6**所示，如採用本研究所分析歸納之危險因子，判別少年是否加入幫派，則整體判中率為74.05%。其中，非幫派少年可正確分類74.8%；幫派少年可正確分類73.3%。兩組的正確率皆高於50%，顯示本研究所發展出之「幫派少年危險因子」，具有良好之預測能力。

表3-6　幫派少年與非幫派少年區辨分析前後之判別次數與預測百分比

整體判中率=74.05%		預測的各組成員		總和
		非幫派少年	幫派少年	
N	非幫派少年	**306**	103	409
	幫派少年	36	**99**	135
%	非幫派少年	**74.8**	25.2	100.0
	幫派少年	26.7	**73.3**	100.0

少年參與幫派活動

　　由**表3-7**的統計分析結果顯示，少年經常參與幫派活動的前五項依序爲：與幫派成員間的互動關係相當密切（94.1%）；參與幫派間的打鬥（77.5%）；在遭遇困難或問題時，會主動積極尋求幫派協助（65.5%）；參與幫派或角頭所領軍的廟會陣頭（家將）（59.2%）；在賭場、酒店、pub等「看場子」、「泊車」或一同參與「討債」（50%）。

　　由上述之分析發現，少年所參與的幫派活動中，仍以具「暴力性質」居多，如參與打鬥、尋求幫派解決糾紛及暴力討債等；相對地，參與幫派買賣者較少。由此可見，雖幫派的存在大多以牟取暴利爲目的，但其本質上卻仍爲暴力的，其藉由暴力解決幫派間（甚至是成員之間）的利益衝突，向商家勒索「保護費」，替人「圍勢」或討債等，皆是需要透過暴力，使他人屈服，而少年的懵懂、剽悍，也正是各個幫派、社團所爭相拉攏的對象；相對的，少年的英雄主義、過剩的精力以及生活上所遭受的挫折，也恰巧經由參與幫派活動的過程中，獲得宣洩。在如此「互惠」的模式運作之中，幫派與少年之間也越見其糾葛。

表3-7　少年參與幫派活動

參與活動	%
1.與幫派份子交往	94.1
2.參與幫派間打鬥	77.5
3.找幫派朋友解決糾紛	65.5
4.參與幫派或角頭所領軍的廟會陣頭（家將）	59.2
5.在賭場、酒店、pub等「看場子」或「泊車」	50.7
6.與幫派份子一同參與「討債」	50.3
7.與幫派份子出遊	42.0
8.與幫派份子一同參與恐嚇取財	39.3
9.與幫派份子一同吃霸王餐	29.5
10.販賣幫派所經營PUB、舞廳的門票	20.8
11.爲幫派販賣FM2、搖頭丸或其他毒品	23.1
12.爲幫派所經營的盜版公司販賣「大補帖」	15.4

少年參與幫派活動與其偏差行為之關聯性分析

　　為了進一步瞭解少年涉入幫派與其偏差行為之間的關係，研究者進而依據少年涉入幫派程度，將幫派少年依序命名為：外圍份子（程度為低）、活躍份子（程度為中）及核心份子（程度為高）。本研究受訪之幫派少年，以屬「活躍份子」者為多數，共計有108名，占66.3%；其次為「外圍份子」，計有40名，占24.5%；而屬於「核心份子」者，則計有15名，占9.2%。

　　再者，研究者以三組幫派少年及其本身偏差行為進行相關分析，其結果如**表3-8**，在幫派少年之中，不論是整體偏差行為總量表，抑或違規行為、虞犯行為及犯罪行為三分量表，均與參與幫派活動之間，有著顯著關聯性（P<.01），且其相關係數均介於.46—62之間（為正向之中度相關）。其中，參與幫派活動與整體偏差行為之間的相關係數為.62；與違規行為之間的相關係數為.46；與虞犯行為之間的相關係數為.57；與犯罪行為之間的相關係數為.57。

　　研究者係進一步採用「one-way ANAVA」及scheffe method事後比較法，分析三組幫派少年之間，其偏差行為的差異。由**表3-9**、**表3-10**及**表3-11**的統計分析證實：少年涉入幫派程度，的確會影響其行為本身偏差程度之嚴重程度（如**圖3-12**），且少年涉入幫派程度越深者，其本身所表現出的行為，偏差程度也越見嚴重。

表3-8　幫派少年參與幫派活動與其偏差行為之關聯性分析表

		幫派總分	違規總分	虞犯總分	犯罪總分	偏差總分
幫派總分	Pearson相關 顯著性（雙尾） 叉積平方和 共變異數 個數					
違規總分	Pearson相關 顯著性（雙尾） 叉積平方和 共變異數 個數	.455** .000 2748.429 17.178 161				
虞犯總分	Pearson相關 顯著性（雙尾） 叉積平方和 共變異數 個數	.569** .000 2636.813 16.584 160	.718** .000 2491.963 15.288 164			
犯罪總分	Pearson相關 顯著性（雙尾） 叉積平方和 共變異數 個數	.569** .000 3416.963 21.223 162	.603** .000 2681.268 16.449 164	.695** .000 2426.840 14.980 163		
偏差總分	Pearson相關 顯著性（雙尾） 叉積平方和 共變異數 個數	.615** .000 8553.333 55.183 156	.861** .000 9135.870 57.099 161	.890** .000 7284.832 45.530 161	.890** .000 9303.193 58.145 161	

**.在顯著水準為0.01時（雙尾），相關顯著

表3-9　三組幫派少年之描述性統計量分析

偏差總分

	個數	平均數	標準差	標準誤
外圍	37	47.7297	10.5400	1.7328
活躍	105	60.2095	10.7754	1.0516
核心	13	73.5385	9.5360	2.6448
總和	155	58.3484	12.6648	1.0173

表3-10 三組幫派少年之變異數分析

偏差總分

	平方和	自由度	平均平方和	F檢定	顯著性
組間	7535.269	2	3767.634	33.361	.000
組內	17165.919	152	112.934		
總和	24701.187	154			

表3-11 三組幫派少年之事後比較分析

依變數：偏差總分
Scheffe法

(I)少年等級	(J)少年等級	平均差異（I-J）	標準誤	顯著性
外圍	活躍	-12.4798*	2.032	.000
	核心	-25.8087*	3.426	.000
活躍	外圍	12.4798*	2.032	.000
	核心	-13.3289*	3.125	.000
核心	外圍	25.8087*	3.426	.000
	活躍	13.3289*	3.125	.000

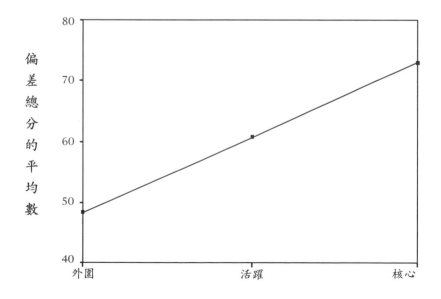

圖3-12 少年涉入幫派程度與其偏差行為關係

結論

本節擬針對前述之研究發現，與國內外相關學者的研究及論述，進行綜合性討論，茲分述如下：

少年入幫之危險因子

由本研究的結果指出，幫派少年比非幫派少年具有：較高的社經地位；較高的輟學比率；個性較為衝動；冒險患難的精神較高；較常表現憂鬱；出入不良場所的比率較高；較負面的物質觀念；較高的刺青比率；出現各類型的偏差行為比率亦較高。而其中又以少年本身具有較高比例的「犯罪行為」，對幫派文化及生活存高度憧憬，以及經常在不良場所流連徘徊，最具其影響力。

然而，少年個人所處的社會經濟地位，是否會影響其加入幫派？答案仍是肯定的。誠如犯罪學學者Cloward及Ohlin（1960）指出：「低階層少年由於機會受阻，無法以合法手段達成中產社會之成功價值觀，因此形成次文化，參加幫派，以獲取其心目中之「成功」，填補心靈的創傷」。以及，學者Miller（1958）所述，「低階少年之文化與價值觀常與中上階層相左。部份少年信奉低階文化價值觀，如惹是生非、展現強硬、詭詐、追求興奮刺激、宿命觀及不喜歡別人干預等，自然而然與中上階層分隔，因之，加入幫派乃低階文化與價值之自然反應」。然而，本研究的結論中卻有不同的答案。

在169位幫派少年之中，其家庭社經地位屬「低階」者，僅占39.7%，遠不如「中社經地位」以上者的60.3%來的多。再者，回顧年前在台北市內地區所破獲專門以吸收在學學生爲主的「東聯幫」，旗下之幫衆仍不乏來自明星學校或上流社會，甚至有高階警官之子亦臚列其中。由此可見，「低階文化」在台灣的幫派少年之中，仍未足以扮演其決定性的角色。而上述兩者間的差異，是否爲東西文化差異所致或者因社會環境變遷所影響，皆仍有待進一步地深入探討。

另外，偵暴的性格、喜歡追求流行時尙、嘗試新鮮、刺激的事物以及體驗不同的生活經驗，但有時卻又爲了一些「大人」難以理解的問題，而顯得落落寡歡。以上所述或許是今日許多春風少年的共同寫照；但如果少年進一步選擇離開學校，整天沈溺在電動玩具店、舞廳、PUB等不良場所，滿腦子又都是幻想著「黑道大哥」的闊綽風光，且行爲也逐漸出現偏差時，則該少年即符合加入幫派的先決條件，亦爲時下幫派所欲積極拉攏的兄弟人選。

其中，研究者要特別提出討論的是–少年對幫派文化及生活的憧憬；因此一要素，足以構成少年「不排斥」加入幫派的重要因素。而根據本研究發現，少年對幫派的憧憬包括：覺得黑社會賺錢容易、渴望擁有電影中所刻畫的幫派大哥角色、相信「兄弟」之間的義氣以及覺得當大哥很威風等。也因此，本研究169位幫派少年中，有超過八成，在入幫之前，已想過要加入幫派。

若仔細觀察近年來一些描繪幫派情節的電影（包括：英雄本色、古惑仔系列1—4、廟街十二少、再戰江湖...等）可以發現，該電影之要角皆由台港兩地當紅的偶像明星所飾，如周潤發、劉德華、鄭伊健、陳小春等；而當中情節，也都不外乎是描寫幫派之間的「砍殺史」，藉由復仇、犧牲、醜化執法者等，凸顯幫派兄弟之間的「情義」，而漠視了民主社會之中，人人所應遵循的司法秩序，進而讓觀衆（少年）曲解了「英雄」、「正義」、「勇氣」等高尙情操的原意。雖然這些電影在落幕之前，均會特意寫上「以上劇

情，純屬虛構」等字句，但寥寥數言，卻難以輕易抹滅「大哥」在少年心目中的錯誤意象。

少年參與幫派活動

　　從前述國內外文獻整理中得知，少年參與幫派活動主要有：參與幫派聚合、參與幫派糾紛、參與幫派圍勢、參與幫派買賣以及參與幫派其他活動，如八家將、收保護費、暴力討債、白吃白喝等；其中又以參與幫派聚合（侯崇文、侯友宜，民89；張景然，民80；Yablonsky,1970）及買賣（中時電子報，89.7.14等）居多。而介入幫派糾紛往往是為了擺平幫派間的利益衝突所致。由本研究之實證結果發現：的確，有高達九成四的少年，與幫派成員交往甚密。但當研究者進一步詢問，是否與幫派成員一同出遊時，回答表示「經常」者，約有四成。顯然其餘過半幫派少年與其他成員密切交往，並非主要在「遊玩」。本研究之幫派少年，在參與幫派買賣部分，如販售門票、非法藥（毒）品、大補帖等；表示經常參與者，亦約佔三成左右，其氾濫程度，並未如國內之報導所述。而參與幫派間打鬥、八家將、暴力討債、尋求幫派解決糾紛等，則是研究中，少年較常參與之幫派活動（參與率超過五成）。

　　由此結果亦顯示：國內幫派少年的「暴力成分」仍相當嚴重，而幫派的存在雖是以牟取暴利為目的，但其本質仍是「暴力」。以暴力維護幫派的勢力範圍，鞏固領導地位；以暴力解決幫派及成員間的糾紛，並以暴力使他人屈服。

偏差少年加入幫派？幫派造就少年偏差？

　　雖然文獻中指出：幫派與犯罪少年間雖然無法全然劃上等號，但研究顯示，一旦成為幫派成員，其比非幫派成員更容易產生偏差與犯罪行為，且觸犯之頻率更高（Sperge1,1989）（引自蔡德輝、楊士隆，民89）。但Glueck（1960）的研究卻提出了不同的見解，其認為青少年在加入幫派之前，已經或多或少從事過非法行為，而成為非行者（delinquent）。所謂物以類聚，在未聚之前，必須先成為同類。（許春金，民85）。因此，值得注意的是，我們仍無法確切肯定，是幫派吸引了具偏差/犯罪行為之少年，亦或是其參與幫派活動的過程（或結果）造就了偏差行為？

　　而本研究的結果則再次驗證了，美國紐約州立大學Thornberry（1993）等教授，提出三種模式可對幫派與少年犯罪之關係加以解釋中的――選擇與社會助長之混合增進模式（Enchancement Mode1）。

　　首先，由少年加入幫派之危險因子的探究結果發現，幫派少年比非幫派少年，在各類型的偏差行為中，均有著較高的出現比率；且研究者在驗證少年入幫與偏差行為之關連時，將涉入幫派不同程度之少年概分為：外圍、活躍及核心份子，其結果亦顯示：當少年涉入幫派程度越深時，其本身所表現出的偏差程度也越嚴重。綜合以上二者，幫派不僅吸引了本身原具有偏差行為或傾向的少年，也因幫派特殊的生活型態（絕大多數的幫派活動，其性質均屬偏差或違法），讓參與其中的少年，有了更多的機會從事或學習偏差行為，進而成為一名習慣偏差者。

★ 參考文獻

1. 台北市警察局少年警察隊（民89），
   http://jna.tmpd.gov.tw/pt4-2-2.html1。

2. 何鍇（民82），台灣綠林傳，萬象圖書出版。

3. 李梅芬（民84），國中生的社會連結與偏差行為之研究，中國文化大學兒童福利研究所碩士論文。

4. 吳武典（民81），偏差行為的診斷與輔導，現代教育，第25期，P17-26。

5. 車煒堅（民74），台中地區少年不良幫派之研究，警政學報第8期。

6. 侯崇文、侯友宜（民89），青少年幫派問題與防治對策，蔡德輝、楊士隆主編，中華民國犯罪學學會出版。

7. 時報文教基金會（民88），
   http://www.chinatimes.org.tw/news/1999/07/19990714 01.htm。

8. 許春金、徐呈璋（民89），青少年不良幫派形成過程及相關因素之研究，刑事政策與犯罪研究論文集（三），法務部犯罪研究中心編印。

9. 許春金（民85），犯罪學，三民書局出版。

10. 陳國霖（民82），幫會與華人次文化，台灣商務出版。

11. 張景然譯（民80），少年幫派與犯罪行為，警學叢刊第21期。

12. 楊士隆（民89），幫派少年成長歷程與副文化之調查研究，中輟學生與青少年犯罪問題研討會，嘉義：國立中正大學犯罪防治研究所主辦。

13. 楊士隆（民87），台灣地區少年殺人犯、暴力犯及非暴力犯犯罪危險因子之比較研究，行政院國家科學委員會專題研究計畫。

14. 蔡德輝、楊士隆（民88），幫派入侵校園之問題與對策，學生輔導第65期，教育部訓委會出版。

15. 蔡德輝、楊士隆（民89），少年犯罪–理論與實務–，五南出版社。

Cloward, R.A. and L.E. Ohlin（1960）Delinquency and Opportunity: A Theory of Delinquent Gangs . New York: Free Press.

Hirschi, T.（1969）Causes of Delinquency . Berkely: University of California Press.

Merton, R.K.（1957）Social theory and social structure. New York: Free press.

Miller, W.B.（1975）Violence by youth gangs and youth groups as a crime problem in major American cities. Rrport to the Delinquency Prevention.

Thornberry,T.P. Krohn,.M.D. Lizotte,A.J. & Chard-Wieschem,D.（1993）.The role of juvenile gangs in facilitating delinquent behavior. Journal of Research in Crime and Delinquency,30,55-87.

Thornberry,T.P. Krohn,.M.D. Lizotte,A.J. Farnworth, Margaret：Sung Joon Jang（1994）. Delinquent peers, beliefs, and delinquent behavior: A longitudinal test of interactional theory. Criminology.

Yablonsky, Lewis（1970）The Violent Gang: New York : Macmillan.

Chapter4

我國證人保護法之簡介

紀文勝

台灣大學法律系畢業
中正大學碩士研究生
現任雲林地方法院少年法庭庭長

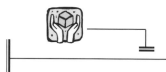

前言

　　組織犯罪係一有高度組織及紀律之集團，其所從事之組織活動均非輕舉妄動，而是出於深思熟慮之謀議計劃，組織內部為使成員服從團體規矩，並遂行其組織犯罪活動，動輒殺人，行使所有形態的暴力行為，且在行使這些暴力時，往往從其他地域召集同道，使犯罪偵查活動更加困難，故為有效地對抗組織犯罪，通常必須得到證人的充分合作，尤其是與犯罪組織接近的人，因其知道組織犯罪的計畫和行動，他們可以提供有價值的證言，將犯罪組織非法活動公諸於世及其從事不法行為之組織成員繩之以法。蓋因我國刑事訴訟程序採證據裁判原則，認為犯罪事實應依證據認定之，無證據不得推定其犯罪事實[1]，而人之證據方法中，證人[2]在刑事訟訴程序中扮演非常重要之證據方法，實體裁判以其陳述之證言，作為認定犯罪行為人犯罪事實之證據，並可以之將犯罪行為人繩之以法，打擊犯罪，維護社會正義。但也由於這些證人對於組織犯罪之各種犯罪事實加以指證，有可能觸怒犯罪行為人或其同黨，甚至犯罪行為人所屬之犯罪組織，因而對於證人採取報復手段，使證人自身或其親朋好友之生命、身體、自由、財產造成危害。

1.刑事訴訟法第一百五十四條參照。

2.證人係指於刑事訴訟程序中，陳述自己對於系爭刑事案件之待證事實見聞的訴訟第三人，見林鈺雄著，刑事訴訟法上冊，第四〇三頁，民國90年10月2版。

諸如據美國司法部一九七八報告指出，在一九七四至一九七八年間，有百分之十的控方證人遭到謀殺[3]。而證人也可能基於上開顧忌，而不敢在追訴或審判上自由陳述，或對陳述打折扣，或為虛偽陳述，或故作記憶模糊，或假裝一無所知，或拒絕陳述[4]。因此為有效對抗組織犯罪，若證人有可能因為作證而導致其本身或與其密切相關之人生命、身體、自由、財產陷於危險或是實質危害當中。國家為確保其國家刑罰權之實施，對於證人為公益而為作證指證組織犯罪之罪行而受害或受害之虞，自負有積極保護證人的義務，而非僅消極維護證人安全而已。

換言之，刑事法律雖然有規定各種對於侵害人民生命、身體、自由、財產的處罰條文。但是若等到證人生命、身體、自由、財產實際遭受侵害時，國家機關才加以介入處罰，為時已晚，不足以保護證人[5]。準此，國家如何遂行其責任，積極地、充份地保護證人，以期證人能勇於作證，實現社會對於正義需求，值得深入研討，本文擬就我國抗制組織犯罪之一大利器之證人保護法相關規定，論述證人保護之對象、證人保護之要件、核准證人保護之程序、保護措施、證人保護計畫之執行機關、證人刑事豁免條款等，使證人免於恐懼勇敢揭發犯罪組織之非法活動，並喚起讀者重視對抗組織犯罪行動中證人保護措施及其重要性，並期拋磚引玉，各界共同努力建構完善之證人保護制度。

3.U.S. Dep't of Justice, Report of the Witness Security Porgram Review Committee 8(Draft 1978),reprinted in witness Protection Program;Hearings Before the subcomm.On Asministrative Practice and Procedure of the senate Comm.On the Judiciary,95th Cong. 2d Sess.277(1978)。

4.許春金等，不良幫派處理模式之泛文化比較研究，中央警官學校，民國82年5月，頁56。

5.鄧湘全，證人保護制度之研究，軍法專刊四五卷二期，民國88年2月頁19。

受保護之對象

　　證人為證人保護法之保護對象固不待言[6]，然犯罪組織之行為人為了使證人不為其不利之證言，往往以逼迫證人之親朋好友作為威嚇證人之手段。美國證人保護實務上，曾發生證人雖受保護，但犯罪組織得知證人之父居住在另一個城市，遂派遣殺手至該城市將證人之父殺死，以逼迫該證人不敢作證[7]，因此我國證人保護法參考美國一九八四年證人保護改革法（witness security reform act of 1984)所保護之對象除證人及其親近之家屬，尚包括與該證人「有密切利害關係人」之立法例[8]，在該法第四條規定受保護之對象除證人以外，尚包括與證人有密切利害關係之人。

　　何謂密切利害關係之人？證人保護法施行細則第三條規定：「本法所稱有密切利害關係之人，指證人之配偶、直系血親、三親等內旁系血親、二親等內姻親或家長、家屬與證人訂有婚約者，或其他身分或生活上有密切利害關係之人」。配偶、血親、姻親、家長家屬之關係密切，固不待言。而所謂「其他身分或生活上有密切利害關係之人」，係指曾有上開親屬、家屬關係，至今仍密切往來者，或有事實上夫妻關係之同居人，或交往多年之親密男、女朋

6.證人保護法第三條立法理由，立法院公報第八十九卷第九期（一）第十一期（五）。

7.林錦村，證人保護，法令月刊第五十二卷十一期，民國90年11月，頁4。

8.18U.S. Code sec.3521(a)(1)。

友，均屬之。至於同事、鄰居、好朋友、同學是否可列入受保護之對象，應依個別事實審慎認定之。雖然美國於一九七〇年代針對防制組織犯罪採行證人及其親人的保護制度[9]（witness protection program），至一九八〇年止連同證人親族在內共有一萬二千人以上受到聯邦政府的保護[10]，美國政府每年花費超過三千萬美元[11]，社會付出相當大的代價，才促使證人保護計畫成功做為防制組織犯罪的手段。但防制組織犯罪維護社會安全，付出適當之代價乃事所必然，我國於實施證人保護法之初期，可以之為借鏡，並考量我國社會之情況，充份發揮證人保護法之立法目的，使證人勇於出面作證，以利犯罪之偵查及審判。

　　檢舉人、告發人、告訴人或被害人雖非證人保護法第三條之證人，然實務上司法警察機關、檢察官或法院審理案件之需要，有時亦有加以保護之必要，是證人保護法第十五條第一項規定「檢舉人、告發人、告訴人或被害人有保護必要時，準用保護證人之規定」。又檢舉人、告發人、告訴人或被害人在檢察官偵查中或法院審理中直接以證人身分傳訊，自得直接適用證人保護法之規定[12]。惟檢舉人、告發人即以證人身分應訊，則必須出面作證並接受對質詰問，對於臥底偵查之警調人員及所謂線民，是否適宜仍應於個案分別考量決定。

9.supra note 9.。

10.Karen S. Cooperstein, Enforcing Judgments Against Participants in the Witness Protection Program,Stanford L. Rev. Vol.36 No.4, P.1020(1984)。

11.Joshua M. Levin, Organized Crime and Insulated Violence: Federal Liability For FllMegal Conduct In The Witness Protection Program, The Journal of Criminal Law and Criminology, Vol.76 No.1, PP. 210-211(1985)。

12.同註7。

具有共犯或其他相牽連關係之共同被告，在同一訴訟程序中，固不得以共同被告中之一人爲他共同被告之證人。但非共犯或無其他相牽連關係之共同被告雖在同一訴訟程序中，或雖共犯或有其他相牽連關係之人在他人爲被告案件並非在同一訴訟程序爲共同被告，實務上及學者認爲均此情況下仍得爲證人[13]，而受證人保護法保護之對象。

證人保護之要件

組織犯罪案件

我國證人保護法於立法時考量國家資源及人力有限，以及資源合理分配，並非任何刑事案件之證人均適用證人保護法加以保護，組織犯罪案件依該法第一條及第二條第十五款規定爲其適用範圍之一[14]。然亦非任何組織犯罪案件均有適用，僅包括組織犯罪防制條例第三條第一項、第二項、第六條或第十一條第三項規定者即（一）發起、主持、操縱、指揮或參與組織犯罪者。（二）非犯罪組織之

13.最高法院三十一年上字第二四二三號判例參照；陳樸生　刑事訴訟法實務　民國70年6月增訂四版　頁218。

14.證人保護法適用之案件範圍除組織犯罪案件外，尚包括檢肅流氓案件、最輕本刑三年以上有期徒刑案件、內亂、外患、貪污職、妨害投票、毒品、妨害自由、詐欺、擄人勒贖、走私販賣僞藥禁藥、吸金、內線交易、製造販賣運輸持有槍砲、引誘容留媒介協助或以他法使未滿十八歲之人爲性交易、洗錢等案件。

成員而資助犯罪組織者。（三）公務員洩漏或交付檢舉人之消息、身分資料或足資辨別檢舉人之物品者。

具保護之原因

　　證人之所以需要受保護，主要是因證人於偵查或審判期日到場陳述證詞，並依法接受對質及詰問，而使其本身或與其有密切利害關係之人生命、身體、自由、財產有遭受犯罪組織或其成員危害、或危害之虞，國家對此等證人才加以保護之原因，以避免證人或因招致恐嚇、報復而心生畏懼，不敢出庭指證或為虛偽證言，導致國家無法順利追訴審判組織犯罪及其成員之犯罪行為。換言之，若證人或與其密切利害關係之人生命、身體、自由、財產並沒有遭受犯罪組織或其成員危害、或危害之虞，國家追訴犯罪之機關自不得藉由證人保護計畫，強使證人接受保護，用以確保其證言或以此為壓力促使證人為不實或誇張之證言。

有保護之必要

　　檢察官或法院依職權或依聲請核發證人保護書，除證人有保護原因外，須有保護之必要，始得保護之。其有無保護之必要，應評估（一）證人或與其密切利害關係之人遭受危害或危害之虞之程度及迫切性。（二）組織犯罪之情節。（三）組織犯罪行為人之危險性。（四）證人證言之重要性。（五）證人或與其有密切利害關係之人之個人心理狀態。（六）證人與組織犯罪活動之關連性。（七）案件進行之程度。（八）被告權益受限制之程度。（九）可否用其他方法取代證人保護。（十）是否會破壞證人家庭關係。（十一）公共利益之維護等因素以決定有無保護之必要。

證人須到場作證

　　證人保護法所保護之人，以願檢察官偵查中或法院審理中到場作證，陳述見聞之犯罪或流氓事證，並依法接受對質及詰問之人為限」。證人保護法施行細則第二條更規定：「依本法第三條規定受保護之證人，於受保護，前應書立切結書，載明願在偵查或審理中到場作證，依法接受對質及詰問，與執行證人保護計畫相關人員合作，並同意採取各種方式，避免被察知參與證人保護計畫等語」。換言之，受保護之證人須願在檢察官偵查中或法院審理中到場作證，陳述見聞之犯罪或流氓事證，並依法接受對質及詰問者，始得受證人保護法之保護，如有違反其義務及應遵守之一定事項，檢察官或法院得依證人保護法第九條第一項第三款之規定停止或變更保護措施，以平衡證人保護及被告或被移送人之基本人權。

證人保護之程序

有權聲請保護之人

　　依證人保護法第四條第一項規定：辯護證人、被害人或其代理人、被告或其辯護人、（流氓案件之）被移送人或其選任律師、輔佐人、司法警察官、案件移送機關、自訴案件之自訴人等，均可於偵查中向檢察官或審理中向法院聲請保護。所謂司法警察官，依證人保護法第四條規定依指刑事訴訟法第二百二十九條、第二百三十

條所定之司法警察官。然立法當時對於證人保護程序究應如何發動？保護措施究應依證人或依其他相關人員之聲請而爲？或法院、檢察機關依職權爲之？成爲爭論焦點之一。行政院版及立法院司法、內政及邊政聯席委員會一讀通過之「證人保護綜合法案」認爲證人是否給予保護，本質並非對證人課以義務或科處不利益，且保護證人動用社會及司法資源，是否有施以保護必要，審判中應由法院或審判長，偵查中應由檢察官或司法警察官就證人或與其密切利害關係之人遭受危害或危害之虞之程度及迫切性、組織犯罪之情節、組織犯罪行爲人之危險性、證人證言之重要性、證人或與其有密切利害關係之人之個人心理狀態、證人與組織犯罪活動之關連性、案件進行之程度、被告權益受限制之程度、可否用其他方法取代證人保護、是否會破壞證人家庭關係保護、是否會破壞證人家庭關係及社會公益之維護等因素綜合考量後爲之，係經義務性的裁量而作出給予保護之決定，而非賦予證人或相關人員請求保護之權利；又有時偵查中之案件，檢察官及司法警察官較清楚辦案之需要是否有必要對證人等施以保護措施，若決定保護之機關限於法院，恐無法發揮機動、及時的保護效果。惟進入二讀程序前，邱太三等立法委員另提案「證人保護法草案」，主張採英美法制之「令狀主義」，必須由法院依證人或相關人員之聲請，或依職權，認爲有施以保護之必要時，始由法院核發令狀爲之，此係基於英美法系對於個人之人身自由或基本權利有所限制時應經法院准許，或由法院爲之之概念。幾經諮商，始達成折衷結果，亦即由法院或檢察官依證人、被害人或其代理人、被告或其辯護人、被移送人或其選任律師、輔佐人、司法警察官、案件移送機關、自訴案件之自訴人等之聲請，或法院、檢察官依職權，認有施以保護之必要時，即核發證人保護書[15]。筆者認爲證人保護計畫不僅關係被告之訴訟權益，同時對於證人及其密切利害關係之人所帶之心理、生理及生活上之衝擊甚大，換言之被告及證人之人身自由及基本權利均會有所限制，自應慎重爲之較爲適當。

聲請保護之程序

以書面為之

聲請核發保護書時，應以書面爲之。

應記載事項

1.聲請人及受保護人之姓名、性別、出生年月日、住所、身分證統一編號或護照號碼。
2.作證之案件。
3.作證事項。
4.請求保護之事由。
5.有保護必要之理由。
6.請求保護之方式。俾使法院或檢察官儘速審核該證人證言之重要性、保護事由、保護必要，以免浪費司法資源，並爲適時適切之保護。聲請書之記載如欠缺，其情形可以補正者，應給予補正之機會，以避免不必要之延滯。

有權決定保護之人

證人保護書由檢察官或法院法官核發。但司法警察機關於調查組織犯罪之刑事案件時，如認爲證人有受保護必要之情形者，得先採取必要之保護措施，並於七日內將所採保護措施以保密方式陳報檢察官或法院，檢察官或法院如認爲該保護措施不適當者，得命變或停止之[16]。司法警察機關決定緊急保護之對象，依證人保護法第四條第二項之規定觀之似僅限「證人」而不及於「與證人有密切利

15.陳文琪，證人保護法簡介，全國律師第五卷第三期，民國90年3月頁57。
16.證人保護法第四條第二項、施行細則第八條第二項。

害關係之人」。然依證人保護法施行細則第八條第一項規定：「司法警察機關依本法第四條第二項規定先採取必要之保護措施者，其保護之對象包括證人或其有密切利害關係之人」，施行細則之規定就證人及與其密切利害關係之人保護雖然較為周延，但其規定有無超越母法之規定，不無疑義，自應於修法時作必要之修正，以因應實際之需要。

證人保護書之內容

證人保護書應記載之內容包括（一）聲請人及受保護人之姓名、性別、出生年月日、住所、身分證統一編號或護照號碼。（二）作證之案件。（三）保護之事由。（四）有保護必要之理由。（五）保護之措施。（六）保護之期間。（七）執行保護之機關。證人保護之措施應就身分保密、隨身安全保護、人身保護令或短期生活安置等方式中酌定之。

證人保護計畫之執行人

證人保護書，由檢察官或法官自行或發交司法警察機關或其他執行保護機關執行之，證人保護法第八條第一項定有明文。而司法警察機關，係指內政部警政署與各直轄市縣市警察局分局以上單位、法務部調查局與所屬各直轄市縣市調查處站以上單位、憲兵司令部與所屬各地區憲兵隊以上單位、行政院海岸巡防署海洋巡防總局與所屬偵防查緝隊直屬隊及海巡隊海岸巡防總局與各地區巡防局及其所屬機動查緝隊岸巡總隊以上單位及其他同級之司法警察機關。

由於檢察官及法官人員不足，對於證人及其密切利害關係之人之處境及行蹤無法有效瞭解及掌握，事實上難以擔任此項執行工作。所以實務上均發交承辦該案之司法警察機關執行為原則，必要時，才自行或發交其他執行保護機關執行，而執行保護之機關如無法執行或執行確有困難者，應即陳報檢察官或法院另行指定或協調

其他機關協助。其因承辦之司法警察機關，雖然最瞭解證人可能遭受之危害，而一般亦能有效掌握證人行蹤，追查案件，達到保護之成效，然而相對的執行保護證人工作繁重如人身保護需要全天候，以公務員上班八小時計，保護一個證人，全天保護至少必須有三個員警，比較重要之證人，負責保護之員警勢必加倍，勢必增加司法警察非常重的工作量及壓力，對於司法警察機關無異雪上加霜[17]。況且有時短期生活安置之保護措施，證人及其密切利害關係之人生活安置之處所司法警察機關之處所亦不適當。

證人保護之措施

證人之保護，由檢察官或法院就證人保護法第十一條至十三條所列方式酌定保護措施，其內容包括身分保密、人身安全保護、遠離命令（禁止或限制特定人接近證人或其密切利害關係人）及短期生活安置四項。

證人身分之保密

身分資料之保密

犯罪組織於探知證人之身分，極易使用其組織之力量，對證人及其密切利害關係之人採取不當之壓制，故證人身分資料之保密為證人保護的首要工作，對於有保密身分必要之證人，公務員在製作筆錄或文書時，除法律另有規定者外，證人之真實姓名及身分資

料，應以代號爲之，不得記載證人之年籍、住居所、身分統一編號或護照號碼及其他足資識別其身分之資料，而且該證人之簽名應以按指印代之。當證人之身分資料以代號爲之時，並同時製作眞實姓名對照表，以密封套密封附卷，由啓封者及傳閱者在卷面縫處簽名，載明啓封及傳閱日期，並由啓封者併前手封存卷面重新製作卷面封存之[18]。封存之筆錄、文書，除法律另有規定者外，不得供閱覽或提供偵查審判以外之其他機關團體或個人[19]。

刑事訴訟之辯護人依規定於審判中得檢閱卷宗及證物，並得抄錄或攝影，凡是在刑事訴訟程序中作爲組織犯罪之相關證據資料，均應附於宗卷內，提供辯護人檢閱及抄錄、攝影，以維護被告之訴訟防禦權。但證人保護法爲兼顧證人及其有密切利害關係人之安全，原則上得禁止揭露證人身分資料，不提供偵查、審判機關以外之其他機關、團體或個人閱覽。故實務上均製作隱匿證人姓名及身分資料之筆錄、文書影本附卷宗內，再提供給辯護人閱覽之。

另外爲防範他人藉告訴、告發探知證人身分，證人保護法施行細則第十八條規定：「法院、檢察官或司法警察機關，應注意避免有人藉僞證、誣告或其他案件之告訴、告發探知受保護人之姓名及身分資料，並應注意對當事人以外使用代號之受保護人身分資料予以保密。前項受理告訴、告發案件機關，有向法院、檢察署或司法警察機關借調受保護人案卷必要者，應函告其偵、審之對象及案由。法院、檢察官或司法警察機關應將偵、審範圍以外有關使用代號之受保護人姓名及身分等資料封存保密後，再行借閱。」以防範組織犯罪內之有心人士藉由告訴、告發等訴訟程序，間接探知證人之身分資料。

17. 林東茂，證人保護法鳥瞰，台灣本土法學雜誌第九卷，民國89年4月頁204。
18. 證人保護法施行細則第十七條參照。
19. 法律另有規定可以閱覽者，例如監察院依憲法九十五條、九十六之調閱權等。

訴訟程序上之保護

　　公開審判是刑事訴訟程序之原則，而對質及詰問權更是被告訴訟上之基本人權，但另一方面經由公開審判及相關訴訟當事人或關係人詰問證人或與之對質時，證人所承受之壓力可想而知，特別犯罪組織以其組織之力量無所不在，證人往往因內心恐懼而不敢具實作證，為兼顧被告及證人之權益，法院如認為訴訟辯論，有危害證人生命、身體、自由之虞[20]或有妨害國家安全公共秩序或善良風俗之虞，除可裁定訴訟程序以不公開審理方式進行[21]外，並得依刑事訴訟法第一百六十九條規定採隔離訊問，或同法第一百七十七條就地訊問，或考慮將證人與被告分隔在不法庭同時接受訊問。然此一措施仍有不足之處，因為在對質或詰問過程，證人之身分，作證陳述之聲音、語調，仍有被犯罪組織之成員或其他人認出，而遭傷害之疑慮，因此證人保護法第十一條第四項進而規定：「對依本法有保密身分必要之證人，於偵查或審理中為訊問時，應以蒙面、變聲、變像、視訊傳送或其他適當隔離措施為之，於其依法接受對質或詰問時，亦同」，以防止證人懼於曝光而不敢作證指述。不過證人作證時之聲音、表情、動作均可用來查覺其證言之憑信性，於此隔離措施之下，如何讓法官及相關之訴訟當事人於詰問或對質之過程，檢視證人之證言真實性，成為法庭實務上不得不克服之難題，以兼顧證人及被告權益之保障。

　　受保護之證人於應訊或出庭作證時，其報到之時間、行走之路線、休息之場所，應予妥適安排，諸如由法警或其他安全人員隨時保護出庭，或另走特殊通道以進入或離開法庭，休息室與被告休息區及動線分離，以避免證人受到騷擾，讓證人得安心出庭作證。

20.證人保護法第二十條參照。
21.法院組織法第八十六但書參照。

洩密之處罰

　　為確保證人身分不曝光，對於公務員或非公務員違背保守秘密義務之人，洩漏或交付證人身分資料，依證人保護法第十六條第一項、第四項分別設有處罰之規定，並較刑法第一百三十二條洩漏國防以外秘密罪及刑法第三十六條對於律師、辯護人等專兼職業人士洩密科以更重之刑，其保護之客體除有關證人身分之文書、圖畫、消息、相貌、身分資料外，更包括其他足資辨別證人之物品。公務員洩漏或交付證人身分之責任較非公務員來得重，除處罰其故意犯外，依同條第二項、第三項分別有處罰其未遂犯及過失犯之規定，與非公務員洩漏或交付證人身分僅處罰故意犯不同。又組織犯罪防制條例第十一條第三項對公務員洩密檢舉人之消息及身分資料或足資辨別檢舉人之物品者亦有處罰刑責之規定，用以保護以原為檢舉人身分之證人，對證人之身分資料得以周全之保障。

隨身安全保護

　　證人或與其有密切利害關係之人之生命、身體、自由有遭受立即危害之虞，法院或檢察官依聲請或職權得命司法警察機關派員於一定期間內隨身保護證人或與其有密切利害關係人之人身安全。諸如證人或與其有密切利害關係人之身分已為被告或其同夥犯罪組織所知悉，此時證人身分保密之保護措施恐已無法達到有效保護證人之目的，故須派員隨身安全保護，以確實保護證人及與其有密切利害關係人安危。惟因採取隨身安全保護之措施，動用之國家資源甚多，為使資源為合理分配，所以其須符合下列要件：（一）屬生命、身體、自由之法益：隨身安全保護之保護客體為證人及與其有密切利害關係之人之生命、身體、自由，不包括其財產法益。（二）遭受「立即」危害之虞：如證人及與其有密切利害關係之人之生命、身體、自由，僅有「危害」之虞，而非有「立即」發生危害之虞者，仍不得聲請隨身安全保護。（三）隨身安全保護期間確定：

證人保護法第十二條雖未明定隨身安全保護之期間，但依同法第七條法院或檢察官於核發證人保護書時，應於保護書上記載保護之期間，以此觀之隨身安全保護應定有期間，不過於期間期滿時，如仍有保護必要，重新聲請檢察官或法院許可即可。若於期間屆滿未及重新聲請，似可參酌同法第二四條之精神續予保護，再即時聲請，以維證人之安全。

遠離及作為命令

為了使證人或與其有密切利害關係之人之生活及工作重心如家庭、住居所、學校、工作場所等，免於受騷擾或危害之虞，乃參考家庭暴力防治法命令被告或特定人遠離及為一定作為之立法例，於證人保護法第十二條第二項規定，證人或與其有密切利害係之人之生命、身體、自由遭受立即危害之虞時，法院或檢察官得依聲請或以職權核發遠離命令禁止或限制特定之人接近證人或與其密切利害關係之人之身體、住居所、工作之場所；限制或禁止特定人對受保護人為特定行為，並可於命令中要求執行保護之司法警察機關應對受保護人採取特定行為，諸如不定時前往證人之住居所、工作場所巡邏或提供警民聯絡專線、警示保全系統，以使證人或與其有密切利害關係之人之生活及工作重心如家庭、住居所、學校、工作場所等，在身體、精神、工作、安全方面免於受騷擾或危害之虞。

核發遠離及作為命令之證人保護書應記載（一）受保護之人及保護地點。（二）受禁止或限制之特定人。（三）執行保護之司法警察機關。（四）禁止或限制特定人對受保護人為特定行為之內容。（五）執行保護之司法警察機關應對受保護人為特定行為之內容。核發後應送達聲請人、應受禁止或限制之人及執行保護措施之司法警察或其他相關機關。

遠離及作為命令剝奪受禁止或限制之人之自由權利，故賦予受

禁止或限制人救濟程序，得對檢察官或法院核發之遠離及作為命令或裁定聲明不服，其程序準用刑事訴訟法之規定。惟科予執行保護之司法警察機關對受保護人為特定行為部分，未授予聲明不服之救濟程序，似有商榷之餘地，蓋如要求司法警察機關應對受保護人所為之特定內容，其無法達成或難以達成時，應予司法警察機關聲請不服請求調整之機會，以能實質保護證人及其密切利害關係之人。而受禁止或限制之人故意違反禁止或限制命令，經執行機關制止不聽者，處三年以下有期徒刑、拘役或科新台幣五十萬元以下罰金。

短期生活安置

證人或與其有密切利害關係之人之生命身體自由或財產有遭受危害之虞時，若非一時警力所能保護，或因加害人不明，防範上甚難周全時，為徹底保護證人免於死懼，使其有一安全安定的生活，參考美國code title 18 chapter 224.3521-3528，給予證人遷居、新職等保護措施，又短期內有變更生活、工作地點及方式之必要者，法院或檢察官得依第四條第一項聲請權人之聲請核發證人保護書，採取短期生活安置措施，在相當期間內將被保護人安置於適當環境或協助轉業，並給予生活照料[22]。

短期生活安置之要件（一）證人或與其有密切利害關係之人之生命、身體、自由或財產有遭受危害之虞。（二）受保護之人短期內有變更生活、工作地點之確實必要。（三）法院或檢察官核發短期生活安置保護書。

短期生活安置之機關、地點及處所，除考量組織犯罪成員之干擾外，應顧慮受保護人之需求，盡量降低受保護人生活、工作之影

---

22. 證人保護法第十三條立法理由，立法院公報第89卷第9期（一）十一期（五）。

響程度，或引起受保護人及其家庭成員學習適應的困擾，在安排上亦須考慮其他人能否探視受保護人？如果可以探視，方式、地點、時間、次數如何安排？法院或檢察官似應於核發短期安置保護書時針對這些問題為必要之記載，使執行機關得以有所遵循，避免爭議。

　　證人保護之短期安置依證人保護法第十三條第一項規定，係由法院或檢察官指定安置機關，在一定期間內將受保護人安置於適當環境或協助轉業，並給予生活照料。然證人保護法第八條卻規定證人保護書由檢察官或法院自行或發交司法警察機關或其他執行保護機關執行之。法院或檢察官核發之短期安置證人保護書，法院或檢察官能否自行執行，就法條規定而言不無疑問如以保護受保護人之角度思考，似以第八條之規定較具多面性，保留法院或檢察官於執行層面介入之可能性。當然實際上法院或檢察官介入短期安置之執行層面恐怕不多，故目前實務原則上交由承辦該案之司法警察機關執行，如前不久台北市發生之「擄妓勒贖案」，大陸賣春女子三人即由司法警察機關暫時予以短期生活安置。而檢察官或法院發交其他執行保護機關執行時，為使受保護人及執行機關之安全，確實獲得保障，司法警察機關對該安置機關依施行細則第二十條規定亦應為必要之協助。不論法院或檢察官自行或發交司法警察機關執行短期生活安置，各安置機構間如何統合、協調，以符合受保護人之最佳利益，則有賴於實務上實際運用後提供具體之意見，供法院或檢察官於核發短期安置保護令時作為重要之參考資料。

　　短期生活安置之期間依證人保護法第十三條第二項規定最長不得逾一年，必要時，並得經檢察官或法院之同意延長一年。但以目前檢察官之偵查及法院審判工作負荷相當重，組織犯罪案件往往屬於重大複雜之案件，訴訟程進行非常冗長，而證人保護法所定之短期安置期間最長不逾一年，必要時縱然再延一年，期間仍然相當有限，如何達成保護證人及其密切利害關係之人之生命、身體、自由或財產之安全，實在令人憂心，為因應實際需要，有必要於修法時重新檢討。

證人刑事責任減免及豁免條款

證人減免刑責條款

　　為鼓勵組織犯罪之成員供出其組織犯罪之方式及其他成員，使犯罪組織得以順利破獲及瓦解，以有效打擊組織犯罪，除於組織犯罪防制條例第八條規定組織犯罪成員提供資料，因而查獲該犯罪組織者，減輕或免除其刑；以及非組織犯罪成員而資助犯罪組織者自首，並因其提供資料，而查獲其資助之犯罪組織者，減輕或免除其刑外，更於證人保護法第十四條第一項規定共犯「窩裡反」條款，其要件如下（一）須因被告或犯罪嫌疑人供述與該案有重要關係之待證事項或其他共犯之犯罪事證。（二）須在偵查中供述，司法警察官及司法警察為偵查之輔助機關，其等所為之調查，應包括在內，至於於法院審理階段所為之供述，則不符合「窩裡反」減免刑責之規定。（三）使檢察官得以追訴該案之其他共犯。（四）須經檢察官事先同意，所謂事先同意，係指檢察官本案偵查終結前之同意，且檢察官同意時，應記明筆錄，以求明確。至於減輕或免除其刑，檢察官可於起訴書內具體求刑，法院則視其供述所生之公共利益，破獲組織犯罪及其成員之情形，具體審酌決定之。

證人豁免條款

　　被告或犯罪嫌疑人雖非案件共犯，但於偵查中供述其犯罪之前手或相關犯罪之網路（如組織犯罪之控制、指揮、參與情形或其犯罪進行之網路），因而使檢察官得以追訴與該組織犯罪相關之被告或犯罪嫌疑人，且其指述被告或犯罪嫌疑人所犯之罪其情節或法定刑重於其所犯之罪，參酌其犯罪情節之輕重、被害人所受之損害、防止重大犯罪危害社會治安之重要性及公共利益等事項，經檢察官同意者，就其因供述所涉之犯罪，檢察官得為不起訴處分[23]，以豁免其刑責。此項證人豁免刑責之條款，有別於證人刑事責任減免條款，證人未進入法院審判程序，而是於偵查階段檢察官即予不起訴處分，對於策動非共犯證人之效果甚大。

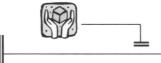

結論

　　我國近年來黑道幫派逐漸發展成組織犯罪，且犯罪手法不斷翻新十分猖狂。

　　從傳統的流氓角頭、霸佔地盤、相互火拼、敲詐勒索、收取保護費、包娼包賭等，逐步介入公共工程圍標、綁標，並與地方派系勾結，以暴力介入選舉，或直接參與選舉，藉由選舉之手段，躋身政壇，「黑道治國」、「黑金政治」為一般民眾深惡痛絕，因而如

23.證人保護法第十四條立法理由參照。

何有效防制組織性犯罪，成爲我國治安良窳的指標。本文認爲欲確實有效防制組織犯罪，除落實現行相關組織犯罪防制法制外，更應倚重完整證人保護法制之建立，惟有周全地保護證人及其密切利害關係之人，才能鼓勵證人勇於作證，揭發犯罪組織不法之事證，維護社會治安，重建社會公義。本文檢視我國證人保護法之相關規定後，發現仍許多不足之處，於是筆者提出以下幾點建議，以代結論：

建立證人身分變更制度

只有於證人及其密切利害關係之人得到充份的保護，證人才能毫無顧忌的指證及舉發組織犯罪，也才能藉以瓦解犯罪組織，目前組織犯罪防制條例及證人保護法雖然對於證人、檢舉人、被害人提供身分資料保護、人身保護令、隨身安全保護及短期生活安置等項目的保護，然這些保護措施，仍不免爲犯罪組織滲透危害，實有參考美國立法例，於有關證人作證後，合於一定條件之情況下，提供合適證明文件建立一個新的身分，包括換名、更換戶籍資料、社會保險號碼等措施，於法院或檢察署認爲證人有變更身分之必要時，得依法核准身分變更之保護書，使證人改頭換面，取得新的身分，以逃避犯罪組織侵害，使證人能眞正安心作證。

證人被害賠償

爲求證人安心作證，不僅對於證人身分、生命、身體安全上之保障，更應於證人遭受之財產損失，及因作證而遭受殺害或傷害者，國家對於證人因公益而受損害自應負起損害賠償責任，以保護證人及其遺孤之權益，使證人無後顧之憂，而樂於及勇於作證舉發犯罪組織及其成員不法之行爲。

成立證人保護之專責機構

面對階層化、專業化、隱密性、犯罪多樣性、跨國性的組織犯罪，證人保護機關若無法統一事權，集中指揮，將事倍功半，一事無成，故有必要成立專責機構，提升保護執行績效，發揮證人作證舉發組織犯罪之功能。

發展證人心理評估及諮商機制

不論組織犯罪之成員或非成員，願意擔任證人出面揭發組織犯罪，其內心所承受之壓力可想而知，不但面對自己及與其密切利害關係之人生命、身體、自由、財產可能遭受之危害，還因證人保護計畫的實施，為家庭成員生活帶來衝擊，甚至家庭成員須重新適應新工作、學校及複雜的人際關係，心理調適面臨困難，實必要發展證人的心理評估及諮商機制，一方面用以評估證人是否適合納入保護計畫？或納入何種保護計畫？另一方面用以協助證人及家庭成員共同渡過新的改變所帶來的不安及不便，使證人保護計畫得以順利進行，達成抗制組織犯罪的目的。

Chapter5

台灣監獄內之幫派問題

許茂雄

中央警察大學畢業
中正大學碩士研究生
現任台中監獄教誨師

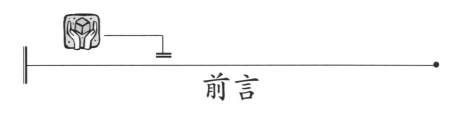

前言

　　2001年2月28日巴西聖保羅省北部的卡蘭狄魯監獄（Carandiru）發生史上最大型的監獄暴動事件，前後歷經24小時才獲得控制。

　　卡蘭狄魯監獄囚犯暴動，是由里約熱內盧地區專門從事軍火及毒品走私的犯罪集團所策動。目的在抗議獄方於五名囚犯遇害後，於二月十六日將該組織的十名囚犯頭子移監，要求獄方立刻將這些老大移回原監。暴動份子發動的時機是利用受刑人家屬入監接見的時刻，將大批探監婦孺挾持爲人質，並以行動電話串連省境28所監獄、計二萬七千人響應暴動，結果造成16名囚犯喪生、受傷者63名包括警衛、囚犯與人質，在整個事件中最可怕的是囚犯擁有嚴重的違禁品彈藥刀械。此犯罪集團在聖保羅的分支組織「首都第一突擊隊」旗下擁有數以千計的亡命之徒，個個配屬行動電話，組織嚴密；即使成員被捕入獄，仍有通天本領打通關節，將行動電話偷渡至獄中，在牢籠裡仍可透過大哥大遙控街頭的犯罪行動。據了解，首都第一突擊隊是十年前在聖保羅省戒備森嚴的一所重刑犯監獄內成軍，主要吸納的對象爲省境各監獄的囚犯，成員已擴增至1,500名，勢力相當龐大。

　　此次巴西暴動事件除了暴露嚴重管理缺失外，這是一場經過精心策劃的暴動事件，運用『組織影響力』動員其它監獄的囚犯，暴動囚犯手持手榴彈及手槍，一棟一棟地佔領整個監獄[1]。

　　1.吳憲璋，巴西聖保羅監獄風雲，犯罪矯正雜誌第十八期。

　　由上述巴西聖保羅監獄所發生的組織串聯大暴動事件中，不禁讓我們想起民國八十五年十一月間所發生的新竹少年監獄暴動事件及台中監獄騷動事件，此二事件之發展均與幫派組織份子有關，雖然事後處理結果未造成重大傷亡乃不幸中的大幸，但整體而言對監獄管理上產生重大影響，也使社會大眾對獄政管理形成不良的印象及負面的評價，對獄政工作人員的形象更是一大傷害。由此可知監獄內幫派份子受刑人乃監獄管理問題上的一大亂源所在，如不加以有效管理則監獄內將永無寧日，更遑論矯治功能的成效了。

　　在監獄內幫派份子受刑人，其原在社會上所顯現的特殊行爲及態度，或於監獄內因環境所形成的價值觀及動作等，是無法立即就能有所改善。事實上，即使是在監獄內，幫派份子受刑人也是經常會個人地或集團地以暴力或威嚇等方式做背景，利用監獄規定的灰色地帶來掌控監獄內活動[2]，以行使不當的影響力，甚至不服從而反抗管教人員的指示。再者對所屬幫派的歸屬意識強烈，缺乏更生改善意願，對犯罪矯正處遇計畫會表現消極、不合作之態度。所以幫派份子受刑人是監獄管理上發揮應有機能的最大傷害及威脅者；對監獄而言，幫派份子受刑人更是「高度困難管理及矯治」的一群，這是無庸置疑[3]。

　　雖說如此，如能運用健全的管理制度，加強對幫派份子受刑人的瞭解、管理及輔導，防杜幫派之發展，則監獄對幫派份子受刑人仍具有威嚇效果，且矯治處遇之政策才能順利推展。

2.顏岩松，受刑人幫派，矯正月刊第一〇七期。
3.林世英，犯罪組織受刑人的矯正處遇對策，矯正月刊。

台灣監獄內幫派之形成

　　監獄內之幫派組成有兩種形式，一種為原在社會上即屬幫派份子於入獄再行聚合，另一種為在監獄內籌組或參加幫派而成。但這些人並非全是被依組織犯罪防制條例判刑的受刑人。

原在社會中即為幫派成員[4]

外省幫派

　　主要係由外省子弟所發起，此類幫派組合有固定組織型態，如竹聯、四海、松聯等，然值得注意的是，由於族群的融合，目前參加者並不侷限於外省子弟，外省幫派之成立與早期台灣眷村之設立密切的相關。

本省幫派

　　係由本省籍之人士所組成，一般以各地「角頭」為代表，此類幫派組合並無明確組織型態，其成員係以某一特定地區為地盤，與地方關係淵源甚深，屬於地方型，其興起、衰退均視該地盤之繁榮與否，如台南東門幫、彰化公園幫、台中大湖幫、新莊西瓜幫等，其成員感情濃厚，團結力較強，一般甚講義氣，倘遇外敵其兄弟必定號召抵抗之。

4.蔡德輝 楊士隆，犯罪學，232、233頁。

縱貫線

　　係近幾年來因為國內治安環境轉變才出現以剽悍出名，火力強大，手段殘狠，不論是「外省掛」或「本省掛」的兄弟，對他們都敬而遠之，漸漸形成他們在黑道的力量，其主要範圍以中部為主。

不良份子聚合

　　係地方上若干不特定之不良份子組合而成，無固定幫派組合名稱，大多基於共同從事某一犯罪或共同非法利益而臨時組成，可說是基於共同犯意一時而起的犯罪集團，如「鄭太吉組合」即是。

在監獄內籌組或參加幫派

天道盟

　　是在監獄中成立的，其緣於73年「一清專案」的第一波掃黑行動中，被移送到綠島管訓時，和一些隊員在意識上組合成「天道」，但並無具體的「天道盟」組織。依據情治單位蒐集的資料，到七十六年時，才確立有此組織的存在，其組成原因，主要是因為一些「本省掛」的角頭在獄中，受到佔大多數受刑人的「外省掛」竹聯幫份子的欺侮。為了對抗竹聯幫的勢力及爭取獄中應得利益，便由幾位本省掛角頭大哥串聯，喊出「不歸竹聯，就歸天道」、「天道常存人心，是非自有公論」的口號，於七十五年底於台北看守所由全省各角頭兄弟，以香菸代替炷香，正式歃盟結社，完成創立儀式[5]。

　　5.章光明、許福生，台灣地區組織犯罪幾個現象面之觀察，警學叢刊三十一卷五期。

聯正會

此團體是由一位不良份子楊姓受刑人於獄中所發起,因其於獄中服刑時不見容於本省幫派,亦與外省幫派不合,而結合與其相同處境之不良份子共同組合而成,以與其他幫派相抗衡。該組合成立之初引起獄政管理單位注意,而將其成員分別移禁他監執行,遂將其勢力打散,使該組合漸漸消聲匿跡,進而瓦解。

在封閉的監獄中,大多數幫派份子受刑人均希望能自保,然幫派的名號在受刑人間或許能避免被欺負,但亦是一種負擔,且在管教人員眼中,幫派的名號對幫派份子受刑人卻變成一種壓力,因此,大多數幫派份子受刑人均不大願曝光,所以監獄在管理上須由幾個管道得知受刑人是否為幫派份子:1.警察局的資料。2.法院的判決書。3.受刑人本人之告知。4.管教人員查訪所得。5.其他受刑人告知或指認[6]。

監獄內幫派份子受刑人之基本特性及人格傾向

雖然監獄內幫派份子屬於「高度困難管理及矯治」的一群,但對其組成份子之基本特性、人格傾向,及次文化下所獨特價值觀、規矩加以瞭解分析,將有助於戒護管理及矯治處遇等政策之推展。

6.鄭善印、蔡田木、曹光文,台灣地區組織犯罪受刑人矯治處遇之實證研究,中央警察大學學報第三十五期。

基本特性分析如下[7]

性別

監獄內幫派份子受刑人以男性為主，女性較無此類受刑人，此與社會上幫派份子之性別特性相同。

年齡

除青少年幫派外，一般幫派份子受刑人年齡有偏高現象，大部份在三十至四十歲間，少部份在三十歲以下，一般受刑人之年齡則集中於二十四至四十歲間。

教育程度

一般受刑人教育程度不高，幫派份子受刑人亦類似，大多在高中程度以下，尤以國中畢（肄）業者最多。

婚姻狀況

幫派份子受刑人的婚姻狀況大部份是未婚及已離婚或為同居狀況者較多，已結婚者較少部份。

刑期

幫派份子受刑人之刑期普遍較一般受刑人之刑期長，因其所犯的案件較多，或為重大案件者，如殺人、槍砲等。

入監前的職業

幫派份子入監前大多從事工商及服務業，無業者較少部份。

7.同註6。

宗教信仰

幫派份子受刑人大部份均有宗教信仰，其中尤以佛、道教者較多，少部份沒有宗教信仰。

是否承認加入幫派

大部份幫派份子受刑人不會承認自己是幫派份子，除少部份會承認外，其他由警察單位的間接調查或由其他受刑人的指認。

加入幫派原因

幫派份子受刑人加入幫派之原因，以自行組黨最多，其次為朋友介紹，再次為怕欺負之情況下加入者，尤其監獄內，因受刑人間存有一種以暴力解決問題的價值觀，如加入幫派可藉以增加自己的地位並受到保護。

經濟狀況

幫派份子受刑人其經濟狀況以小康者為多，與大部份其他受刑人之經濟狀況大致相同，且並非全因經濟因素而加入幫派。

前科紀錄

幫派份子受刑人累、再犯之犯罪情況十分嚴重，大部份多有前科或不良紀錄，初犯者較少部份。此類受刑人有犯罪的習性存在，是否即為所謂「常習犯罪者」（Chronic Offender）或「核心犯罪者」（Hard-core Criminal）[8]，即少部份的人犯了大多數的罪，值得從事縱貫性研究。

第一次犯罪年齡

犯罪年齡的早晚與犯罪次數有顯著的關存在，Wolfgang根據的研究，一個少年犯成為成年犯的可能性三倍於非少年犯。幫派份子受刑人中大部份第一次犯罪年齡以18-25歲者最多，其次為未滿18歲，因此在第一次犯罪年齡的分佈上，幫派份子受刑人有偏低的現象。

在監獄內幫派受刑人的人格傾向如下[9]

由於監獄內幫派份子受刑人,其具有原社會上之幫派特質及價值觀,入獄後再加上監獄內特殊環境的影響及管理制度的約束,因而造就了幫派份子受刑人某方面的人格傾向。

1. 存在著做爲虛擬制度性血緣之「老大、小弟」的關係,小弟對於老大相當尊重,並言聽計從服從命令,而老大對小弟亦照顧有加,彼此相互庇護、相互依賴等關係。
2. 依據「兄弟義氣關係」,體制形成之成員對所屬幫派的歸屬意識強烈,當幫派成員有事發生時,往往以實際行動挺身而出,重人情義理,對幫派忠貞服從。
3. 具有偏差之所謂「反社會性文化認同型」的價值觀,如犯殺人罪者,其認爲所殺之人爲該殺之人,乃爲社會除害之意。擁槍者乃爲自我保護。
4. 在人格特性上,主要是衝動性易怒;在行動及態度上,主要是活躍、虛榮性、不服輸等,常爲了面子問題而以暴力方式尋求解決。然就實務上之觀察,反而具有較高身份地位之幫派份子,於服刑期間往往處事低調,個性沈穩內斂,並尊重管理體制,以避免事端發生而造成困擾,只期能平安順利早日假釋出監。
5. 具有男性價值觀、攻擊性、短暫享樂主義,宿命論,輕視勞動,仇視其他外部團體。

8. 同註4,15頁。
9. 同註3。

受刑人次文化的規矩[10]

1. 不可妨礙受刑人利益，不可好管閒事、冒失到處說話、陷人於罪。
2. 不可背叛老大，不可打小報告，背叛領導人。
3. 做自己的牢，要冷靜，不可喪失理智，做自己的事莫管閒事。
4. 不可失信，要講信用，不可出賣朋友，不可逃避債務。
5. 堅強地服刑，絕不可懦弱悲傷，不可整天哭哭啼啼，要當男子漢。
6. 不可信任管理員及其主張的事理，不要受獄方的洗腦，管理人員是流氓，監獄當局是錯誤的，受刑人是對的。

監獄內幫派份子受刑人製造之問題

　　受刑人進入監獄後，聚集在一起互動一段長期時間，在團體中受刑人自然會相互學習而產生認同、並遵循共同之規範、價值觀體系與生活方式，而形成與社會上主流文化略有出入或不同之「受刑人次文化」，包括「物質文化」－－如受刑人自製各種賭博用具、自製電動紋身機、自製時鐘、走私各種違禁物品等，「非物質文化」－－如暗語或黑話、手勢、嚴禁向管理人員告密（抓耙子）、新進舍房者睡在靠近廁所之床位等[11]。在其中幫派份子受刑人之聚合、形成及權力利益鬥爭所製造之問題，即是受刑人次文化下之產物。

受刑人間之不法交易，如賭博（職棒或選舉簽賭、下棋、自製賭具等）、非法藥物、毒品及違禁品（現金、酒、檳榔、色情書刊等）之引介與散佈。由於不法交易牽涉利益問題，常常因而引起糾紛及衝突。

案例：不良聚合之受刑人不滿被查獲違禁品藉機鬧房

某年某月某日下午五時四十五分許，黃犯因被查獲香煙遭隔離調查。約十八時十分許，黃犯同房之劉犯藉無香煙可抽之由大吼大叫，公然挑釁，此時同房另一楊犯及鄰房之陳犯、畢犯聞聲助勢亦踢打房門，意圖掀起其他受刑人助勢擾亂秩序，隨即其他不良聚合之黨羽加入鼓噪，進而兇性大發，取下舍房玻璃窗戶及房內桌椅加以搗毀，並手持玻璃碎片擬行抗拒，同時又大喊大叫意圖鼓動集體鬧房，因少部份受刑人不明究理，盲從隨聲附和故囚情略為浮動，事後經典獄長到場處理，以溫和方式予以疏導後，肇事受刑人始同意接受使用戒具隔離，囚情遂於二十時即趨平息[12]。

欺侮、毆打、恐嚇、勒索或暴力奪取受刑人，因而造成其他受刑人服刑上的心理負擔，因為如不反擊將被視為懦夫，反而成為他人欺負的對象，但以暴力解決將違反監規，如此常使受刑人陷於兩難[13]，進而引發逃避的行為；如自殺、違規轉業，或者最後不得已選擇以牙還牙的暴力手段相向。

恐嚇、勒索及詐欺受刑人家屬，使該家屬心生畏懼，擔心其親人在獄中受害困苦，因而交付財物。

10.林茂榮、楊士隆，監獄學—犯罪矯正原理與實務，142頁。
11.李清泉，受刑人次文化之意義及其產生之原因，法務通訊第二〇一〇期。
12.法務部，監所戒護事故實例、監所管理人員常年教育教材，81年1月。
13.高千雲、任全鈞，生活壓力、社會支持、社會距離與監獄暴行關聯性之研究，中央警察大學學報第三十六期。

幫派之間常因權勢及利益糾紛引發衝突，或因仇恨及面子問題彼此鬥爭，而造成大規模的監獄暴動、騷動，如打群架、放火、搗毀公物等。

案例：為了幫派鬥毆致遭殺身之禍

台灣某監獄由於收容之人犯，都是由全省各地其他監獄移送執行，很容易結成中南兩派，雖在高度安全管理之下，不敢明目張膽互相攻伐，暗地裡卻在進行勾心鬥角，這種情勢醞釀相當一段時間後，終於有兩名犯人發生一場死亡之約會。當時正係戒護人員交班時間，由第三工場屬於中派的某君造訪屬於南派配在第二工場的某君，見面之後，前一犯人向後一犯人興師問罪，對方亦不甘示弱，除逞其口舌之快外，並握持四尺長之堅硬竹槓，猛向對方頭部打擊，致腦血併流，撲倒在地，此時中南兩派人犯，藉機鼓噪叫囂，秩序陷於混亂，幸及時派出大批戒護人員鎮壓，而未導致暴動事故，惟受傷犯人經送醫院急救無效，于下午一時死亡[14]。

案例：幫派份子間因口角互毆進而形成群毆場面

某年某月某日上午七時三十分許，於開封完畢後，第一工場受刑人胡犯等，因私用主管之電湯匙，遭該工場服務員曾犯制止，因而引發口角，進而互毆，其他受刑人見狀亦紛紛為上述兩人加入鬥毆，而此時第二、四工場因剛開封，工場大門未及關妥，致有數名受刑人聞聲後衝出工場加入鬥毆，形成群毆場面。事故發生後，戒護人員迅速到場將雙方人員隔離，典獄長亦隨即赴現場督導指揮，事故於短時間內平息[15]。

14.同註12。
15.同註12。

抗拒管教人員之管理約束，不服從管教，而以各種方式抵制管理制度之運作，且藉以挑戰管理威信，如集體絕食、拒絕接受檢查、拒絕收封、鬧房、暴動、騷動、誣告管教人員等。

案例：不良幫派份子不滿調房藉故辱罵職員引起騷動

> 李犯、賴犯等六名皆為不良幫派份子，生性兇頑，因與在所另一不良幫派在社會結有宿怨，發生鬥毆，為防範再發生鬥毆事件，乃將兩派人犯分別隔離羈押，某年某月某日十九時三十分該等人犯不服調房，藉故辱罵值勤人員，當將肇事者李犯帶出舍房時，賴犯等以磨尖牙刷柄自戳腿部、手臂、肚皮等處吶喊，藉以引起其他房舍被告起鬨，為防止波及其他房舍，及時使用瓦斯棒、捕繩，將以上六名滋事者帶出舍房隔離羈押，事態隨即平息[16]。

介入管教人員之管理方式或架空管教人員之管理權力，而任由其主導操控，致使管教人員無計可施，對其言聽計從，而龍頭制地下管理之模式儼然成形，其猖狂的程度幾至呼風喚雨的地步。

恐嚇或賄賂管教人員，致使管教人員不敢予以管理糾正，或不法把柄為其掌握，任其擺佈左右，挺而走險而為違法亂紀之事。

案例：幫派份子賄賂管教人員為其利用

> 民國八十九年五月間台中看守所死囚黃主旺脫逃案，該犯為彰化二林地區不良幫派份子，即是因管理員收受賄賂而為其所利用，進而將死囚釋放協助脫逃。民國八十四年台中監獄風紀弊案，亦是戒護人員收受賄賂及接受性招待，而將違禁物品及行動電話等攜入監內供受刑人使用，而使其能以行動電話遙控監外黑道火拼及不法交易。

16.同註12。

監獄內幫派份子受刑人之管理

不論監獄幫派之形成，係受刑人在監獄內因特殊環境或需求而成，亦或原在自由社會中即已是幫派成員，其影響力均不容忽視。因幫派份子受刑人所製造之問題，不僅嚴重影響監獄之戒護管理、秩序維持及矯治功效，同時嚴重腐蝕到司法正義，因此必須採取有效的防範措施以消弭事故於未然。據此；為避免幫派份子受刑人互相串聯、成立其他幫派及重大事故之發生，法務部針對幫派份子受刑人訂定「監院所加強幫派份子管教應行注意事項」，以教化矯治該類受刑人，防止其在矯治機構內繼續發展。該注意事項如下[17]：

加強素行蒐集

收容人入監院所後，應即函請警察等單位，提供在外素行、參加幫派組織情形、違警資料、前科紀錄等，並將該等資料登記於個人個案資料內，提供教化、管理人員為管教之參考。

列冊加強管理

參加幫派之收容人應予列冊建檔，對其通信與接見來往對象及平時言行舉止、各項處遇實施情形，均應加強考核與紀錄；其列冊管理情形，應按月報部。

注意配房配業

對幫派同夥份子應予打散，化整為零，分配於不同舍房和作業單位，以避免互通聲息，成群結黨，惹生事端，並對其於所配舍房之言行，嚴加考核。

隔離監禁或移監

　　幫派首惡及頑惡份子入監院所後，應即予以隔離獨居監禁，除運動與接見外，嚴禁在外逗留或與其他人接觸。執行中如發現有幫派分子嚴重對立爭鬥或其他不良影響之傾向者，對於領導份子，除即予隔離獨居考核外，必要時得移送適當之監院所執行。如綠島監獄，該唯一能讓受刑人懼怕的不外乎是地理環境之障礙，阻隔了與本島親朋好友聯絡及支援的各項資源，使其在監內不能坐大。幫派份子之所以怕被移送綠島監獄其原因大約可歸納為下列四點：1.會面不易，因而無奧援，且無民代會面關心及關說。2.人犯少，幫派份子無影響力。3.獨居監禁，服刑日子寂寥難耐。4.新收考核過程嚴謹且很長，故假釋可能性低[18]。因而綠島監獄對於幫派份子受刑人具有威嚇效果。

嚴禁調用為雜役、自治員或視同作業人員

　　各場舍單位於遴選雜役、自治員或視同作業人員時，應檢具其所有相關資料，機關首長應予審核，嚴禁調用幫派份子為前揭之人員；各場舍主管對於雜役、自治員或視同作業人員之行狀，應嚴加考核，如發現有組織小團體或為龍頭傾向者，應即撤換。

防杜發展組織

　　對幫派份子之保管金額及其消費額，應嚴加管制；嚴禁幫派份子以金錢或其他物質資助其附合份子，吸收成員發展組織或幫派結盟。

17.法務部，監院所加強幫派份子管教應行注意事項，85年11月1日法85
　　監決字第27874號函。

18.同註6。

實施突擊檢查

對於幫派份子除需加強書信檢查、接見監聽外，更應對其身體及所攜帶之物品及作業、居住處所，不定時實施突擊檢查。

輔導脫離組織

對於幫派份子應加強個別教誨，輔導其脫離組織，如宣誓並確實脫離組織者，得酌予獎勵；另應禁止與參加幫派之友人通信與接見。

防杜掛勾

加強管理人員之品德考核，防杜與幫派份子掛勾互相利用，對幫派首惡及頑劣份子獨居監禁之舍房主管，應慎選優秀管理人員擔任。

注意幫派分子資料移送

各監院所對於幫派份子考核及相關資料，對其移送執行或移禁他監院所時，應即隨案移送。

幫派份子之假釋案件、感訓處分免予繼續執行案件及保安處分免予、停止繼續執行案件，應審慎、從嚴提報。

各監院所應成立督導小組，指定副首長或秘書為召集人，每月召開會議一次，逐項檢討執行成效。

結論

　　荷蘭法學家攀登特堯曾強調:「革命刑法,非先革新監獄不可,監獄管理不良,雖刑法進步,亦所無適用。」刑事政策能否圓滿達成,全賴良好完善之監獄制度與管理,是以刑罰之目的,須經行刑階段始克達成[19]。

　　故監獄是司法及社會防衛的最後一道防線,「安全」是維持監獄正常運作的不二法門,安全沒有底限,惟有不斷加強防範,全心全意投入,才能管理完善、囚情穩定,達到零事故的終極目標[20]。

　　而就依弗烈度巴瑞多(Vifredo Pareto)八十、二十原理——即「重要少數與瑣碎多數原理」,其主要內容是說,在任何團體中比較有意義或比較重要的份子,通常只佔少數(百分之二十),而不重要的份子則佔多數(百分之八十),所以祇要能控制具有重要性的少數份子,就能控制全局[21]。而美國伊利諾州典獄長約瑟雷根曾說:「不是您控制監獄,即是受刑人操縱監獄」[22],故在監獄戒護管理上,希望達到完善的目標,則將少數的特殊人犯加以有效的管理,尤其是幫派份子受刑人,掌握住關鍵重點,必能事半功倍,避免滋生事故製造困擾,也才能進而有效推展教化矯治之工作。

19. 黃永順,有效實施訓練矯正人員之我見,矯正月刊。
20. 同註1。
21. 陳世志,特殊人犯之管理,矯正月刊。
22. 同註10,155頁。

★ 參考文獻

1. 鄭善印、蔡田木、曹光文，台灣地區組織犯罪受刑人矯治處遇之實證研究，中央警察大學學報第三十五期，中央警察大學警政研究所印行，民國八十八年。

2. 林茂榮、楊士隆，監獄學　矯正原理與實務，五南圖書出版公司出版，民國八十七年。

3. 吳憲璋，巴西聖保羅監獄風雲，犯罪矯正雜誌第十八期，中華民國犯罪矯正協會印行，民國九十年四月。

4. 李清泉、受刑人次文化之意義及其產生之原因，法務通訊第二0一0期，法務通訊雜誌社印行，民國八十九年十一月三十日。

5. 法務部法監決字第二七八七四號　函，監院所加強幫派份子管教應行注意事項。

6. 法務部法矯字第000七一一號函，落實監院所因情控制防止黑道幫派及重大暴力犯串連計畫。

7. 黃徵男、林金藏，矯正實務，中華民國犯罪矯正協會出版，民國八十七年十一月。

8. 黃永順，有效實施訓練矯正人員之我見，矯正月刊，法務部矯正人員訓練所印行。

9. 林世英，犯罪組織受刑人的矯正處遇對策，矯正月刊，法務部矯正人員訓練所印行。

10. 陳世志，特殊人犯之管理，矯正月刊，法務部矯正人員訓練所印行。

11. 盧秋生，略談各國監所暴動之情況與原因，矯正月刊，法務部矯正人員訓練所印行。

12. 顏岩松，受刑人幫派，矯正月刊第一0七期，法務部矯正人員訓練所印行，民國九十年五月一日。

13. 蔡德輝、楊士隆、鄭瑞隆、林秀娟，獄政政策與管理之評估，行政院研究發展考核委員會編印，民國八十八年六月。

14. 監所戒護事故實例，法務部印行，八十一年一月。

Chapter6

討債公司

張雅嵐

東海大學政治系畢業
中正大學碩士研究生

前言

　　景氣不佳百業蕭條，討債公司的生意卻是蒸蒸日上。台中市第一家合法的逾期應收帳款管理服務公司在1998年時設立，同時也帶動了民間委託業者討債的風氣[1]。

　　經濟部在1999年增設「逾期帳款代理催收服務業」，依據公告，替他人催討帳款雖非屬公司行號所經營事業登記範疇，惟可登記於「逾期應收帳款管理服務業」及「應收帳款收買業務」項下從事業務之經營[2]，即目前只要經過登記手續，便可將民間所謂的討債公司合法化。

　　提起討債公司，社會大眾對其有兩極化的評價，支持者認為欠債還錢本是天經地義，在現行法律有時無法保障債權人權益之下，討債公司不過是替天行道，為正義使者的化身。但在每天的新聞媒體報導中，討債公司非法暴力討債、甚至擄人要債的事件卻層出不窮，使得人心惶惶，視討債公司為洪水猛獸、避之唯恐不及。西諺有云：「恐懼來自於無知。」本報告即在為大家介紹討債公司其現況與經營方式，揭開其神秘面紗，使大眾能夠瞭解討債公司，並對目前討債公司備受爭議之問題加以討論，進而提出建議，期能避免討債公司以合法掩護非法構成組織犯罪，達到防制犯罪的目標。

1. 林閱政「中市討債公司暴增，董念台也去參一腳」http://www.pnn.com.tw/news/_2001/03/08/nnews/headline/880037002001032811402635.htm，2001年11月2日參訪。
2. 行政院發文台九十專字第18740號，http://210.69.7.199/qa/300000000s4521001070.htm，2001年11月2日參訪。

討債公司定義與要件

討債公司定義

中國經貿新詞辭典[3]

「討債公司是中國經濟的特殊產物。由於債權企業通過合法管道很難收回企業債權，因此債權企業只有通過其他途徑尋求自身權益的保全，各類討債公司應需而生，討債公司是指接受債權人委託，採取不正當的討債方式，如死纏爛打、軟磨硬泡、用語言、暴力威脅、甚至成立『愛滋催款大隊』等逼迫債務人償還債權人債務的組織。由於討債公司嚴重妨害企業的正常經營，和市場經濟的合法秩序，因而討債公司在1995年和2000年先後2次被政府取締。」

國道公路警察局[4]

所謂「討債公司」，依據經濟部公告，係指公司設立登記經營「應收帳款收買業、管理服務業」，該項業務界定於「具有實質商品交易所產生之應收帳款為限，並不包括融資放款所生債權、信用卡業務或其他非實質商品交易所產生之應收帳款。」

台中市政府提出的管理自治條例草案[5]

討債公司經營主體須為公司組織，而經營業務範圍以具有實質商品交易所產生的應收帳款為限，並不包括融資放款所生債權、信用卡業務或其他非實質商品交易所產生的應收帳款。

亞真財物顧問有限公司[6]

「向經濟部申請合法設立，公司營業項目登記爲『債權收買』
及『催收應收未收帳款』，並向營業所在地縣市政府辦妥『營利事
業登記』之債務處理公司。依照業務範圍區分，與律師事務所、法
律事務所各有其主管機關及營業項目。但是從債權追索的實力而
言，財務顧問公司應該具備實地催收的能力。」

討債公司要件

真正合法的「討債公司」至少必須具備五大要件[7]：

1.政府許可	必須擁有公司執照、營利事業登記證，且營業項目須符合。
2.法律素養	必須了解倒債者手法，逐一破解，適時應付，尤其面對狡猾之徒的脫產行爲，要有十足的追究能力，甚至不惜以刑事相繩。
3.徵信調查	債務人的行蹤、財產、存款、薪資、投資、隱名合夥必須瞭如指掌。
4.契而不捨	不畏困難、不畏強權，基於道義，不論任務有多艱鉅，堅守本位、完成使命。
5.案件管理	做好管理。定期追蹤，將使債務人無所遁形。

綜合以上所述，本篇報告所指的討債公司爲：依據公司法向經
濟部登記在案的「應收帳款收買業、管理服務業」公司。並且以合
法討債公司之非暴力討債手法作爲本文討論的範圍。

3.中國經貿新詞辭典，http://www.tdctrade.com/correspondence/cor
/correspondence/dictionary/htmlpage/1000498.htm。2001年11月15
日參訪。

4.內政部警政署國道公路警察局http://www.hpb.gov.tw/news_03.htm，
2001年11月2日參訪。

5.台中市政府訂討債公司管理條例，立委要求嚴密規範，中央社記者郝
雪卿台中市十三日電，http://www.google.com.tw，2001年11月2日參
訪。

6.亞真財物顧問有限公司，http://tmoney.efox.com.tw，2001年11月2
日參訪。

7.公信力應收帳款討債公司，http://home.kimo.com.tw/ks10022/，
2001年11月2日參訪。

討債公司發展現況

　　根據台中市經濟局商業課統計，目前台中市登記有案的討債公司高達30家，其中近20家是半年來才陸續申請設立。市場潛力之雄厚，連全台知名的董念台都到台中設立了分公司，正在訓練一批「催收員工」，準備要大展鴻圖[8]。

　　雲林縣方面，雲林縣警察局指出，依照經濟部的規範，雲林縣目前登記有案的業者共有十九家[9]。

　　南投縣政府在去年11月核准四家討債公司成立，卻遭縣議員質疑縣府做法涉嫌勾結、圖利討債公司，希望日後禁止再核准設立，並對現有業者嚴加管理[10]。縣議員此舉有泛政治化之嫌，不過卻顯現即使民風純樸的南投縣也有合法討債公司合法成立，只是不被部分人的思想觀念所瞭解和接受。

　　因應需求討債公司如雨後春筍般成立，更因經濟部的公告，使許多地下經營的討債公司紛紛登記合法化。在網路上即可看到台北的「公信力應收帳款討債公司」、「聯生應收帳款財物有限公司」台中的「名捷法律財務管理公司」、「金有利有限公司」、台南的「南信討債公司」、「聯豪應收帳款處理商」、「亞真財物顧問有限公司」、「台一逾期應收帳款管理有限公司」、以及北中南都有分公司的「再生商業信用服務股份有限公司」十數家各式名稱的討債公司製作精美的網頁，強調提供專業服務、合法方式，吸引客戶上門。

8.同註1。
9.新聞參考資料，http://www.google.com，2001年11月2日參訪。
10.劉良蓉，「南投縣議員質疑縣府核准討債公司」http://www.google.com，2001年11月2日參訪。

討債公司經營方式與比較

服務範圍

依現行公司法規定，向經濟部申請代收帳款業務登記的公司，即一般民間所稱的合法討債公司，依規定僅能代收貨品帳款，並要有一個條件，即討債公司必須先與貨主或售貨商等先簽訂銷售貨品應收帳款買斷契約書，才合乎規定。因此討債公司向經濟部申請代收帳款登記，僅能代收貨品帳款[11]。如有逾越此一範圍，即違反公司法第十五條第一項「公司不得經營登記範圍以外之業務」之規定。

但實際上目前合法登記的討債公司卻超出公司法規定的範圍，如號稱台灣第一家合法討債公司的「台一逾期應收帳款管理有限公司」[12]服務範圍包括：貨款催收、票據催收、惡性倒會、私人借貸、損害賠償、法定債權。「聯豪應收帳款處理商」服務範圍包括：被倒會款、逾期被倒之帳款、銀行呆帳、民間借貸（非錢莊）、汽機車借貸。「再生商業信用服務股份有限公司」服務範圍包括：金融事業、一般公家機關、一般公司行號、台商、外商、個人借貸行為。

另有消費者反應，除了國營的中華電信以外，幾乎國內各家行動電話公司都透過外包的方式，處理大哥大費用積欠催收問題，把超過兩、三個月欠帳不繳，或是地址查無此人的用戶批發給專業討債公司，處理這些難以催討的債權。遠傳電信及台灣大哥大兩家全

區行動電話公司並沒有否認這種說法，但也一再強調，因為呆帳率必須控制在一定比例以下，而且公司人手不足，才會委外催收。除了行動電話業者以外，經常要面對倒帳風險的銀行業者，更是積極利用各種外包催收公司，以減少呆帳。花旗銀行則表示，會加強監督外包催收公司，因此花旗不僅和業者簽定嚴格契約，同時對外包業者和客戶之間的對話進行錄音，或是派員喬裝欠帳的民眾和業者打交道，以避免發生任何不愉快的場面，保障消費者的權益[13]。

由於顧客的需求增多，討債公司服務範圍大多比公司法的規定範圍廣泛。在此情形下，我們可考慮放寬服務範圍限制，不論金融、貸款、私人債務，只要是合法債，就可以由討債公司提供要債服務。若是非法債（如賭債、買賣毒品所發生的借貸、犯罪所得的黑錢...）警方應在討債公司之前對犯罪行為加以查緝，對知情不報討非法債的討債公司加以懲處。

催收流程

催收流程多為客戶經由網路登記、電話洽詢後，討債公司會力邀其到公司詳談。只要客戶握有債權證明，雙方談攏價格即可與討債公司簽約，討債公司必須先取得債權證明文件等相關資料，依法向法院聲請取得執行名義，向債務人要回應收帳款。但不是每一件都能順利收款，遇到困難時，就必須有技巧應對，依個人不同的特

11. 「討債公司非法討債，加強查緝！」，聯合報2001年3月31日，http://www.7top.com.tw/new/New90033106.htm，2001年11月2日參訪。

12. 台一逾期應收帳款管理有限公司，http://www.overdue.com.tw/taiwannol/index.htm，2001年11月2日參訪。

13. 李忠義，「大哥大欠費，收到『黑色』討債令」，中國時報1999年4月6日，http://www.google.com，2001年11月2日參訪。

性採取不同的方式，賴帳者，依法提出強制債務執行令，或查封其名下財產、動產或不動產清償債務，無錢又無財產者，按月支付債務義務[16]。若律師及法院作出的債權證明文件無法發揮任何作用時，討債公司會發揮功能，徵信尋人使債務人無處躲藏、針對個案研究最佳催收方式，爲債權人討回欠債，最後結案分款。

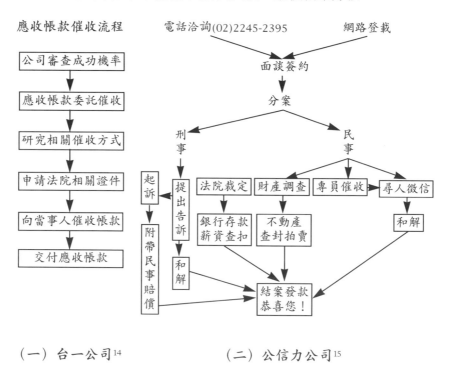

（一）台一公司[14]　　　　（二）公信力公司[15]

收費價目

再生商業信用公司[17]

　　收費方式是分車馬費及後酬兩個部份，車馬費在簽約時付清，一百萬元以下是一萬元，一百萬元以上則是總債額的百分之一，後酬視債務狀況五五或四六分帳。但無法對債權人作債務必討回的保證。

台一逾期應收帳款管理有限公司[18]

	服務費（每件）	債權金額	傭金
專案A	30,000	三佰萬元以上	40%
專案B	5,000	不限金額	50%

收不回帳款一律不收費

金友利有限公司[19]

案 件	債務積欠金額	代辦車馬費用	債務佣金實收比例	備 註
A案	參佰萬元以上之案件	貳萬元正	案件面議	
B案	參佰萬元以下之案件	壹萬元正	案件面議	
C案	參佰萬元以下之案件	伍仟元正	案件面議	
D案	如加入金友利會每年年費貳萬元正，但每案件均不收取代辦車馬費用			

　　討債公司收費方式大同小異，分為簽約時固定收取的車馬費（服務費），及事成之後依案件難易度調整分帳比例之所得。至於為何要先收取服務費？ 討債公司指出[20]，先收取服務費用是針對討債公司的第一項保障，因為客戶若願意付此費用那就表示真心要把錢收回，而客戶並不是試試看的心理，相對的不會浪費討債公司外勤人員的時間與金錢，在效率上也會提高很多，對客戶來說，無形中也會讓客戶等待帳款回收時間的縮短。

14. 同註12。
15. 公信力應收帳款討債公司，http://home.kimo.com.tw/ks10022/，2001年11月2日參訪。
16. 名捷法律財物管理公司，http://home.kimo.com.tw/mj8080，2001年11月2日參訪。
17. 再生商業信用服務股份有限公司http://resucredit.com，2001年11月2日參訪。
18. 同註12。
19. 金友利有限公司，http://www.goldfriend.com.tw/pange1.htm，2001年11月2日參訪。

　　再生公司設債權門檻，只對20萬元以上的債權額提供服務。有
些討債公司會打包票不成退費，提供給客戶保障。

債權收購

　　有些討債公司會要求客戶將把債權讓渡予討債公司，經過債權
的移轉，自簽約日起至合約到期日止，在這段時間客戶將暫時不再
是債權人，而討債公司自此即為「自為第二手債權人」。討債公司
的指出，讓討債公司成為第二手債權人的好處在於，由專業法律團
隊設計出更完善的一套委任討債的合約書，使在帳款的催收過程
中，一切法律責任均由討債公司承擔，好讓客戶沒「事尾」，沒有
任何後顧之憂[21]。

　　例如，討債公司的抽成比例通常高達欠繳金額的六到七成，討
債公司先付三到四萬元給電信公司或銀行，取得十萬元的欠款債
權，再由討債公司向用戶催討。如果帳款回收率超過四成討債公司
就賺錢，否則就要虧損；至於如何達到更高的催收率，就要看採取
的催收手法是否有效而定[22]。

討債手法–以董念台「再生公司」為例

　　民眾往往在循法律途徑無法要回債務時，無路可走才尋求於討
債公司。而討債公司之所以能要回法律所不能要回的債，必有其過
人之處。董念台指出，一般傳統的暴力討債方式，免不了一、

20. 唯盟逾期應收帳款催收管理股份有限公司http://www.wanmon.com/in
　　dex4.htm，2001年11月2日參訪。
21. 同前註。
22. 同註13。

哄。、二、騙。三、嚇。四、罵。五、打。六、押。七、殺。八、
跑。不過再生公司的討債方式，不僅要合法，也要合情理，會以方
法和戰略為主軸，要敢、難纏、辣等為必要條件。基本上只要是公
司債，只要專心的要，一定要的到[23]。接下來即舉列其中幾項，以
瞭解討債公司所使用的討債方式及手法。

愛滋催收法

　　2000年7月24日，董念台和愛滋病患中途之家負責人祁家威共
同簽訂合約，討債公司將提供六個催討專員名額，聘請愛滋病患成
立「愛滋病患催收大隊」[24]。董念台表示，愛滋病的傳染途徑其實
相當有限，由愛滋病患前往向債務人討債時，並不會真正傳染愛滋
病源，但卻可對債務人產生精神壓力。就算債務人不在乎上門討債
的人是愛滋病患者，與債務人交往對象、生意往來的客戶，也會因
此造成心理壓力，對債務人產生疏離感，避而遠之，債務人為顧全
大局，就可能因此還錢，討債公司也達到目的。

　　為了避免被蒙上「暴力討債」的罪名，董念台決定將「討債」
拿到檯面上來討論，以「柔性訴求」為主。至於愛滋催收大隊「柔
性訴求」的討債方式，他保證「一切合法」，討債前，他會先寄存
證信函給債務人，向他明明白白說明愛滋催收大隊將在何時何地向
他們催收債務，到了現場，愛滋催收大隊會向這些債務人詳細說明
罹患愛滋病的恐懼、無助，同時還會灌輸正確的愛滋防治觀念，絕
對不會出現「你不還錢，我就傳愛滋病給你」這種語帶恐嚇的話。
對董念台的做法，衛生署認為，只要患者沒有恐嚇債務人或蓄意傳

23.「8法加上死纏功夫，沒有要不到的帳」，林閔政，http://www.pnn.
　　com.tw/news/_2001/04/10/nnews/society/89001500200104101228
　　142.htm，2001年11月2日參訪。
24.陳安琪，「打著愛滋旗要錢，別讓您的愛缺席」，勁報2000年7月29
　　日，http://www.lofaa.org.tw/moneybake.htm，2001年11月2日參
　　訪。

染愛滋病毒給對方，都未涉及違法。但疾病管制局副局長江英隆表示，這項做法目前雖不違法，但爭議性很大，衛生署不便表示意見，以免有「隨魔鬼起舞」的嫌疑[25]。

董念台打著憂國憂民，爲愛滋病患提供工作機會的旗幟，訓練「愛滋病患催收大隊」，即使是以善意爲出發點，但難脫「愛滋病患污名化」的社會輿論批評，且若一旦擦槍走火，不小心感染世紀末的黑死病，就無法挽回寶貴的生命。

緊迫盯人包夾法

不過爲了避免債務人在收到「通知」後落跑，董念台說，「包夾法」跟「緊迫盯人」勢必免不了的，因爲債務人本身面對被人討債時，經常會因心理壓力而避不見面，甚至連門都不出，所以他們也將透過包夾債務人父母、兄弟、姊妹、親友的層層關係，讓債務人充分感受欠錢不還對所有親友造成的痛苦，最後把錢拿出來，還錢就是最重要的。

「包夾法」的威力有多大？董念台說，他們有一個成功案例，就是透過包夾「欠錢對象的媽媽的哥哥的兒子」達到目的，董念台說，這位債務人因爲欠錢躲了起來，根本避不見面，當他得知債務人的「媽媽的哥哥的兒子」爲台北市立某醫院醫生時，就出動再生受刑人催收大隊的6名隊員，在同一天同一個時間向這家醫院掛號，指定要這位醫生看病，而催收大隊隊員利用門診時間，向醫生說明他「爸爸的妹妹的兒子」欠錢，造成債權人生活上的困境，「恭恭敬敬的討債」，希望他轉告「爸爸的妹妹」，希望她兒子趕緊出面還錢，最後這位債務人只好勇於面對欠錢事實，出面還錢[26]。

25.「愛滋病患討債，掀起風風雨雨」中國時報2000年7月25日，
　　http://www.google.com，2001年11月2日參訪。
26.同註24。

此法最易殃及無辜，相當殘忍，但假使債務人存心賴債，不顧親戚朋友之死活，則這招包夾法就難以奏效，或是由不堪其擾的無辜者代為償債。

收白包抵債法[27]

2000年11月13日董念台拿著國民黨籍立委徐少萍、游淮銀治喪估價單，前往台北地檢署自首，自首狀內並詳細羅列道士、唸經、庫錢、輓聯、孝服等殯葬費用細目，共計30萬3千元。董念台說，基於目前經濟不景氣的情況便研擬了一個討債方案，號召旗下員工披麻戴孝替游淮銀、徐少萍辦喪事，將所收奠儀抵債，屆時可能被以現刑犯逮捕，乾脆先來自首。他並預計邀請國民黨黨主席擔任治喪委員會主委，讓他知道國民黨提名的立委在外頭欠債不還。至於從未處理過類似自首案的台北地檢署法警，面對董念台親自前往台北地檢署自首的行動，都覺得「丈二金剛摸不著腦袋」，因為主動幫他人辦喪事根本無罪可罰，雖然董念台已備好自首狀，台北地檢署仍然拒絕受理。

此法可稱得上是討債的經典之作，能想出這麼有創意的討債手法相當不容易，雖然台北地檢署拒絕受理，但董念台若實行，可以刑法309條公然侮辱罪、310條誹謗罪、第335條普通侵佔罪、第339條普通詐欺罪、第340條常業詐欺罪加以考慮。

貓捉老鼠法

董念台認為「討債」絕對不能光以債為目標，一定要先學會「貓捉老鼠」的遊戲，時而捉、時而放。捉捉放放全在自己股掌中。討債高手會先將債務人鎖定住，再一一地把與其有關連的人聯絡上。或許半夜通知他們「xxx出了車禍」，也或許清晨四點叫其起床尿尿，等他們煩了，自己再睡個覺，睡醒之後，又找幾個女人去慰問其夫人，一下怨其不該談婚外情，一下又是性侵害。等到債務人疲於對付，自願站出來處理，討債公司才真正的來和債務人談債務[28]。

　　另外，也曾看過電視報導中播出討債公司派出娘子兵團，以柔性訴求對債務人照三餐拜訪、關心其子女安全。把某某債務人的祖宗八代資料、欠債不還的詳細情節寫成大字報，貼在討債專車上，整個市區街頭巷尾繞啊繞，直到債務人願意還債為止。

出書、開設「討債補習班」傳授討債手法

　　董念台出版「黑道狀元」一書，解析什麼債要的到、什麼債要不到、什麼人可以惹、什麼人不可惹、或是可以用什麼樣的方式來惹：討債的另類分法：民意代表及警界如何介入討債或擋債的惡劣手段、以及債務人各種賴帳的惡形惡狀。

　　除此之外，董念台再出奇招，於2001年4月間在台中開設「討債補習班」，正式的對外招生，受訓時間4個月，一期收費30萬元[29]。訓練的課程包括討債技巧、膽識訓練、陷阱訓練及談判技巧等，另外如何面對黑道圍事、如何防範民意代表運用特權及債權人的恐嚇等。訓練的方向完全是朝合法、安全討債的方向。董念台指出，經濟不景氣，學得討債手法，可當作第二專長，保證年收入百萬元以上。台中市政府則強調，如果涉及違法招生，市府就將依法罰款五萬到二十五萬元，且會沒收相關器材，臺中市警察局則表示，將對該公司進行密切的監控，只要涉及違法就會取締[30]。

27. 柯文敏，「收白包抵債？董念台替債務人辦喪事」，2001年11月13日，http://www.ettoday.com/asp/more.jsp?messageid=267699，2001年11月2日參訪。

28. 董念台，（2001年7月），「黑道狀元-董念台」，上登圖書有限公司，頁180。

29. 林閎政，「景氣惡劣賴帳頻傳，董念台開班傳授討債秘訣」http://www.pnn.com.tw/news/_2001/04/10/nnews/society/890015002001041012121918.htm，2001年11月2日參訪。

30. 曹憲銘，「『警盯』討債補習班爭議多」，http://www.dcn.com.tw/daily/2001/04/11/text/900411df.htm，2001年11月2日參訪。

　　「討債補習班」目前正在訓練一批「女催收員工」。由於台中地區討債市場潛力十足，連道上兄弟也投入有牌的討債公司，像董念台討債公司的陣容，就有前幫派的堂主，同樣接受「新式」討債學習，讓業界人士刮目相看不已[31]。前幫派堂主若真能放下身段學習合法討債技巧，拋棄暴力討債手法，則董念台的「討債補習班」無形中也做到了端正社會風氣、改善社會治安的工作。

討債公司組織成員

　　討債公司組成員多包括有法學顧問、會計專才。再生公司的組成員則還包括受刑人、辣妹催收團、愛滋病患催收大隊，甚至在網路上[32]號召舉辦「告別飆車‧迎向再生」百人宣誓大會，成立「飆車族催收總隊」，期能提供青少年正當的就業打工的機會，從此告別飆車，邁向安定就業的行列。

　　台中市政府針對討債公司設置管理自治條例召開公聽會時，議員提出，欠債還錢是理所當然的事情，但是決不能以非法暴力的方式討債，因此在管理條例中應明訂「排黑條款」及「專業條款」，亦即要限制有重大前科記錄的人從事這個行業，並要求從業人員應具有相關科系畢業的學歷，讓真正具有帳款管理能力的人進入這項行業，才能提升逾期應收帳款管理公司的專業能力及形象[33]。

　　對於議員的意見，學生贊成其絕不能使用非法方式暴力討債的健康觀點，應在合法範圍內各憑本事，發揮創意討債，但其所提「管理條例中應明訂『排黑條款』」，則應再加考慮是否需要。因為黑道兄弟、受刑人、或有犯罪前科者，之所以具有討債「優勢」，是來自於社會大眾對受刑人貼上不良標籤所造成的恐懼心理。依照

31.同註1。
32.同註17。
33.同註5。

標籤理論[34]防制犯罪的看法，應給受刑人再生的機會，不可在其未犯罪之前即將其排除在討債公司工作行列之外，也有違憲法所保障工作權利之嫌[35]。且若台灣在選罷法、公司法.....各種法條都不忘附帶反黑條款加以排擠，剝奪其改過向善從事正當行業的機會，結果只會將有前科的人民打回犯罪的深淵，相信這是大家所不樂於見到的。

至於所提「『專業條款』要求從業人員應具有相關科系畢業的學歷」，立意甚佳，但陳義過高，因何謂「相關」科系難以認定，且若只需法律、金融專業人員，請債權人直接去找律師事務所即可，不需求助於討債公司。不管相關科系、非相關科系，只要能用合法方式討得到債的，就是好科系。如僱請音樂系、舞蹈系為討債公司員工，為債務人獻唱表演，使債務人龍心大悅、欣然償債，亦不失為一討債的好方法。

34.標籤理論(Labelling Theory)
　　1975年由犯罪學學者李瑪特（Edwin M. Lemert）及貝克（Howard S. Becker）提出，將偏差行為分為第一階段和第二階段，第一階段乃指任何直接違反社會規範之行為，如社會對其第一階段偏差行為給予鄭重之非難並加上壞的標籤，則極易導致第二階段更嚴重之偏差行為發生。蔡德煇、楊士隆合著（2001年6月），「犯罪學」頁152。
35.中華民國憲法第7條（平等權）：中華民國人民，無分男女、宗種族、階級，黨派，在法律上一律平等。
　　中華民國憲法第15條（生存權、工作權及財產權之保障）：人民之生存權、工作權及財產權，應予保障。

討債公司與組織犯罪

　　根據85年12月11日起施行的「組織犯罪防治條例」第二條規定：「本條例所稱犯罪組織，係指三人以上，有內部管理結構，以犯罪為宗旨或以其成員為犯罪活動，具有集團性、常習性及脅迫性或暴力性之組織。」[36]

　　以此來看，合法登記非暴力手段討債的討債公司，因其以討回公道、伸張正義為宗旨，而不以犯罪為宗旨：以和平手段好說歹說、苦苦哀求、再三拜託債務人還債，而不具脅迫性或暴力性，似乎每間合法登記的討債公司都是正派經營，已與組織犯罪劃清界限。

　　事實上，討債界有「毛巾理論」[37]，把債務人分為乾毛巾和濕毛巾兩種類型：「乾毛巾」是比喻完全沒有償還的能力，還不起錢的債務人。「濕毛巾」則比喻有錢卻惡意賴帳不還的債務人。討債公司並表示，對於濕毛巾，要錢秘訣只有四個字：「對症下藥」，討債精華就是「纏」，再多說一點就是「勾勾纏」。但對於乾毛巾是否會輕易放過呢？許多討債公司便是在同業競爭壓力之下，不想砸自己「受人之託、忠人之事」的金字招牌，硬要將乾毛巾搾出水來，使討債公司變相為犯罪組織。其犯罪手法包括有：

36.蘇南桓著（1997年11月），「組織犯罪防制犯罪之實用權益」，頁
　　158。
37.同註19。

安排債務人從事非法工作還債

　　當討債公司拜訪債務人及清查其名下所有財產後，發現其家徒四壁、一窮二白，討債公司會主動爲其介紹至關係企業工作，如將妻女安排至酒店賓館賣淫、先生兒子幫忙到賭場當保鏢或泊車小弟、要債務人買賣或攜帶毒品闖關一夕致富來還債......。

　　債務人或許有些會心甘情願樂於從事討債公司所安排的工作，有些在半推半就下工作還債，構成許多「無被害人之犯罪[38]」。但仍難保有些債務人是屈從於脅迫之下不得不乖乖就範。無論如何，討債公司都變成掛羊頭賣狗肉，以合法登記公司掩護非法勾當，吸收從事非法行爲的成員，構成組織犯罪。

詐領保險金還債

　　若債務人是奉公守法的好國民，堅持不願做非法工作還債時，討債公司會提供債務人另一選擇，即幫助債務人詐領保險金還債。先要求債務人投保高額保險，然後再由討債公司製造意外事件，如車禍、火燒屋、斷手斷腳......將保險公司理賠的保險金拿來還債。

38.無被害人之犯罪（Crimes Without Victims）

　　1965年由犯罪學者修爾（Edwin M.Schur）提出，其有五種特徵：（一）它是包含有非法物品或服務之交易或交換要素在內（二）這種偏差行爲，對他人很顯然不會產生任何惡害（三）這種偏差行爲，因都在秘密的情形下進行，因此很難發現（四）將道德予以合法化之法律規定，會產生懷疑者（五）規定沒有被害人之犯罪的法律規定，在執行上發生困難，因在犯罪者之間各盡所能、各取所需，因此欠缺引發糾紛之因素，從而證據之蒐集倍感困難。

　　謝瑞智著（2000年6月），「犯罪與刑事政策」頁696。

此舉等於債務人和討債公司聯手騙取保險公司的金錢，涉及刑法第十一章公共危險罪、第二十三章傷害罪、第三十二章詐欺罪。

成立「打人公司」

再生商業信用服務社負責人董念台揚言在其逾期帳款催收服務業務外，兼營打人業務，他表示，立委羅福助打人不過處罰五、六萬元罰款，而院長張俊雄也可以打人，因而決定在其逾期帳款催收服務業外，增加另一項服務「打人」[39]。還制定了收費標準，從100萬到20萬元不等，至於一般民眾如果有氣要出，都可以另外議價[40]。

在債權人怎樣都要不回債款時，眼中的淚、心中的怒，恨不得把債務人抓來海扁一頓。討債公司服務貼心設想周到，兼營打人公司，為債權人出一口氣，卻會涉及刑法第七章妨礙秩序罪第151條恐嚇公眾罪、第153條煽惑他人犯罪或違背法令罪、第154條參與犯罪之結社罪、第二十三章傷害罪。討債公司所兼營的打人公司很明顯即為一犯罪組織。

39.曹憲銘，「打人公司開價碼，檢警嚴控」，http://www.cdn.com.tw/daily/2001/04/04/text/900407dd.htm，2001年11月2日參訪。

40.劉世澤、張仲華「大哥啟示，董念台組打人公司，打院長級收費100萬」，2001年4月2日，http://www.ettoday.com/asp/more.jsp？messageid=416493，2001年11月2日參訪。

把客戶變受害者

　　一位受害者描述討債公司的惡劣手法[41]：一家合法登記討債公司在和客戶簽約拿到債權憑證影本後，告之一切進行順利，不久通知客戶到公司一趟，客戶滿心歡喜以為可以收錢，卻被討債公司員工團團圍住，指其債權證明為偽造，害其員工遭警方留置，要求客戶負擔律師費、跑路費，由專人護送回家拿出債權證明正本，並由公司小弟開一份公司本票收據。待委託日期終止，客戶欲至討債公司取回本票正本.公司經理會表示公司從未收取客戶的本票正本.非公司人員所開的收據他們公司不承認.且一旁還有幾個人以惡言告知再來「亂」就要客戶好看！客戶不但一毛錢沒有收回.並已支付了服務費、債權買賣受讓契約書、與本票正本給討債公司。

　　不肖討債公司將客戶當作待宰的肥羊，惡劣手法讓債權人猶如啞巴吃黃蓮，有苦說不出。此一活生生血淋淋的例子告訴我們，在討債公司業者素質良莠不齊之時，非到必要還是少接觸為妙，否則應找信譽良好的討債公司，避免討債不成反而變為受害人。

國道公路警察局[42]

　　為有效管理以「逾期應收帳款管理服務業」名義申請設立之公司行號，以「合法掩護非法」，用暴力逼債惡行達其目的，甚或成立打人公司，逾越營業範圍或法之界線，內政部警政署國道公路警察局已採下列作為落實辦理：

41.參照http://www.im.tku.edu.tw/～srv/cgi-bin/fgb/gbood.cgi？
　　u=u7669，2001年11月2日迢訪。
42.同註4。

1. 利用各種犯罪預防宣導機會，如「預防犯罪宣導團」等，宣導此類公司營業範圍僅以具有實質商品交易所產生之應收帳款為限，並不包括融資放款所生債權、信用卡業務或其他非實質商品交易所產生之應收帳款，以讓民眾充分瞭解」逾期應收帳款服務業」之營業性質與範圍，導正輿論視聽；警政署電話報案專線：０８００－２１１－５１１、０８００－０００－１１０，國道公路警察局報案專線：０２－２９０９７０４２，以利受害人檢舉不法情事。

2. 各縣市政府即將以現有「逾期應收帳款管理服務業」名義申請營利事業登記而成立之公司行號資料送本局，本局將予全面清查，即時掌握轄區經營是項業務之公司行號最新動態，對於具有前科或幫派身分背景之公司，特別加以監控及不定期訪視，並落實情報諮詢工作，以隨時掌握不法動態。

3. 各警察單位已由刑警（大）隊經濟組、隊及「治平專案小組」共組專案，全面查察轄內「討債公司」，若發現其執行業務過程，有聚眾滋擾或強暴、脅迫等不法行為，除以違反刑法恐嚇、傷害或妨害自由等罪及檢肅流氓條例第二條依法蒐證偵辦外，並應送請目的事業主管機關依法處分，從源頭杜絕是類違法行為；若有涉嫌暴力情節重大者，研議依組織犯罪防制條例送辦，並提報為治平對象，不容有非法暴力討債的黑道聚合體曲解法律，藉此保護傘以合法掩護非法，危害社會治安。

4. 另據聞有黑道介入公司經營問題，經濟部已於「公司法」修正草案增列反黑條款，目前正由行政院審查當中，未來送請立法院審議完成立法後，即可據以打擊黑道藉成立討債公司掩飾非法勾當情事。

5. 警察機關並呼籲，經營是項業務之公司應督促職員依法執行，不可有逾越法紀情事，並鼓勵民眾發現違法經營討債業務之公司，可利用報案專線０８００－２１１－５１１、０８００－０００－１１０、０２－２９０９７０４２檢舉，以共同打擊犯罪，維護法紀社會。

防制討債公司犯罪之方法

社會大眾

東森新聞S台最近推出「生活法網」節目，第一集的節目「生活法網」，找來董念台拆王育誠的台，要他欠債還錢，王育誠請出有律師背景的陳雪芬，讓平常一口利嘴的董念台，差點說不出話。陳雪芬說其實多元化的社會，已經不再像以前那樣單純，懂一點法律常識，才會避免觸法，多一點安全感[43]。

台灣民眾慣於從新聞媒體吸收資訊，因此新聞媒體可負起加強對社會大眾及討債公司成員法律知識宣導之責，告知何種討債手法可能會觸犯何種法條、其罪名及刑責，保護大眾之權益，也保障討債公司成員之安全。

討債公司

瑞典的討債公司不但有正式的公會組織 （The Association of Swedeish Debt Collectors,www.svenska-inkassoforeningen.se），公會本身同時也是歐洲國家討債公會聯合會（FENCA, the Federation of European National Collection Associations, www.fenca.com）的會員兼主席，其公會的授權會員（Authorised members）並需受瑞典資料檢驗局（Data Inspection Board）的許可才可從事討債業務[44]。

所謂「他山之石，可以攻錯」。台灣的討債公司可效法瑞典的討債公司組成公會，互相約束制衡，保障債權人、債務人、公司員工的權益。公會會長可由討債理念正確者擔任。而再生討債公司負責人董念台嘗言[45]：「本公司領有政府經濟部頒發的合法營利事業登記執照，基本上，所謂討債並無違法，違法是過程中之動作，而

本公司秉持一貫正道，自成立至今，均無遭到相關單位所提報及涉及其他案件糾紛，並多次在媒體中，報導催收過程，足以顯示本公司為合法正派經營。」

董念台雖號稱台灣的「黑道狀元」，但其討債理念值得嘉獎，相信只要討債公司公會經營理念正確合法，由討債公會約束各個討債公司、各個討債公司約束旗下討債成員，大眾所擔心的「合法討債公司會非法暴力討債」情形便無由可生。

政府機關與執法單位

對於內政部警政署所提，在公司法中增列反黑條款作為防制討債公司犯罪之方法，其適當性在「討債公司成員」部分已經討論過，在此不再贅述。建議政府機關和政治人物、立法委員可撥出一些訂法條、呼口號的時間和精力，轉移到監督、輔導受刑人和愛滋病患、飆車青少年於各行各業「正派經營」。

討債公司討債有技巧，執法單位抓非法方式討債，技巧也要不落人後。警方可效法花旗銀行的精神，以類似方法測試和管理登記有案的討債公司，看看合法登記的討債公司是否真的合法運作。

再生商業信用公司負責人董念台曾抱著一債權人七個月大的幼

43.「董念台上門討債，王育誠請出陳雪芬躲」2001年2月8日 http://www.ettoday.com/asp/more.jsp？messageid=359384，2001年11月2日參訪。

44.瑞典頗為盛行的催款模式是我們俗稱的「討債公司」（Debt Collector或瑞典文的inkasso）：在瑞典境內企業間之交易方式多流行「放帳」，通常放帳時間一到，賣方便會發送第一次催款通知，聲稱再予寬限2週，2週時間一到便會發出第二次催款通知，聲稱再予寬限1週，並告知如再不在該期限內繳納，賣方即委請民間的討債公司進行催討貨款，討債公司如仍不得其門而入，則賣方便會移送政府的債務清償機構的討債公司進行催討貨款，討債公司如仍不得其門而入，則賣方便會移送政府的債務清償機構（Kronofogdemyndighen），繼而移送法院。http://www.trade.gov.tw/richspeed/speedcontent.asp？bbb=23457&aaa=c010&ccc=24，2001年11月2日參訪。

45.同註17。

46.同註28。

結論

女至台北地方法院遞狀，表示因債務人惡意脫產，雖然在法院勝訴，仍無法取回借出款項，導致無力撫養幼女，希望將幼女捐給中華民國政府撫養。由於情況特殊，院方趕緊派人溝通瞭解，並說明只能捐贈「物」，不能捐贈「人」[46]。董念台作秀成分大，卻也凸顯法律無法保障債權人此一問題之嚴重性，使討債公司應運而生。

討債是一種藝術。如何在合法範圍內要回債務，就要看討債公司的功力和創意。為避免惡性競爭使合法登記之討債公司祭出非法手段，應組成討債公司工會，訂定一套規範讓所有討債公司遵守，保護討債公司、公司員工、債權人及債務人。政府當局可放寬討債公司服務範圍，對「排黑條款」、「專業條款」加以三思，讓更多債權人受惠，也讓更多受刑人、愛滋病患、飆車族青少年重生，給予其正當工作的機會，並對不肖討債業者加以取締，保障人民生命財產安全。討債業者也應致力提升自身的品質和形象，洗清社會大眾對其所加之負面觀感，成為被眾人所接受的行業。

46.同註28。

Chapter7

有關幫派侵入校園實際問題探討

吳淑裕

中央警察大學犯罪防治系畢業
中正大學碩士研究生
現任雲林縣警局少年隊巡官

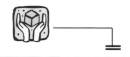

前言

　　近年來媒體大幅報導幫派組織染指校園，吸收學生入會，引起警政、司法與教育部門之高度關切。究竟媒體報導的真實性有多高？是否確為深入追蹤探討幫派入侵校園，吸收學生為成員？或是為提高收視率，而假幫派入侵校園之名，行煽動大眾之實？根據了解，警方知道幫派學生互鬥互毆的事件，係來自媒體的報導時，依此線索繼續追蹤，卻往往無法取得正確的訊息，影響警方偵辦案件的進度，然因媒體一再披漏是類案件，危言聳聽之報導，驚悚之故事情節，引起社會大眾對此議題的重視，深怕自己的孩子誤入歧途，政府高層也通令全國檢調單位，全力偵辦是類案件，避免幫派勢力拓散至校園，原本是教育學子的神聖殿堂，絕對不能容許幫派勢力囂張於校園內，也因為青少年參與幫派行為極可能衍生諸多偏差與犯罪行為，不但會危害師生之安全，而且會影響其他學生上課之情緒，為校園安全及整體社會治安亮起紅燈，更可能衍生出其他的不法行為，不可不慎。

　　過去台灣幫派分子經常聚集在廟宇附近，從事佔據地盤、收保護費或其他打架活動的傳統模式，還記得早年的電影情節裡，有一群小混混身穿炫麗的花襯衫，腳著木屐－木屐上還寫著：「我是男子漢」，嘴叼一根香菸、滿嘴三字經，到處收取保護費、魚肉鄉民的情節。但隨著經濟起飛，台灣進入都市化的發展，鄉鎮逐漸沒落，傳統的幫派活動也起了急遽的變化，幫派活動移入都會區，深入社會各階層並與經濟活動相結合，幫派大哥們也穿起西裝、打起領帶，宛如一般的企業老闆，從事著經營酒店、KTV、色情應召站，或其他新興的行業如介入職棒職籃賭博、與人蛇集團掛勾等等

賺取不法利益，甚至和政商各界搭上線，也參加公職選舉，假藉民主的洗禮，漂白自己原有的身分，使得經營各項行業無往不利。然而最近幾年來，由於政府大力掃黑，導致幫派大老紛紛中箭落馬，不是遠逃海外另謀出路，就是高唱「綠島小夜曲」入監感訓，產生人力青黃不接的窘境，也使得幫派分子更積極到校園吸收「新血」，企圖壯大幫派勢力及範圍。八十六年間竹聯幫大哥張安樂之子張建和的喪禮上，出現許多學生前往觀禮助陣，另外，前北聯幫主唐重生的告別式會場中出現上百名全身著黑裝之青少年。在此我們不禁對這群青少年的動機感到好奇，因為一般人並不喜歡參加喪禮，覺得是種悲傷肅穆甚至是帶點不吉利的事情，為何這群青少年願意參加，且讓自己暴露於眾目睽睽之下？作者的看法是，幫派份子好大喜功，為了讓社會大眾及其他各幫派都知道其聲勢浩大，滿足其虛榮的心態，不惜一切代價，極盡聲光效果之能事，所以可能動員校園的幫派份子，再拉攏其他學生參加，表現出最隆重盛大的排場；再者，幫派相當注重幫規及兄弟情誼，當幫派需要其貢獻一己之力時，成員必定義不容辭達成幫派的使命，而且幫派的勢力越龐大，成員所能得到的好處也越多，可說是互蒙其利、一舉數得；另外，幫派利用學生年幼無知，對幫派的強烈憧憬，加強灌輸參加幫派活動的神聖性，使得學生懷抱「朝聖」的心理，覺得自己能被幫派選中參加喪禮，是件了不起的事情而且代表自己在幫派中地位的樹立。由於少年正處成群結黨時期且精力旺盛，喜好群體活動，希望藉著團體力量壯大聲勢，避免受他人欺負，尋求安全感與認同。幫派因此利用少年這種發展階段特徵，並提供其玩樂機會或錢財，誘其加入幫派供其利用從事犯罪行為（周文勇，89年）。

鑑於國外研究顯示，參加幫派是少年輟學之重要危險因子，（王櫻芬，88年）且一旦少年參加幫派組織後，其從事偏差行為之可能性即大增。（Esbensen&Huizinga，1993；Thornberry et al.，1993）

幫派侵入校園之現況探討

查獲幫派涉入校園案件分析

　　國內校園幫派的問題在各幫派相互競爭下，競相吸收學校學生為成員，以壯大自己的組織，加上媒體大力報導使得問題更加凸顯而倍受治安機關、學校及社會大眾之注意，更引起社會人心惶惶，深怕日後社會將付出更大的成本，來挽救這群誤入歧途的青少年。國內外學者專家更明白指出：今日的少年犯，很可能成為明日的成年犯。「一日為幫派成員，終生為幫派成員。」並非危言聳聽之言論，極有可能出現在我們的青年學子身上，因為一旦被學校或治安單位得知參加幫派，極可能被貼上「壞小孩」標籤[1]（蔡德輝，犯罪學，86年），加上媒體、學校、社區鄰里的推波助瀾下，則原本因好奇、無知或被迫參加幫派之青年學子，造成「自我預言的實現」，成為真正的犯罪人，從此展開犯罪生涯的不歸路。

　　八十八年三月十八日警方查獲四海幫海功堂吸收台北市高中職學生二十餘名入會：三月二十五日查獲竹聯幫平堂以老鼠會方式在新店市吸收四十餘名國中生入會；四月十八日查獲竹聯幫天鷹堂吸收台北縣市國、高中職學生入會。這些入侵校園的幫派不僅吸收學

1.標籤理論是指社會對犯罪人犯罪行為的反應過程（包括逮捕、偵訊、審判、入獄受刑等過程），促使初犯者限於再犯之重要原因。

生入會，甚至以老鼠會方式經營，以中輟生或在學學生作爲上線，吸收其他同學、學長或學弟成爲下游，再以金錢或暴力方式強迫其他學生加入組織，稍有不從或意圖脫離該幫，則將遭受殘忍的酷刑，甚至無法在學校立足；其組織的分工詳細，幫派規模大，暴力性高，嚴重危害社會治安與學校安全，更可能使得許多學生懼怕幫派而產生逃學或逃家之情形，反而衍生其他犯罪行爲或出入電動玩具店、網路咖啡店，成爲被害之可能性大爲提高。美國犯罪學者Cohen&Felson的日常活動理論，將"被害"描述成受生活型態（lifestyle）影響的事件，個人被害的可能是：晚歸、出入不當場所、不以家庭爲中心的生活形態等等。另外，日常活動型態也常影響犯罪者的行爲。假如一個人的生活形態能使其有充分的機會和潛在被害者接觸，則他犯罪的可能性將因而升高。假如現在有個國中生，因幫派威脅他拿出一筆錢，否則要教訓他，所以他不敢上學、也不敢報告老師或家長，就跑去網路咖啡店玩最流行的「天堂」連線遊戲，沒想到玩到一半，又有一群小混混看他好欺負，就把他拖到外面，威脅他交出身上的現金，並且把他痛毆一頓。在這裡，我們可以看出，這位國中生不上學跑去網咖，成爲被害合適的標的物（suitable targets），再加上老師或家長不知情，即有能力的監控者（capable guardian）不在場，和一群小混混（有動機的犯罪者motivated offender）在網咖時間、空間聚合，犯罪就很可能發生。

根據內政部警政署刑事警察局於今（九十）年清查全國共1011所學校是否有幫派侵入吸收學生的情形，清查結果只有19所學校（包括台北市10所、桃園6所、新竹2所、台中縣1所）有是類問題，惟這些統計數字仍有許多未報案或未爲司法部門所處理的犯罪黑數（Dark Figure of Crime）存在。學校是否願意配合並提供確實的人數及線索？除了涉及校譽並可能影響招生的成績，另一方面學校也可能要給參加幫派的學生改過自新的機會；尤其社會生活型態日新月異，學生課後的活動多元化，校方及老師根本無從掌握學生行

蹤，加上社會秩序崩解，原本固有的美德，如尊師重道等，早已淹沒在社會的大洪流，老師被學生砍殺或被威脅的新聞時有所聞，所以師生之間只求相敬如『冰』，感情的凝聚力嚴重下滑，無法確實發揮管教約束之功能。

八十五年至八十七年間，警方總共查獲十三件黑幫滲入校園案件，查獲涉案學生七十二人；八十八年共查獲之校園幫派案件共有二十五件，計二百九十三名學生(含中輟學生)涉案；八十九年共查獲3件，計六名學生涉案；九十年至十月底止，警方共查獲4件，計五十九名學生涉案（含中輟學生）（**參考表7-1**）。其中最嚴重之案件，為八十八年六月二十二日，台北市政府警察局少年警察隊，破獲東聯幫案，涉案人數高達一百一十三人，涉案學生大學、專科、高中、高職、國中皆有，可見幫派之滲透力極為強大，不可小覷。

表7-1　內政部警政署查獲涉案學生遭幫派吸收之情形

年　度	件　數	人　數	備　註
88年度	25件	293人	國中104人，高中56人，高職含五專64人，中輟生69人。
89年度	3件	6人	國中1人，高中5人。
90年度	4件	59人	國中29人，高中2人，高職含五專15人，大專1人，中輟生12人。
總合	32件	358人	國中134人，高中63人，高職含五專79人，大專1人，中輟生81人。

以台北政府警察局查獲幫派侵入校園為例

　　台北市所發生之幫派吸收校園學子之情形，較全省其他縣市嚴重，主要是因為工業社會演變，使農業社會的大家庭制度成為歷史，小家庭制度代之而興。都市個人化的高度發展、人口大量移入，外來文化多元且迅速，受到西方個人主義及功利主義思想之影響，造成社會文化衝突、矛盾與價值混淆，致社會產生各種弊病，少年犯罪問題日形嚴重。此外，經濟能力大幅提高，生活水準也隨之提高，物質生活越豐富，人的心靈就越空虛；再者，生活形態的多樣化及複雜性、居住高樓大廈隱匿性高及鄰里關係薄弱，造成鄰里居民對當地青少年控制力的減低，而父母亦因工作忙碌而無法控制其子女的情況比比皆是。犯罪區位學[2]研究專家蕭和瑪克（Shaw，Clifford and Henry McKay）認為，這種在"轉型區域"（Transitional Neighborhood）的社會解組（Social Disorganization）是造成青少年犯罪的主要原因，也是少年犯罪幫派和有組織犯罪團體得以發展的場所。再加上都市人情淡薄及生育率急速下降，幾乎每戶只生一個或二個小孩，當小孩回家後，不是與電視為伍，就是自己獨處，若功課不好，則學校老師及同學更不屑與之為伍，在此情形下，寂寞空虛又沒有成就感的小孩，容易尋求志同道合的同儕支持，滿足所缺少之關心及感情，當結交不良友伴時，更容易誤入歧途，在團體凝聚力與次文化影響下，逐漸成為幫派成員（Jenkins，1969），享受其他地方得不到之溫暖。如同

　　2.犯罪區位學又稱芝加哥學派，認為社會病態有一定的模式，問題最多的通常是第一區（中心商業區），越往外的區域（如住宅區），問題愈少。如移民數量增加，在過渡區的犯罪就愈嚴重。

崔西爾（Thrasher，1927）所言，幫派之所以存在，乃由於家庭和學校不能滿足孩子的基本需要。（即湯姆士W.I.Thomas所言的：新經驗、朋友、地位和安全的需要）。一旦孩子的這些需要在其他地方獲得滿足（如結婚、就業），幫派即漸漸解散。台北市警方八十七年查獲吸收學生入幫之不良幫派組合為6件，查獲涉案學生二十五人；八十八年共查獲九件，計有學生八十八人涉案；八十九年共查獲三件，計有學生六人涉案；九十年至九月止共查獲二件，計有學生五十一人涉案。（**參考表7-2**）

以下提供台北市警察局八十七年至九十年一月至九月止查獲具學生身分之幫派組合之個案分析資料（**參考表7-3**）。

表7-2　台北市政府警察局查獲具學生身分之幫派組合資料

年度	不良幫派組合件數	查獲幫派份子人數	具學生身分者
八十七年度	6幫	66人	25人
八十八年度	9幫	147人	88人
八十九年度	3幫	25人	6人
九十年度	2幫	71人	51人

表7-3 台北市政府警察局年度查獲具學生身分之幫派組合資料

八十七年度						
案號	查獲幫派組合資料（以查獲日期排列）					備註
	查獲單位	組合名稱	日期	嫌犯人數	具學生身分	案情摘要
一	大安分局	竹聯幫戰堂	870120	32	9	霸佔光華商場販賣盜版光碟「俗稱大補帖」，並涉嫌砸店（錢櫃KTV）。
二	大安分局	劉東勳組合	870205	8	4	專門以學生爲恐嚇對象，曾持刀至龍安國小、師大附小校園向學生恐嚇取財。
三	南港分局	葉嘉斌組合	870309	6	1	平日聚眾於中視公司後面之南港金龍圍，加入以葉家斌爲首南港金龍八家將，八十七年三月八日夥眾暴力討債。
四	少年警察隊	竹聯幫地堂	870606	8	5	好勇鬥狠，恐嚇取財參加白狼之子張建和喪禮。
五	中山分局	竹聯幫地堂	870619	5	4	平日由同學在校內向其他同學恐嚇取財。
六	北投分局	台聯幫	870906	7	2	從事賭場圍勢、爲人討債等暴力活動於八十七年八月二十六日在北投區糾眾持西瓜刀追殺被害人成重傷。
合計				68	25	

							具學生身分
	八十八年度						
案號	查獲幫派組合資料（以查獲日期排列）						
	查獲單位	組合名稱	日期	嫌犯人數	具學生身分	案情摘要	
一	少年警察隊	四海幫海功堂	880317	22	9	吸收學生從事特種營業圍勢，參加「獅圍」等幫派活動，涉及聚眾仇殺、砸店等犯行，並以老鼠會方式恐嚇學生強迫其加入，再勒索入幫費。	11
二	刑大偵一隊	青幫	880422	8	3	以暴力脅迫方式強逼學生加入，達到擴大勢力之目的。	7
三	內湖分局	東聯幫震堂	880428	12	8	專門吸數學生、以販賣舞場入場券牟利為主要經濟來源，經常滋事與其他幫派打群架械鬥等。	8
四	少年警察隊	東聯幫	880622 880910	44	27	吸收學生入幫，犯下恃強暴力尋仇、強賣舞票存砸店等案件，並威脅不得脫離。	33
五	文山第一分局	天道盟文山會	880820	14	2	擅組不法組織、聚眾持械暴力砸店。	8
六	文山第二分局	竹聯幫信堂	881030	11	0	吸收桃園地區學生向當地攤販強索保護費、並在職業賭場及KTV充當保鑣、把風。	8
七	北投分局	竹聯幫天忠會	881130	7	2	在台北縣、市專門以暴力替人討債，謀取暴利。	2
八	萬華分局	西門町萬年幫	881130	15	4	在本市西門町一帶向不特定少年恐嚇勒索財物，並朋分花用。	4
九	士林分局	竹聯幫孝堂天母支會	881203	14	5	恃強暴力尋仇，查械殺人致死。	7
十	台北縣三重分局	竹聯幫天鷹堂	8805	*	14	販賣色情光碟，替賭場討債等不法案件。	*
合計				147	74		88

八十九年度							
案號	查獲幫派組合資料（以查獲日期排列）						備註（本市涉案學生）
	查獲單位	組合名稱	日期	嫌犯人數	具學生身分	案情摘要	
一	北投分局	龍宮八家將	890201	13	1	平時欸藉迎神賽會及婚喪喜慶名義，糾結未成年學生或不務正業少年加入，擴大組織欺壓善良，涉及聚眾圍毆、恐嚇、勒索、毀損等暴力犯行。	1
二	中山分局	竹聯幫	890525	8	2	由該幫大哥高子喬鈥同其他幫眾並同毆打被害人。	2
三	萬華分局	西門町不良聚合	890525	4	3	該不良聚合在西門町一帶以暴力毆打、恐嚇等方式向不特定被害少年勒索財物。	3
合計				25	6		6

九十年度一至九月									
案號	查獲幫派組合資料（以查獲日期排列）						本市學生	國中人數	高中人數
	查獲單位	組合名稱	日期	嫌犯人數	少年人數	學生身分	案情摘要		
一	信義分局	四海幫海成堂	900412	17	14	7	於本市信義區、通化街一帶從販賣盜版光碟、毒品及聚眾鬥毆等違法組織。	6	3	3
二	少年警察隊	中興會	900629	54	52	44	於台北縣、市吸收國、高中及中輟生在北市光華商場販賣色情、盜版光碟、受僱幫人抗爭、參加公祭及聚眾鬥毆等違法組織。	19	15	4
合計（九十年一月一日至九月三十日止）				71	66	51		25	18	7

幫派吸收學子之方式及原因

幫派吸收學生入幫之主要手段爲

青少年偏差性崇拜英雄心理

幫派吸收青少年，主要係利用在校生或輟學生血氣方剛、勇於表現、性喜結交，以壯大聲勢並尋求保護之心理，先吸收他們入幫，再教唆他們吸收校內同儕，逐步滲透校園、擴大勢力。另青少年受電影情節誤導，對幫派分子產生偏差性英雄崇拜心理，嚮往幫派生活的風光，亦是幫派吸收青少年加入因素之一。

以金錢誘惑青少年

大部分青少年加入幫派之因素，係受幫派領袖擁有之財富打動，嚮往出入有高級轎車代步、手戴勞力士金錶及貼身小弟前呼後擁之氣派。加以青少年加入幫派後，介紹至幫派圍勢之酒店、舞廳、賭場等特種場所或泡沫紅茶店擔任泊車、侍應等工作，或協助販賣盜版光碟，或招攬參加八家將等迎神賽會，讓青少年每月有固定收入，以金錢誘惑青少年。

提供毒品控制青少年

幫派分子利用青少年無知好奇之心理，由幫派中青少年在校園內暗地宣傳後，先期免費提供安非他命、ＦＭ２、快樂丸等毒品，俟學生上癮後，無法脫離幫派，而受幫派控制。

以暴力恐嚇脅迫限制脫離或出賣幫派

幫派為長期控制入幫青少年，要求青少年於入幫時，立誓不得脫離幫派或出賣組織成員，如有違反將遭受嚴厲之懲罰，如青少年欲脫離幫派，則施加暴力恐嚇，致欲脫離者，因懼其淫威續供其驅使。

分派工作任務給予利益

幫派提供入幫之青少年工作，每月有固定收入，給青少年營造打工賺錢、自食其力之假象，使他們覺得自己也有獨立能力，不需依賴老師或父母。

傳銷式吸收成員

即俗稱的「老鼠會」方式吸收成員。中輟生或在校生被幫派吸收後，利用他們吸收更多無知的學生加入幫派，甚至以暴力手段強迫其他學生參加，若有不從者則處處刁難，使其無法安心上學。

幫派吸收少年之原因

少年從事非法行動時，刑罰較輕

少年事件處理法之規定，係國家為保護少年，給不慎犯罪的少年改過自新的機會，所以刑罰較成年犯輕；而刑法中也有規定未滿十八歲之人，得減輕或免除其刑；此外，少年事件處理法還有「前科抹消」之規定，避免使其日後受社會歧視，致阻其更生復歸社會之路。

少年成為幫眾，成本與各項花費較低

成年人較常出入風化場所，所以開銷較大，幫派支出的成本較高，不像少年因年幼無知，較容易滿足於現況，所以各項花費較低。

少年較為英勇，未考慮行為後果

青少年正處於『狂風暴雨』的狂飆期，具有高度的衝動性，血氣方剛、好勇鬥狠，往往容易受人煽動，做事輕率魯莽，不考慮後果，所以極易被幫派利用，加上年紀甚輕尚未有家庭妻小，所以可以肆無忌憚的從事違法行為。

政府大力掃黑

政府近年來雷厲風行掃除黑道勢力，黑道大哥或避居國外或被監禁，幫派群龍無首，所以向校園「招募新兵」是增加人力壯大組織，使幫派運作更穩定，延續幫派活動最快速的方法。

少年較為真誠，較不爭權奪利

少年較信服幫規及幫派大老的命令，加上涉世未深容易受人煽動及驅使，另外，成人幫派刻意掩飾其身份，不像少年故意滿嘴黑話表現其身份，天性較單純且真誠，所以不像成年人可能為爭取幫中地位及勢力而鬥的你死我活。

少年加入幫派組織有下列原因

幫派提供少年歸屬感，滿足心靈慰藉

在以中產階級的價值體系及道德觀念為中心的社會中，下層階級者因各方面條件較差，其言行往往無法符合一般社會標準，因而其社會上之身分、地位常被否定或貶低，造成心理上之挫折及適應困難，由於向上的機會受阻，無法以合法手段達成中產社會的成功價值觀，因此形成特有的『次文化』，參加幫派以獲取心目中的『成功』，填補心靈的創傷。其指出犯罪型、衝突型、退縮型幫派類型的出現，係為因應少年成功向上的機會受阻而產生。（Cloward&Ohlin，1960）

幫派滿足許多少年獨立進入成人世界之需求

幫派提供少年獨立走向成人世界的橋樑。可以自立更生不需依賴父母，脫離父母的控制，因此，幫派亦負有代替家庭之功能，亦即參加幫派即意味著放棄小孩的生活方式，協助少年更快速成熟。（Block &Niederhoffer，1958）

加入幫派乃低階文化價值觀之自然反應

低階少年[3]的文化及價值觀常與中上階級相反。部分少年信奉低階文化價值觀，如惹事生非（trouble）、展現強硬（toughness）、耍小聰明（smartness）、追求興奮刺激（excitement）、相信命運（fate）、自主且不喜他人干預（autonomy）等，自然而然就與中上階級發生衝突，而加入幫派乃低階文化的自然反應。（Miller，1958）

可尋求保護，欺凌他人因有靠山亦較優勢

少年有成群結黨的習性，加上參加幫派即代表勢力，不但可尋求保護，欺負他人時亦因有後台而佔優勢，因此少年參加幫派可避免受他人欺負，而非純為獲利。（Spergel，1989）

追求刺激與獲取以前失去之家庭溫暖

部分少年加入幫派組織只是因為好玩、刺激（Spergel，1989），另外也有學者提及，少年加入組織無非想在團體生活中，獲取以前失去的家庭氣氛及溫暖。（Siegel&Spenna，1997）

3.低階少年是指社會身份、地位屬於低下階層的少年，無法以合法手段達到成功目標，因而與中產階級的價值體系及道德觀念發生衝突，而以犯罪的行為來對抗社會不公平的對待。

參加幫派賺錢容易，勿須辛勤工作

　　如同之前我們曾提過少年參加幫派後，即被介紹至幫派圍勢之酒店、檳榔攤、舞廳、賭場等特種場所或泡沫紅茶店擔任泊車、侍應等工作，或協助販賣盜版光碟、偽鈔、毒品，或介入殯葬業的競爭，或招攬參加八家將等迎神賽會等等，讓青少年每月有固定收入，以金錢誘惑青少年，讓少年覺得賺錢容易，養成好逸惡勞的習性，無法吃苦耐勞。

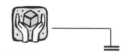

防制幫派入侵校園對策

學校方面

　　處理校園幫派方式，宜將滲入校園之「成人幫派」與「校園內自發性幫派」加以區隔，一方面借重警方全力掃蕩檢肅校外不法幫派組合，期將幫派阻隔在校園之外，另一方面針對校園內自發性之聚合，運用其「可聚可散」及「不易發展組織」之特性，透過老師及家長之配合，予以妥善之教育輔導作為，使其解散，而「原生性」之校園幫派，亦端賴學校、家長或結合之社區共同努力，並配合少年警察隊之校園訪問及進行相關輔導工作或親職教育，盡力將組織成員有計畫、有步驟的輔導其回頭，並進而瓦解其組織。

　　校園幫派事件，涉及「組織犯罪防制條例」及「少年事件處理法」，學校應成立校園危機小組，並主動聯繫地方警政機關協助，共同處理。

1. 辦理親職教育講座，加強輔導偏差行為少年。
2. 加強與警察機關之橫向聯繫，遇幫派滲入校園事件立即協調警察機關協助辦理從嚴檢肅。
3. 加強辦理教師輔導知能研習與進修，使教師具備較豐厚之輔導知能與助人技巧。
4. 落實學校法治教育，增強學生法治觀念、使其知法守法，防範聚合結黨、參與幫派。
5. 落實學生出勤管理，並加強與家長之聯繫溝通。
6. 發揮校園通聯器材之功效隨時掌握狀況，保持高度機動性，以遏止行為偏差學生聚眾滋事之情事發生。

警察機關方面

1. 在校區附近廣設巡邏箱，加強巡邏、查察，徹底掃除學校附近之不良青少年及幫派分子，並嚴格取締校園附近違規營業之不正當遊樂場所及電動玩具店。
2. 經常與各校警衛、訓導或值日人員確實取得聯繫，對於學校請求協助校區附近安全維護時，積極配合，加強校園內外巡察工作。
3. 針對學生上、下學所經路線，適時規劃巡邏、臨檢勤務，防止不良事故發生。對未設駐衛警之學校園區，特別注意加強早晨、中午、黃昏、深夜之巡邏勤務。
4. 對侵入校園騷擾學生之不良青少年，迅速派員除依法查處，並責其家長嚴加管教。
5. 要求警勤區警員應按各級學校所送寄居校外學生名冊，分別實施不定期訪問，注意維護安全。
6. 配合學校需求，定時或不定時進入校園，協助安全維護查察工作，以保護師生安全。

7. 協助學校強化家長、教師、社區義工及學生安全教育，定期派員至校講解有關法律及人身安全常識，充實危機處理暨應變能力。

8. 加強各級學校校慶、畢業典禮或其他校際活動期間之安全維護工作。

9. 各直轄市、縣市警察局每半年邀集轄內各級學校訓導主任、總教官、主任教官、軍訓督導、輔導室主任等舉行座談會，出席單位依職權提出規劃、執行情形之報告及必須協調、建議事項，以共同檢討策進。

10. 加強蒐證偵處不良幫派組合分子，假藉以傳統廟會活動名義吸收學生加入，從事不法犯行，並依「不良幫派組合調查處理實施要點」相關規定，蒐證、提報。

11. 針對目前所掌握有與幫派分子來往，或可能已被吸收幫派分子之學生積極蒐證，將吸收學生入幫之首惡提報治平對象檢肅。

12. 利用平時各項勤務機會，深入佈線查察轄內是否有黑道幫派以暴力脅迫、金錢、利誘、毒品控制或其他方式吸收學生入會，介入校園發展組織等不法情事，並應建立名冊建檔列管。

13. 配合學生校外生活指導委員會，與各校訓導人員組成聯合巡查小組，查察青少年學生易聚集、滋事及不當出入之娛樂、休閒場所，如發現有偏差行為發生，即適時予以勸導、處理。

14. 為有效預防少年不良及虞犯等偏差行為，除利用巡邏查察等各種勤務經常注意勸導、檢查、盤詰、制止外，於週末、假日及寒暑假期間並協調主管教育行政機關邀集學校、社會團體派員組成聯合巡邏查察隊，加強實施上開工作。

15. 於各種勤務中發現有教育部通報協尋之中途輟學學生，依「國民中小學中途輟學學生通報及復學輔導辦法」規定，立即通知原就讀學校之主管行政機關，會同學校輔導復學。

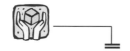

結 論

　　當民國八十八年三月起媒體陸續報導台灣各大幫派染指台北市國、高中校園，例如四海幫海功堂吸收二十多校一百多名學生加入幫派，竹聯幫在台北縣吸收學子成立『梅花堂』犯罪組織，另時報文教基金會亦指出不少青少年團體打著大型幫派名號，從事恐嚇、勒贖、販賣舞場入場券、大補帖。警方更從中獲知不少外圍分子吸收在學學生及中輟生替人圍勢、強索保護費，籌措幫派財源等等不法情事。

　　原本是青春洋溢、燦爛微笑的孩子，卻被幫派組織吸收，為其從事不法行為；原本是一群國家未來的希望，卻在黑暗的幫派世界中打滾、求生存，稚嫩的青春如何經得起這樣的揮霍？國家又將耗費多少的時間、精力來彌補他們的「一失足成千古恨」？在此我們不禁扼腕，究竟我們的社會出了什麼毛病？教育體系不是一直推動新的改革方案嗎？多少政客、長官不是一直大聲疾呼教育改革的重要性，才能為我們的下一代創造美好的未來嗎？談了那麼多，我們到底為下一代的孩子們做了什麼？最近看了一則四名年僅13歲的國中生組成扒竊集團，警方發現，四名國中生是在西門町廝混時，由一名「萬國幫」的老扒手傳授技巧，再以此方式吸收青少年入幫（聯合晚報，90.12.17）。在此，我們不禁探討這群國中生參加幫派的動機？是好玩追求刺激？還是家庭不溫暖，想藉由參加幫派而有歸屬感？或者是物質誘惑太大而心生羨慕之意？

　　事實上，幫派能如此輕易入侵校園，有部分原因是學生自己主動接觸幫派，而這些學生會去主動接觸幫派的主因，不外乎加入幫

派，在心理上會覺得能夠在同儕間立足，取得優勢的領導人地位，或是幫派能夠賦予他某種心理上的保護，得到依附的滿足；至少不會覺得自己孤獨無依，隨時可能會被欺負，甚至有力量在同儕間擁有主控權，操控一切。這些在成人世界無法得到同儕或學校老師認同的青少年，或是努力符合成人世界的期望卻喪失自我主體性而感到迷惘的人，沒有多元化的教育學習管道，得抹滅自己的理想來符合成人世界的期望，卻同時喪失自己心理原有的一畝夢田。面對這樣的問題，當今的青少年到底是處在怎樣的學習環境，然而當今教育體制及社會風氣，卻只是一味鎮壓、隔離、將這群無辜的青少年驅逐校園，意圖將危機強行隱藏，無疑是變相的鴕鳥心態，「眼不見為淨」，把這群加入幫派的孩子，強行送到輔導機關或矯正學校，其改善的成效究竟如何呢？值得商榷。

與新竹誠正學校的孩子聊天過程中，得知近九成的孩子來自不良家庭環境，如單親、父母分居、離婚或死亡、祖父母扶養（隔代教養）或父母工作忙碌無暇管教而交由祖父母照顧，家中缺乏溫暖促使其向外發展，再者在校成績不好，常是「放牛班」的學生，可說是「爹不疼，娘不愛，老師皺眉頭」的一群，當結交不良同伴後，很容易隨之從事不法行為，如吸毒、恐嚇取財或參加廟會（俗稱「養孩子」）若需要其「處理」一些事情時，如偷竊機車、打架、鬧事等等，則這群孩子就是最方便又好用的免費打手，雖然學校輔導組的老師都相當有愛心且充滿希望，但是這群孩子已經在社會打滾十幾年，學到不良習性的行為極多，「矯治不易」的可能性極大，尤其他們大多有吸毒的習慣，經濟來源的取得是個大問題，所以雖然誠正中學的校長說矯治成功的機會可能有五成，但事實上的成效，值得吾人深思熟慮。

另外，日本調查發現成員加入幫派之原因，以「受誘惑」而「主動」加入幫派者為最多，加入幫派者之年齡層，以年輕者最多，這種現象也正符合國內之幫派狀況。幫派少年成員中，以在校學生佔大多數，而中輟生其次；其中在校生中以國三學生人數最

多，其次是高職生及高中生。就參加原因而言，在校生以需要保護為主，其次賺錢、交朋友、好玩等等；但是對中輟生及踏入社會青少年而言，則以賺錢為主，其次是保護需求、工作需求、交朋友、權力慾望等。這一點與美國黑手黨份子因羨慕幫派成員的地位、生活及社會影響力，而決定加入黑手黨組織相同。根據美國華人幫派研究學者陳國霖的發現，華裔少年幫派的少年成員，基本上也是為了尋求保護，或是為了金錢、地位與權力而加入幫派組織。（周文勇，89年）

事實上，國內的犯罪不良團體，絕大多數是屬於法律上所認定的不良組合規模，是少數幾個素行不良者相聚廝混的團體，具幫派結構者則大多數仍處於暴力或寄生時期，僅有極少幫派逐漸進入共生時期。從幫派的發展演化觀察，當幫派尚未發展成共生模式，而停留在暴力或寄生時期，可說僅是成員的聚合，基本上尚未達到"有組織"的程度。因此，如果刑事司系統能夠規劃整合執法資源，協調政府相關部門，共同合作打擊犯罪團體，應該可以非常有效壓制幫派犯罪之發生與成長。

對於幫派滲透校園問題之防處，並非單由社會某一機關進行防處即可收效，而是必須結合社區家長、社工、輔導、警政、學校、新聞等團體，採取團隊合作防處模式，才是最有效的模式。首先應統合縣市政府各局處及專家學者，成立防治幫派滲透校園工作會報，並於各級學校成立防處工作小組。結合新聞單位、社會局、警察局等相關機關，利用適當時機與管道，加強宣導勸阻少年參加幫派，並宣導處罰幫派之相關法律規定；至於學校單位則應利用班級班會討論、學校週會、親師座談討論，強化學生拒絕參與幫派的觀念，並利用導師研習座談與專案研習機會，強化教師相關防治專業之能與作為模式。

學校在進行個案協助與輔導時，基於輔導倫理應對個案資料應予保密，將疑似參與幫派或嚴重偏差行為之學生列為優先輔導個案，結合案主家長之資源與全力支持之意願，實施密集專案輔導，

定期召開個案研究，必要時應聘請專家協助指導。亦可協請警察單位對個案作個別或團體之法律教育，或對行為不良的虞犯少年實施留隊輔導，以強化輔導效果。唯有秉持社會各相關單位共同合作的團隊工作模式，才是防處幫派入侵校園的最佳方法，因此相關單位之間的強烈合作意願、協調溝通管道的建立、整合資源的效率與執行是否徹底，將是問題防處成敗的關鍵，也是挽救這群誤入歧途的孩子唯一的機會。

　　給他們一個乾淨、無慮的生活及學習空間，讓我們的下一代能像向日葵一般，迎向陽光、充滿希望、欣欣向榮的成長，你、我、大家都責無旁貸！

★ 參考文獻

1. 楊士隆（民90年），少年犯罪，「犯罪心理學」，五南出版社，P339–372。

2. 楊士隆（民89年），幫派入侵校園問題與防治對策，「青少年暴力行為原因、類型與對策」，中華民國犯罪學學會出版，P309–311。

3. 侯崇文、侯友宜（民89），青少年幫派問題與防治對策，「青少年暴力行為原因、類型與對策」，中華民國犯罪學學會出版，P325–328。

4. 楊士隆（民89年），幫派少年成長歷程與副文化之調查研究，中輟學生與青少年犯罪問題研討會論文集，教育部、中正大學主辦，P41–42。

5. 蔡德輝、楊士隆（民90年），標籤理論及犯罪被害理論，「犯罪學」，五南出版社，P151–154，P157–164。

6. 周文勇（民89年），「幫派滲透校園問題之防處」，中央警察大學教授。

7. 蔡德輝、楊士隆（民89年），幫派入侵校園問題與防治對策，「青少年暴力行為原因、類型與對策」，中華民國犯罪協會，P311–315。

8. 楊琮閔（導航基金會青少年文化工作者），摘自中時電子報，中國時報，時論廣場，88年4月23日。

9. 許春金（民85年），犯罪區位學研究，「犯罪學」，中央警察大學，P259–263。

10. 許春金（民85年），生活型態理論、日常活動理論，「犯罪學」，中央警察大學，P99–105。

11. 林正文（民76年），「暴力少年犯的人格特質–理論分析與實證研究」，五南出版社。

12. 張老師（民68年），「家庭與青少年–親職教育專題討論」，

幼獅文化事業公司，中國青年反共救國團、青少年輔導中心、中國心理衛生協會主編。

13. 蔡邦居（民87年），「犯罪少年犯罪思考型態與偏差行為之研究」，國立中正大學犯罪防治所碩士論文。

14. 張甘妹（民84年），犯罪被害者之研究，「犯罪學原論」，三民書局，P329-390。

15. 蔡德輝、楊士隆（民86年），幫派與少年犯罪，「少年犯罪-理論與實務」，五南出版社，P273-293。

16. 丁道源（民87年），少年事件處理法新論，中央警察大學教授。

17. 高金桂、謝文彥（民85年），高危險群暴力傾向學生輔導手冊，教育部發行。

1. http://jna.tmpd.gov.tw/p4-2-1.htm12001/10/10台北市警察局少年隊，90年10月24日參訪奇摩網站。

2. http://www.cib.gov.tw/cib30000/30000a11.htm 內政部警政署刑事警察局，90年10月24日參訪蕃薯藤網站及感謝內政部刑事警察局檢肅科蔡鎮群偵查員提供八十八年至九十年度的相關資料，90年10月26日。

3. http://jna.tmpd.gov.tw/p4-2-1.htm12001/10/10台北市警察局少年隊，90年10月24日參訪奇摩網站，並感謝台北市政府警察局大安分局劉文福巡官提供八十七年度至九十年度九月止的相關資料，90年10月27日。

4. http://www.cib.gov.tw/cib30000/30000a11.htm幫派入侵校園問題之探討，台北縣警察局少年警察隊，89年。

5. 感謝新竹誠正中學輔導員林正昇提供輔導少年的相關資訊，90年10月28日。

6. 感謝台北市警察局大安分局劉文福巡官提供之演講資料，90年10月27日。

Chapter8

探討金光黨與組織犯罪

金 玲

空中大學畢業
中正大學碩士研究生
現任職警政署保五總隊

前言

這學期選修「組織犯罪」這門課，讓我有機會去接觸組織犯罪的議題，並開始去關注這方面的動向。由於過去的生活經驗，並沒有與組織犯罪有交集，所以對組織犯罪的概念，只呈一知半解狀，沒有深入去探究，也經常忽視這方面的新聞報導，以致概念是模糊的。如今，因修讀此科，而有這個機會，與同學及老師一起探討這個議題，並激盪自己去思索和關注組織犯罪的型態。

事實上，在探討組織犯罪型態時，經常容易使人陷入一種迷思，就像文聰同學，他在撰寫「宗教斂財」的議題時，也一樣陷入一種迷思。因為宗教團體往往也是以組織型態呈現，而宗教斂財的對象，往往是一群虔誠的宗教信徒，其自願將財物捐獻或奉獻出來，即使事後懷疑有詐、發現被騙，心有不甘，但畢竟在他們捐奉的當下，並非是在暴力或脅迫的情境下進行，而是因一時的無知或被欺，在一種你情我願的情境下發生的。

筆者在研究「金光黨」詐騙集團時，就陷入在這樣的迷思裡，究竟「金光黨」算不算一種組織犯罪？何謂金光黨？這其實也是個概括的統稱，按教育部國語辭典[1]：金光黨泛稱社會上利用人性貪婪心理，誘騙他人財物的不法組織。作案手法不一，多為以假換真的模式。因常以黃金為誘餌，故稱為「金光黨」。＜例＞：金光黨完全是利用人性的貪婪心理來詐騙錢財的。

1.http://www.edu.tw:81/clc/jdict/GetContent.cgi?
DocNum=23163&GraphicWord=&QueryString=金光黨

　　由此觀之，宗教斂財和金光黨騙財，這其中有一些相似之處，即他們的犯罪手法，是利用人性的弱點，以詐術的和平手段，遂行其目的。

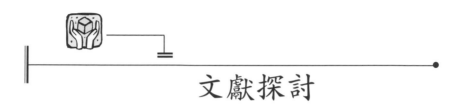

文獻探討

　　翻閱坊間有關「組織犯罪」的書籍論著中，如永然文化公司86年11月出版之「組織犯罪防治條例之實用效益」，作者蘇南桓，他在書裡提到「組織犯罪之特徵」[2]，歸納列有八項，其中第六項為手段暴力脅迫化：組織犯罪者不論所從事者為合法或非法行業　，常須利用暴力或威脅手段遂行其目的。對其而言，暴力或威脅乃被工具化，而非表達之方法，且固然並非所有之犯罪組織均使用暴力，但其對外存有之暴力威脅，乃係其不變之特徵。又在書內[3]表示：依吾人所見，似有將暴力性、脅迫性移為加重處罰條件，而不列為犯罪組織之必備要件。

2. 蘇南桓「組織犯罪防治條例之實用效益」第17頁。
3. 同上161頁。

組織犯罪定義之探討

據一九九四年間，聯合國會員國曾在義大利那不勒斯，發表防治組織犯罪之世界宣言，其中對組織犯罪曾予一典型之定義[4]。

「所謂組織犯罪係爲從事犯罪活動而組成之集團；其首領得以對本集團進行一套控制關係；使用暴力、恐嚇或行賄收買等手段，以牟利或控制地盤或市場；爲發展犯罪活動，或向合法企業滲透，而利用非法利益進行洗錢，具有擴大新活動領域至本國邊界外之潛在可能性，且能與其他有組織跨國犯罪集團合作。」

基於此定義分析[5]，組織犯罪團體已憑藉其內部監督控管之結構體，運用其各種資源，以不同非法手段進行社會掠奪行爲，並積極遂行非法之跨國整合。因此，傳統或新興之黑道（幫派）組織，以其內部控制外部犯罪之特性，固爲組織犯罪之大宗，但非黑道（幫派）分子之組合，苟具有前述不法活動特徵者，如洗錢集團、販賣人口集團等，仍屬組織犯罪集團。因此，面對今日多變之組織犯罪型態，吾人已不可囿限於以往之刻板印象，誤認唯有黑道（幫派）才係組織犯罪團體。

依我國組織犯罪防治條例第二條：「本條例所稱犯罪組織，係指三人以上，有內部管理結構，以犯罪爲宗旨，或以其成員從事犯罪活動，具有集團性、常習性、脅迫性或暴力性之組織。」

據此定義出我國組織犯罪之犯罪構成要件。蘇南桓就此解析如下：[6]

4.同上12.頁。
5.同上12.13頁。
6.同上159.160.161.頁。

1. 所謂「內部管理結構」，在於顯示犯罪組織內部指揮從屬等層級管理之特性，以別於共犯、結夥犯之組成。因此，組織犯罪團體內部，必須有上下從屬之指揮控制結構，但不論其稱呼方式爲何，惟必有首領幫衆之存在。至於一般共犯或結夥犯之犯罪型態，如三人因缺錢用，一時興起，而聯手共同強盜者，雖在外觀上多有類似團體之外貌出現，但其共犯或結夥犯內部間，要屬平行關係，縱有正犯、從犯之別，仍無指揮從屬之控管關係存在，因此不屬本條之規範對象。

2. 所謂「集團性」，指以衆暴寡的特性，排除個別不法行爲及偶發共犯。「常習性」指經常性、習慣性（如具有機會就犯的企圖、意圖或不務正業等習性），以排除偶發、突然、一時間之犯罪態樣。「暴力性」指足以危害公共安寧秩序一切對人或物所實施之不法暴力。（如持棍毆擊、砸破門窗、攜槍殺人均是）。「脅迫性」指以一切足以使人造成精神上畏懼之威脅、迫害。如用電話恐嚇、持槍威嚇、寄發恐嚇信等均屬之。

3. 犯罪組織必備集團性、常習性之條件外，仍須有暴力性或脅迫性、或二者兼備，始爲要件，是基此要件，犯罪團體若無施用暴力或脅迫犯行，縱有集團及常習性質，仍不可以本條例論處。此定義，對照一九九四年那不勒斯宣言所揭示之組織犯罪定義，實屬立法裁量上之自我縮限，蓋組織犯罪從事社會掠奪行爲時，其犯罪手法未必限於暴力性或脅迫性，以行賄、收買、詐術等和平手段，亦可遂行其目的。且參諸德國、義大利、瑞士等地法例，亦無類此嚴格之限制。我國採此立法限制，或係反映立法當時反制「黑道」之輿論要求，而有意將縮限立法，以集中火力打擊「黑道」，此種立法裁量，是否妥適？有待未來依具體實踐再作檢討。依吾人所見，似有將暴力性、脅迫性移爲加重處罰條件，而不列爲犯罪組織之必備要件。

4.所謂「三人以上」包含本數計算，但不包括無責任能力人。因此，犯罪組織至少由三人所組成，且組成成員均須有責任能力，不可包括未滿十四歲之無犯罪能力者，或無犯罪意思，而被迫參加者，或被利用之不知情者，或心神喪失、遭宣告禁治產者。

5.犯罪組織不以具有名稱爲限，無組織名稱亦可，亦不論其是否爲法人或非法人團體。

6.須以犯罪爲宗旨，或以其成員從事犯罪活動。所謂以犯罪爲宗旨，即該組織之成立，以犯罪爲其目的、目標之意。

我國另一位研究「組織犯罪」學者周文勇[7]，依國外學術研究分類，將集體犯罪分類爲組織犯罪與幫派犯罪，而根據本土研究的分類，恰與法律分類相符合，可分爲以下三類：

組織犯罪

三人以上，有內部管理結構，以犯罪爲宗旨或以其成員從事犯罪活動，具有集團性、常習性及脅迫性或暴力性之組織。（組織犯罪條例第二條）

幫派組合

「擅組、主持、操縱或參與破壞社會秩序、危害他人生命、身體、自由、財產之幫派、組合者」（檢肅流氓條例第二條第一款），年滿十八歲以上之人，稱爲「流氓」。

不良組織

少年依其性格及環境，而有觸犯刑罰法律之虞者，如果「參與不良組織」，則成爲虞犯（少年事件處理法第三條第二項第四款）。所謂「不良組織」係指對於大眾生活及社會生存之規範與秩序有所妨害之不良組織而言。

「組織犯罪」一詞，長久以來即倍受爭議，無論在刑事司法實務或學術上，均有不同的見解，向來無法達成共識。因此有學者建議改採探討其特徵，來了解組織犯罪的真相。[8]

組織犯罪特徵之探討

學者黑根（Hngan，Frank）在1983年蒐集了十三位作者對組織犯罪所作的定義，加以研究，而將組織犯罪分類為十一項特徵，分析這些定義特徵的共同要素，最被認同的項目依次如下：[9]

1.持續性的組織科層體制。

2.持續犯罪理性的獲利。

3.使用暴力或威脅。

4.賄賂以求法律豁免。

5.提供大眾需求之非法服務。

6.獨占某種市場。

7.成員資格限制。

8.非意識型態。

9.專業化。

10.秘密性規範。

11.廣泛的計畫。

7.警察百科全書，第四編犯罪類型學第107頁，第十章組織犯罪，周文勇。

8.同上108頁。

9.同上109頁。

學者周文勇據此將組織犯罪定義如下：[10]

「組織犯罪是一種持續不斷的犯罪企業，其經由社會大眾
需求之非法活動，理性的工作，已獲取利潤，並藉著使
用暴力、威脅或賄賂公務員，以維持生存」。

蘇南桓[11]將組織犯罪之特徵歸納如下：

利益極大化

組織犯罪團體成立之目的在追求最大之利潤，其所有犯罪之中及目標，旨在以最小的風險，在最短的時間內，謀取最大之利益，並冀求以此利益去圖求權力與社會地位及影響力，且藉以鞏固其組織成員之向心力與服從性。此亦為組織犯罪與恐怖份子集團之不同處，恐怖份子所追求者，乃政治之改革，或社會現象之變革，但組織犯罪者則以牟取經濟利益為其主要目標。[12]

內部組織嚴密控制關係

組織犯罪乃基於一定犯罪目的而結合，與一般偶發之聚合犯罪體不同，為化解外來地盤爭奪之壓力及執法機關之查緝，並有效執行組織命令，以監控犯罪計劃之實現，組織犯罪團體必須建立一套內部控制關係。

犯罪態樣多樣化

暴力恐嚇固為組織犯罪團體常用的伎倆，但隨著犯罪手法之演變，與社會環境之躍變，組織犯罪已揭去已往單純之犯罪態樣，朝向企業化、國際化、分工及專業化、科技化、多樣化之手法發展，運用各種可用方法，以暴力、非暴力交叉手段達成其目的。

10.同上。
11.同註2，第15頁。
12.此看法又顛覆了課堂上，將「恐怖主義組織」納入「組織犯罪」研究的議題中。

組織成員職業化並具掩飾性

組織犯罪者大都屬職業犯，長期依靠犯罪活動維持生計，熟練掌握犯罪技巧，具有明確無誤的犯罪生涯、犯罪自我形象和犯罪價值觀念。

活動範圍都市化、國際化

近年來，各主要國家地區之犯罪組織，隨著世界經濟及金融之國際化，已漸趨國際合流，不再侷限於一國（地區）之內。

手段暴力脅迫化

犯罪者不論所從事者為合法或非法行業，常須利用暴力或威脅手段遂行其目的。對其而言，暴力或威脅乃被工具化，而非表達之方法，且固然並非所有之犯罪組織均使用暴力，但其對外存有之暴力威脅，乃係其不變之特徵。

對執法及政治體系採行腐化策略

蓋缺乏對執法或政治體系之腐化及對犯罪組織之包庇、支持或刻意忽略，犯罪組織難以壯大發展，因此，行賄勾串滲透乃成為犯罪組織不可或缺之伎倆。

地盤獨占或共生

國內知名學者林山田、林東茂所著之「犯罪學」[13]列出組織犯罪的基本特徵：

1. 主要目標：獲取極大利潤。
2. 行為方式：分工與專業化。
3. 職業化。

13.林山田、林東茂　犯罪學　三民書局　84.8版　第325.326頁。

4.掩飾性。

5.階層組織。

6.隔絕與紀律。

組織犯罪之型態

　　蘇南桓[14]將組織犯罪型態（活動內容）歸納約有下列數種：非法毒品交易與毒品走私、偽造貨幣、非法軍火交易、接受訂單而偷竊藝術品、偷竊貨櫃、開設賭場並詐賭、組織應召站、經營色情行業、經濟犯罪、勒索保護費、擁槍自重霸佔地盤、地下錢莊、洗錢、販賣人口、以偽標綁標介入公共工程、暴力操縱選舉、控制棒球、恐嚇活動等罪質性較重之犯罪。但不以此為限，衡酌視不同社會環境之演變與犯罪技術之更新，而作不同之調整。

案例研析

　　不妨藉由以下的案例來研析金光黨是不是組織犯罪？

【案例一】　　　　　　　　　　　　　　　　2001/09/05

金光黨詐騙50萬現金成保久乳[15]

　　台中縣有名老太太一時糊塗聽了陌生人的話，把自己辛辛苦苦存下的50萬元定存解約，最後發現現金全成了保久乳，才知道自己

遇上了金光黨。猜猜看這六瓶保久乳值多少錢？答案是50萬元。61歲老太太3日早上想上美容院洗頭，還沒走進美容院就被1名看似精神異常，年約30歲的女子問路，接下來又有一名四十多歲的婦人出現，要老太太和她一起聯手騙前1名問路女子的錢，老太太糊裡糊塗把50萬的定存解約，還跟著這2名女子坐車在市區繞了一圈，隔天打開包包，才發現50萬元已經成了牛奶。家屬知道這件事後立刻向警方報案，不過這因為一時貪念而失去的50萬元，就不知道什麼時候才能找得回來了。

【案例2】　　　　　　　　【中時電子報蔡水星／斗六、莿桐報導】

金光黨在斗六莿桐鄉騙61萬元[16]

　　金光黨最近出沒斗六市、莿桐鄉地區，已有兩位民眾受騙損失六十一萬元：斗六市民被以餅乾騙走五十萬元，歹徒還與被害人一同到合作金庫領錢，莿桐鄉農民則被以可代辦多領取二千元老人津貼為由，將存摺與印章交給歹徒損失十一萬元。警方正深入偵辦，並呼籲民眾提高警覺避免受騙。

　　警方指出，三月十六日林姓老嫗在市區遇上二女一男裝瘋賣傻，向老婦誆稱他們同夥中一名中年婦女是智障，家裡非常富裕平時都身懷鉅款，如果林姓老婦能拿出五十萬元的話，保證可換取該名智障婦女的一百萬元現金，林姓老婦在二女一男誘惑受騙下，竟然搭上歹徒的車輛並帶著歹徒到斗六市合作金庫領取五十萬元存款，歹徒也將身上一包東西交給老嫗，但等到歹徒走了之後，老婦打開包裹才發現裡面僅有餅乾與泡麵，並無一百萬元現金，才知受騙上當。警方又說，三月十九日中午十二時許，二名一胖一瘦男子前往大美村向林姓農民詐稱，可代為辦理老人年金，使之每月增加二千元津貼，不過需要農會存摺與印章，林姓老翁不疑有他，乃將存摺、印章交給歹徒，兩名歹徒得手後，隨即交由一名年約卅歲著深色套裝長褲戴眼鏡女子順利盜領了十一萬元。當時老翁發覺有異

曾打電話到農會準備止付，不料卻因聽不懂電話語音用法而耽誤止付機會，扼腕不已。

【案例3】　　　　　　　　　　　【中時電子報蘇郁凱／台北報導】

網路金光黨橫行北市東區　多人受害[17]

　　北市東區近來出現五男一女組成的「網路金光黨」，該集團專門在網路上結交網友，雙方稍微熟識後，將被害人約出，趁機偷竊、搶奪被害人隨身財物，由於該集團成員都將電話號碼鎖住後，再與被害人進行聯絡，追查不易，警方正透過其他管道，深入查證中。

　　今日一名陳姓女子向警方報案指稱，日前在網路上認識一名男子「阿祖」，由於雙方言談甚歡，遂同意阿祖邀約，共同前往ＫＴＶ唱歌。由於陳女害怕單獨赴約，阿祖承諾會與其他男女友人一起前往。見面當天，阿祖果然與四男一女共同前往，雙方進入包廂後不久，二名男子即藉故離席，隨後，陳女前往洗手間，返回包廂後，另外的一男一女手機相繼響起，分別至包廂外接電話，卻一去不返。　眾人相繼「失蹤」後，陳女頓時覺得心理發毛，此時，阿祖手機也響起，向陳女保證接完電話一定會返回，隨即走出包廂，然陳女苦候約半小時，仍不見阿祖行蹤，心想被耍了，遂請服務人員結帳，卻發現背包內的皮包已經遭竊，立即向警方報案。

　　警方表示，此「網路金光黨」已在北市東區以類似手法犯下多起竊案，並涉及一起搶奪案，由於歹徒與被害人聯絡時，都限制電話號碼的顯示，被害人亦無任何歹徒的真實姓名，目前只能透過部分商家提供的錄影帶，積極展開清查。

【案例4】　　　　　　　　【中時電子報鮮明／豐原報導】

豐原婦人遇金光黨　失金50萬[18]

　　台中縣豐原市一名婦人出門洗頭遇上金光黨，二女一男又搭又唱將她騙至銀行提領五十萬元現金後乘機掉包，婦人返家才發現皮包裡裝的是六罐牛奶，悔恨不已，四日向豐原警分局報案。婦人丈夫忍不住消遣她，「一罐牛奶價值八萬多元，眞貴！」

　　六十一歲的賴姓被害婦人向警方表示，昨天上午她出門洗頭，在路上遇到一名年約卅多歲的女子，在路邊捧著一疊鈔票數錢，不久，一名約四十多歲的女子出現向她搭訕，聲稱數鈔票女子精神異常，但父親很有錢，留下大筆遺產供她揮霍，只要帶她去找男人，就有一筆可觀的酬勞。賴女信以爲眞，隨兩女登上一輛由另一名男子駕駛的轎車，途中，佯裝精神異常的女子在車上數鈔票，聲稱只要有人的錢比她多，就可拿走其袋中的現金。賴女禁不起誘惑，在眾人慫恿下，立即返家取出印章、存摺，至圓環南路華南銀行將定存的五十萬元解約後悉數領出。

　　賴女表示，她在車上將五十萬元交給較年長的女子清點，車行至成功路時，該女子給她一只黑色皮包，表示其五十萬元連同精神異常女子的現金都在裡面，然後就叫她下車，她一下車，該輛轎車隨即揚長而去。賴女說，她返家後並未立即打開袋子查看，直到今天上午準備至銀行存錢，才赫然發現裡面裝的竟然是用報紙包覆的六罐鋁箔包牛奶。

　　賴女上午在丈夫陪同下向豐原警方報案，賴女自責不已，但一旁的丈夫仍不斷罵她笨，被貪念所害。警方表示，這是金光黨騙徒最常用的詐騙手法，民眾千萬不要貪小便宜，否則金光黨找上門就後悔莫及了。

【案例5】   2001/10/18

遭歹徒釘上？又搶又騙 半年三次[19]

台北縣三重有一戶人家，半年來在家門口連續兩次遭到歹徒搶劫。今天家裡的老阿媽，又在家門外遇到金光黨，當場被騙走四十九萬元。這家人懷疑，可能有歹徒盯上他們，下午趕緊向警方報案。

金光黨行騙的事情就發生在徐老太太家門前。起先是一個看起來精神不太正常的女子，手裡捧了上百萬，嘴裡說要找個帥哥作伴，當時徐老太太原本是一口回絕的，沒想到，後來來了另一個女子，慫恿徐老太太說，要和他聯手騙錢，想到白花花的鈔票，徐老太太才會受騙。金光黨把徐老太太帶到銀行，領了四十九萬，接下來移花接木，錢就變成五包麵條。

也難怪徐老太太會氣得直發抖，因為除了被騙，才半年不到的時間，他和媳婦就分別在自己家門前，被搶了兩次，讓他現在氣得連神明都不信了。除了怪自己運氣背，家就住在派出所旁邊的徐老太太，現在只希望這些警察鄰居能幫幫忙，趕緊把歹徒給揪出來。
（張晉豪 游美成）

【案例6】   【王建訓/土庫報導】

美阿戰爭熱 金光黨騙術翻新[20]

金光黨騙徒詐財手法翻新，竟趁美阿戰爭預期黃金上漲的心理，向民眾兜售假造的黃金戒指，土庫鎮黃姓農民於昨（九）日上午花了新台幣一百萬元，向二名金光黨騙徒購買百餘枚假黃金戒指，經銀樓鑑定是贗品才知上當。

最近虎尾地區的金光黨詐騙事件有增加的現象，甚至發生金光黨徒詐騙不成，被害人反而賺了十萬元真鈔，警方認為，金光黨徒活動日益頻繁，可能與經濟不景氣有關。美國與阿富汗開戰後，民

眾預期黃金價格會因戰爭上漲，金光黨徒即利用民眾預期黃金會上漲的心理，伺機找尋對象兜售假造的黃金戒指，土庫鎮黃姓農民昨天上午就上當受騙，損失新台幣一百萬元。

據了解，黃姓農民於昨天上午十時左右，在土庫鎮新生街遇見二名陌生男子搭訕，向黃姓農民兜售黃金戒指，每一枚戒指的規格與麻將牌大小相當。黃姓農民心動之餘，提領一百萬元現金向二名男子購買百餘枚黃金戒指，經拿到銀樓鑑定後才知道是贗品，因此向當地警方報案，警方目前已展開調查。

【案例7】   2001/11/07

勳章爲餌詐榮民　金光黨改弦易轍[21]

台北縣又發生金光黨詐騙案件，這一次受害的，是一位七十七歲的老榮民，歹徒是用一枚假的勳章，以向老榮民騙取他的存摺，然後將他的存款，全部提領一空。

就是這位老榮民，收到署名國軍退撫會的特急件，裡面有一個小勳章，說他過去戰功累累，可以拿勳章，換140萬元的現金，沒想到這是金光黨詐騙的新手法。行騙的中年男子，不但回答的出老先生的出生年月日，入伍日期，連他在部隊的個人資料，也回答的一清二楚，受害人不疑有他，拿出存摺和印章準備領錢，而他戶頭的30多萬元現金，卻被金光黨提光。

是不是有內神通外鬼，軍方還要再調查，而老榮民只有一個兒子，已經癌症末期，如今連救命錢都被騙光，老先生不知道未來的路，該怎麼走下去。(許有容　鍾建剛)

【案例8】   【台視新聞周俊雄/宜蘭報導】

佯稱介紹女友　金光黨詐財百萬[22]

宜蘭縣員山鄉，今天發生一起金光黨詐騙案。一名七十歲的老

榮民，被兩名謊稱要幫他介紹女朋友的女子，詐騙存款一百七十萬元。宜蘭警方公佈嫌犯錄影帶，希望民眾幫忙指認。

住在宜蘭縣員山鄉七十歲的王姓老榮民，和畫面中穿著藍色衣服身材微胖的中年婦人，到台灣銀行櫃檯提領定存的一百七十萬元。老榮民原來相信這名婦人和另一名女同伴所說的，要幫他把這筆錢存到郵局後利息比較高，不料老榮民回到家裡才發現，一百七十萬從台灣銀行宜蘭分行領出來之後，兩名金光黨女子根本沒有把錢存到郵局，王老先生才知道受騙了。

王老先生說，這兩名自稱姓王的女子，日前以介紹女朋友為幌子向他搭訕，其中一人自稱在郵局上班，因此勸王姓老榮民把銀行定存轉到郵局，可以獲得較高的利息。於是他們到台灣銀行領錢，不料一時糊塗，錢交到對方手上就回家，兩名金光黨女子騙錢得逞。宜蘭警方公佈銀行錄影帶，希望民眾看畫面幫忙指認這名女子，並向宜蘭警察分局報案。

【案例9】 【黃泊川／台北報導】

跨海期貨金光黨 假徵人真詐財[23]

台北市刑警大隊偵七隊昨日偵破港台聯手開設的「富匯行」期貨，以金光黨結合老鼠會方式的詐騙集團，此集團專門鎖定失業人士，以聘僱職員為誘餌再設下陷阱，搭配投資獲利假象及說客蠱惑，最終榨乾被害人。

全案目前已有十一人到案，涉嫌的負責人李永祥及核心份子蘇志平、港籍女嫌劉妙儀，以及扮演投資人的說客和相關集團成員，警方正漏夜偵辦中。

警方調查指出，近來因失業率竄升而形成求職人潮，設在台北市松江路的「富匯行」即利用失業者求職若渴的心理，在報紙刊登求職廣告，涉嫌以投資顧問公司為名，先讓求職者擔任外匯買賣盈虧報表結算之抄錄員，並以許多客戶都投資獲利的假資料為餌，誘使求職者成為投資人。

調查發現，「富匯行」接著另以各項假交易資料讓求職者先行獲利，之後再以擴大投資為詞，誘騙職員四處借錢投資，一方面騙取交易手續費，待投入大筆金額後，即以投資失利榨乾，讓飽受失業之苦者，又再次蒙受更大損失而陷入絕境。

台北市刑大於七月間接獲報案後，立即成立專案小組並報請台北地檢署指揮偵辦，在經過探員假扮求職者應徵進入公司進行一個多月的蒐證後，昨日展開大規模搜索、約談行動，將負責人李永祥等十一名男女帶回偵辦。

警方並起獲電腦主機、贓款和買賣指令單等，在多名被害人指證歷歷下，全案正擴大偵辦中。

【案例10】　　　　　　　　　　【廖奎熒/竹南、頭份報導】

騙徒老戲碼民眾老糊塗 [24]

中港溪地區近一年來迭傳金光黨詐財案，受害民眾少則失金十餘萬，多則上百萬元，已知受害案例遍及竹南、頭份、三灣、南庄等地。根據警方受理報案情形，歹徒通常都是採用一搭一唱的方式，勾起受害者的貪念行騙，作案手法雖幾乎如出一轍，但仍不斷有人受騙上當，令人扼腕。

警方分析，金光黨集團通常都是兩人以上合作詐騙，通常都由其中一人假扮身懷鉅款的「凱子」、「傻女」等，然後再由另一人鼓其如簧之舌，向受害者表示該名傻子如何好騙、如何有錢等，只要能湊出一筆相當數額的金錢，博取其信任後，即可誘其將身上鉅款交出。受害者如果心志不堅，在被其勾起貪念後，往往會在一種興奮莫名、心神恍惚的情況下，乖乖提領現金交由該夥人運用，心中還感激不已，直到最後發現手中現金已遭掉包，才曉得遇上了金光黨。

在最近發生的案例中，歹徒最常用的手法就是要求受害者提領數十萬，甚至上百萬元款項，向「傻女」交換更高額的鉅款；還有

的是向受害者誆稱「傻女」身上已有鉅款若干，只要再加上數十萬元不等的金錢，協助她湊成百萬整數後，即可將整筆款項交由受害者辦理定存。

不管相約「詐騙」傻女的手法如何大同小異，最後結果都只有一種，就是受害者提領的金錢慘遭掉包，不但發財夢碎，自己還落得血本無歸的下場。

除了利用人性的貪念外，偽裝的「善意」也是金光黨徒常用的手法。竹南鎮日前即有一名七十七歲的老婦人，受金光黨徒矇騙幫一名傻女點數大量鈔票，然後在談話中不慎透露自己在信合社亦有一百萬元定存。金光黨徒隨即表示信合社利息太低，並慫恿她解約，可幫她改存利息更高的金融機構。老婦人見對方亦是有錢人，不疑有它，即將定存解約交該夥人代辦轉存，結果一轉眼間即被盜領走八十五萬元，令老婦人心痛不已。

除上述情況外，其他比如在被騙領款途中遇家人攔阻，仍堅不罷手，或是不但被騙走鉅款，還以盛宴款待金光黨徒感謝他們「好康鬥相報」的案例亦時有所聞。有些金光黨徒為避免因地方金融機構行員與被害人熟識，加以盤問後露出馬腳，還大費周章地將被害人載至外縣市跨行提款，被害人仍不覺已上當。

警方表示，一般民眾在被金光黨詐財後，為顧及顏面，報案比例並不高。由於金光黨徒採用詐騙手法，受害者幾乎都是將現金「雙手奉上」，事後追查已不容易。警方提醒出入金融機構的民眾遇陌生人搭訕時務必提高警覺，莫做不必要的回應，而金融機構人員見客戶有異常提領亦應主動探問，最重要的還是民眾應認清「天下沒有白吃的午餐」個道理，則金光黨即無可乘之機。

【案例11】　　　　　　　　【中國時報/2000/12/26 】

麵條換現金， 租屋騙押金 兩金光黨橫行大台北[25]

　　大台北地區近來出現二組金光黨，一為由二女一男組成的「營養麵條金光黨」，專挑上了年紀的老人下手，以偷天換日的手法，用數包十五元的營養麵條，向被害人騙取數十萬甚至上百萬元現金；另一為「假租屋真詐財金光黨」，透過報紙分類廣告或網路，刊登不實租屋廣告，騙取承租者押金。警方表示，此二集團在大台北地區已犯案多起，尤其是「營養麵條金光黨」做案逾十起，詐騙金額近千萬元，正深入偵辦中。

　　「營養麵條金光黨」由一男子扮演私家司機或計程車司機，搭載二女找尋下手目標，其中一名女子扮演智障女，另一名則扮演智障女好友，向受害人佯稱該智障女為富家女，有龐大遺產，只要看到多少現金，就會奉上等值現金，但最後被害人的現金，都莫明被掉包成數包營養麵條。三嫌依此犯案模式，不定時騙取老人家畢生積蓄，平均每起詐騙金額都在數十萬元以上。

　　警方透露，近來該集團作案模式漸漸改變，由一名女子佯稱要結婚，卻籌不出夫家要求的禮金，另一名在側幫腔，請求被害人幫忙，刺激被害人發揮愛心，稱聲只要讓夫家看一眼禮金就可，事成之後一定會奉上高額謝金，不過，被害人發揮愛心的結果，即是讓現金變成麵條。日前松山區一名七十歲的陳姓老婦，就因此以一百六十五萬元的代價，換得十五包營養麵條。日昨大同區一名五十歲的許姓婦人，被該集團以八包麵條訛騙五十萬元。

　　警方調查發現，該集團為了取款方便，最常在金融機構附近找尋下手對象，以老人家為主。據悉，此金光黨橫行大台北地區已久，包括基隆市、板橋市、松山區、中山區與大同區共發生逾十起案例，多名老人損失都達百萬元以上。

　　「假租屋真詐財金光黨」則是將房屋仲介公司所公開的租賃資

訊「化作己用」，從中挑選地段好的空屋，於報紙或網路上刊登廣告，內容多表示經濟不景氣，便宜出租，地段好，免仲介費。許多民眾以為機會難得，未實地參觀，就先行支付數萬元押金，相信可取得「優先承租權」，事後才知受騙。該集團至少犯案五起。

松山區一被害人，日前於網路上看到一則租屋廣告，內容為「民生社區三房兩廳，近四十坪，月租一萬八」，遂與對方「林先生」聯絡。林某向被害人表示，有事在身，無法陪同張女前往參觀，隨後拿出一把鑰匙與契約，告訴被害人機會難得，只要先付三個月的押金，簽下契約，即可獲得優先承租權，若自行前往參觀後不滿意，押金會悉數退還。

林某為取信被害人，還留下身分證件影本與聯絡方式，被害人遂當場提領五萬四千元的押金交予林某，並簽下租賃合約。隔天被害人前往該空屋觀看時，卻發現林某給的鑰匙無法開門，始知受騙。

警方表示，由於許多受害者都欲承租同一住所，對於這種「一屋多租」的詐騙方式，警方懷疑有不肖仲介業者介入，正深入偵辦中。

【案例12】　　　　　　　　　　　　　　　　　　【黃泊川/台北報導】

地下期貨集團　年初迄今七嫌詐騙兩億[26]

台北市刑警大隊偵七隊昨日再度破獲港籍人士來台組成的地下期貨金光黨詐欺集團，逮捕主要成員鄭國平等三名香港人及四名也曾被騙過、後來被利誘成為共犯的台籍人士，初步估計，這個集團今年至少已詐得兩億元。

這個「假期貨、真詐欺」集團，由香港人鄭國平及練卿竹、劉穎欣等兩女一男主導，他們召募不知情員工，以職場必備知識，鼓動他們下海操作國際期貨、外匯，再提供不實的交易資訊，詐騙他們下單，並以親自操作的手法取信於客戶，孰知客戶只對著電腦操作買賣，卻永遠拿不回獲利，發現被騙後再以利誘吸收入夥，聯手

向新進客戶與員工詐騙，以此類似老鼠會的手法擴張。

　　警方指出，市刑大偵七隊持續針對港籍人士來台成立的地下期貨與外匯買賣詐欺集團進行掃蕩後，又發現設在台北市博愛路的「維邦國際開發工作室」，於九月間更換公司名稱爲「進展資訊社」後，又繼續向不知情的投資者大肆詐騙，乃暗中會同電腦犯罪小組監控蒐證。

　　廿四日晚間，警方持搜索票展開收網行動，當場將涉嫌的鄭國平等三名港人，以及「分析師」洪偉智、范家源及下單專線記錄員陳雅萍、游惠瑛共七人逮捕，並起出工作紀錄表、合約書與不實的外匯、期貨電腦資訊紀錄等。鄭等三人矢口否認涉有詐欺不法，但洪偉智則向警方供承他是遭到鄭等三人詐騙又拿不回資金，才被吸收成爲集團的「分析師」，共同向新進人員及客戶騙錢。

　　警方調查，此一集團下單每口爲七百美元，從今年初迄今，至少已詐得二億元新台幣，而警方進行搜索時，現場還有四名「投資人」正在操作，其中一名婦人還不相信公司騙她，因爲公司前幾天已經爲她賺進十幾萬元，只是她自己昨日估算錯誤才倒賠二十萬元，警方認爲這類金光黨以此掌控被害人的心態。

　　全案昨日訊後，將鄭等七人依常業詐欺、違反期貨交易法罪嫌送辦；另帶案調查的何姓總機等五人，因無犯罪事證被釋回。

　　【案例13】　　　　　　　　　　　　　【潘欣中／新竹報導】

對抗金光黨　新竹郵局活教材[27]

　　金光黨喜歡挑單身老榮民詐財，新竹郵局最近先後發現有兩名老榮民迷迷糊糊到郵局提款大筆現金，所幸郵局辦事員查覺有異，嚇退在郵局外等候的金光黨，郵局以此爲案例，請所有「第一線」郵局職員代老榮民「把關」。

　　新竹榮民服務處說，金光黨之所以「盯」單身老榮民詐財，主要是單身老榮民生活穩定，多少有點積蓄，但年紀大了頭腦不是很靈光，金光黨以一搭一唱方式誘之以利，老榮民稍一不慎就被騙，

有名老榮民的百餘萬元「棺材本」，在兩個小時內被金光黨騙走，氣得差點自殺。該處也針對此加以宣導，但金光黨詐騙伎倆不斷翻新，如果施用迷藥，更是在防不勝防。

新竹郵局最近及時阻止兩件金光黨詐騙老榮民，都是在老榮民帶著存摺和印章到郵局提領數十萬元存款時，郵局辦事員發現是筆「大數目」，特別詢問用途為何，感覺不對勁，提議老榮民帶他到郵局外查看，果然嚇跑在門外等候的金光黨。有鑑於老榮民遭金光黨詐財防不勝防，如果到郵局提款時，郵局辦事員多加注意，可及時化解。新竹郵局以前兩案例為教材，請「第一線」的職員多加留意，有人形容這是「做功德」。

【案例14】

金光黨詐騙通訊行　真鈔瞬間變假鈔[28]

歹徒以偷天換日的手法，不知不覺中將放在眼前的真鈔，瞬間換成玩具假鈔，精妙的調包手法令警方訝異。

北市中山區傳出一起金光黨利用玩具假鈔詐騙案，通訊行店員帶著歹徒選購的手機前約定地點，結果遭歹徒以偷天換日的手法，不知不覺中將放在眼前的真鈔，瞬間換成玩具假鈔，精妙的調包手法令警方訝異。

一名通訊行王姓店員19日拿著一疊玩具假鈔，前往中山警分局報案遭金光黨詐騙。王姓店員表示，下午3時30分許，一名自稱「吳小姐」的女子打電話到店內，指名要購買目前市面上流行的手機，並以上班不方便為由，約定店員到錦州街上的一家咖啡廳見面交貨。

王姓店員帶著3支手機依約前往，一名自稱是「吳小姐」秘書的男子出現，表示老闆臨時有事代為看貨，同時出示一包裝有真鈔的牛皮紙袋，隨後將紙袋放在桌上。王姓店員則向其講解使用方法，男子隨後表示要把手機拿給老闆選擇，不料竟一去不回。王姓店員久候下心生懷疑，查看紙袋後才發現，原本真鈔在不知不覺中已被換成玩具假鈔，趕忙向警方報案。

　　大部分金光黨作案的手法多是以數人為1組，由其中1人負責裝瘋賣傻或拿錢炫耀，另1人則藉機向被害人搭訕，假意與被害人串謀騙錢。通常會佯稱要把騙來的錢捐給慈善團體，藉以降低被害人戒心，隨後鼓動被害人提領鉅款，再搭上第3名同夥所駕駛的計程車，途中偷偷將被害人金錢掉包，並藉故要被害人下車後逃逸無蹤。

　　較以往不同的是，這起案件則是由1名歹徒打電話假意要購買商品，為了防範被店家的錄影監視器拍到，歹徒會藉故要求店員拿著貨品，前往指定的咖啡廳等沒有監視器的場所，再加上歹徒詐騙的金額不大，商家的戒心也就相對降低。這一名歹徒偷天換日的精妙調包手法也頗令警方訝異，呼籲民眾及商家應多加防範。

【案例15】　　　　　　　　　　　　　【孔令琪／台北報導】

色情金光黨　油壓A嫖客[29]

　　國內最近出現無照色情護膚中心連鎖店，強拉過路民眾消費，或以色誘半騙半強迫方式，騙男顧客刷卡加入會員，曾有客人花了上百萬元，卻連小姐都沒「上過」，許多上當受騙的男子礙於面子，忍氣當「冤大頭」。由於這類以色情為餌的色情詐財手法類似金光黨，警方將他們稱為「色情金光黨」。

　　色情指油壓中心原本活躍在大台北地區，近年來在警方大力取締下紛紛關門。但詐財集團看上許多民眾喜歡到指油壓中心尋歡的特性，成立連鎖店詐財，目前警方所掌握的色情金光黨有三大集團活躍在大台北及中南部地區。

　　據了解，這種色情金光黨的詐財集團，是以指油壓、粉壓中心護膚店為幌子，並以擁有多家連鎖店、美女如雲、服務週到等宣傳，一方面在媒體刊登廣告招攬客人，另一方面則是在店的周圍以夾車小廣告或由集團成員扮色情黃牛拉客。

　　警方人員說，色情金光黨最擅用的手法是利用「美女牌」。不法分子找來數個身材、面貌姣好的女子，穿著火辣接待上門的客

人，當客人情慾難耐時，女郎會向客人表明要加入會員才能對她
「為所欲為」，客人在「性急」下，都會刷下數萬元不等的入會費。

由於這類色情金光黨集團背後都有黑幫背景的人士操控、圍
事，加上大多數的男人都不會因為玩女人出糗，向警方報案，因
此，受騙後大都忍氣吞聲，使得詐財分子行徑愈來愈猖狂。

【案例16】　　　　　　　　　　　【張南詠／南投報導】

金光黨行騙老榮民三萬餘元[30]

住在名間鄉赤水村的七十四歲董姓老榮民，十五日在台銀南投
分行前被兩男一女組成的金光黨歹徒騙走三萬餘元，換來的只是裝
有報紙及麵條的手提袋，事後被害人向南投警分局報案，警方正循
線追查。

警方調查，雲南省的董姓男子準備下週與同鄉鄉親一起返回大
陸探視及掃墓，今天上午他獨自騎機車攜帶三萬餘元現金到位於南
投市復興路的台銀南投分行準備兌換美金作為旅費，董姓男子到達
台銀前，即有兩男一女上前搭訕。

其中一名男子指著頭戴灰色帽子的婦人，指出該婦人是個傻
瓜，其藍色手提袋內有十萬元現金，並要婦人打開其手提包，董姓
男子一瞧，果然裡面都是千元新鈔，接著另一男子幫腔表示何不把
錢騙過來大家一起平分。

董姓男子聽到後一口回絕，後來歹徒又慫恿一起到名間鄉一起
唱卡拉ＯＫ，歹徒連哄帶騙要董姓男子上車，到了車上後馬上建議
董把身上的錢一起放在婦人的皮包內，車子到了名間鄉台三線彰南
路時，歹徒便要董先拿手提袋下車等候，表示要先將婦人載去水里
鄉，再回來載他一起去唱歌，董不疑有詐，但等了超過一個小時，
打開袋子一看，赫然發現裡面都塞滿報紙及一包麵條，始知被騙。

被放鴿子的董姓男子只得叫計程車返回台銀南投分行騎機車，
並到南投縣榮民服務處請求協助，獲悉董姓男子所有的台銀及名間
鄉農會之存摺及印章等也一併被騙走，馬上向銀行及農會申請止

付，後來才知道有名婦人曾拿董姓男子存摺及印章到集集鎮農會提領，內有六萬餘元，農會櫃台人員叫董姓男子的名字時，該婦人發現苗頭不對隨即離現場，董姓男子在名間鄉農會的六萬多元才未被盜領。

今天下午，董姓男子正式向南投派出所報案，他沮喪地表示，五年前曾結婚，兩年前離婚，如今剩下不多的積蓄又被騙走，看來這次大陸行恐要被迫延後。

15. http://news.yam.com/ftvnews/20010905/078772.html（金光黨詐騙50萬現金成保久乳）

16. http://ctnews.yam.com.tw/realtime/200103/20/75839.html

17. http://ctnews.yam.com/realtime/200109/10/104098.html

18. http://ctnews.yam.com/realtime/200109/04/103242.html

19. http://www.cts.com.tw/news/headlines/news20011018N8.htm（遭歹徒釘上？又搶又騙 半年三次）

20. http://www.ttnn.com/cna/011010/s47_b.html（美阿戰爭熱 金光黨騙術翻新）

21. http://www.cts.com.tw/news/headlines/news20011107A11.htm（勳章為餌詐榮民金光黨改弦易轍）

22. http://news.sina.com.tw/sinaNews/ttv/twSociety/2001/1029/10136533.html（佯稱介紹女友 金光黨詐財百萬）

23. http://www.libertytimes.com.tw/2001/new/aug/29/today-c6.htm（跨海期貨金光黨 假徵人真詐財）

24. http://www.ttnn.com/cna/010621/s65_b.html（騙徒老戲碼民眾老糊塗）

25. http://www.7top.com.tw/new/New8912/new89122605.htm（麵條換現金， 租屋騙押金 兩金光黨橫行大台北！）

26. http://www.libertytimes.com.tw/2001/new/oct/26/today-c1.htm（地下期貨集團 年初迄今七嫌詐騙兩億）

27. http://be1.udnnews.com.tw/2001/5/31/NEWS/DOMESTIC/NORTH-TAIWAN/MISCELLANEOUS/309337.shtml（對抗金光黨 新竹郵局活教材）

28. http://www.tcpsung.gov.tw/cybercrime/d6.htm（金光黨詐騙通訊行真鈔瞬間變假鈔）

29. http://be1.udnnews.com.tw/2000/12/25/NEWS/TODAYNEWS/SOCIETY/100718.shtml（色情金光黨 油壓A嫖客）

30. http://ctnews.yam.com.tw/realtime/200102/15/69780.html（金光黨行騙老榮民三萬餘元）

金光黨犯罪之特性

　　個人綜合上述案例，歸納出金光黨集團之特性為：

1. 成員善於操弄人、利用人。
2. 成員間的默契十足、善於演戲。
3. 成員性格的貪心與狠心，對被害人無同情心。
4. 善於利用人性的弱點：如人性中的貪婪心、同情心和色慾。
5. 組成分子人數不一：有一人組、二人組、三人組、或更多人數的組合。
6. 成員間分工合作，分別扮演不同的角色。
7. 善於利用人際間的互信原則。
8. 善於利用理財投資的觀念，來說服受害者。
9. 善於利用受害者的需求，行騙詐財。
10. 善於利用老年人頭腦退化、不靈光和缺乏判斷力的特點。

　　金光黨詐財，所牽扯的兩造－即受害者與詐欺者，雙方的關係是十分微妙的。張平吾在其書中提到[31]，在詐欺犯罪中，存在著一種特定的人際關係，此一關係，具有極明顯不平衡之特性，如犯罪者必須具有或製造出一定之優勢，在彼此互動過程中，處於支配地位。被害者或因輕信，或有意追求不當利益或所得，跳入犯罪者所設下之陷阱中。詐欺犯罪者被稱為是「一個善於觀察人們反應和建立良好人際關係之優秀心理學家，是善於捕捉他們所設定之潛在被害者」。

31. 警察百科全書 第七編被害者學 第507頁 第三十一章被害者與犯罪者 張平吾

金光黨詐財在法律上之適用

刑法部分

第三百三十九條：普通詐欺罪

意圖為自己或第三人不法之所有，以詐術使人將本人或第三人之物交付者，處五年以下有期徒刑、拘役或科或併科一千元以下罰金。

以前項方法得財產上之不法利益或使第三人得之者，亦同。

前二項之未遂犯，罰之。

第三百三十九條之一：以不正方法由收費設備取得他人之物或利益罪

意圖為自己或第三人不法之所有，以不正方法由收費設備取得他人之物者，處一年以下有期徒刑、拘役或三千元以下罰金。

以前項方法得財產上不法之利益或使第三人得之者，亦同。

第三百三十九條之二：以不正方法由自動付款設備取得他人之物或利益罪

意圖為自己或第三人不法之所有，以不正方法由自動付款設備取得他人之物者，處三年以下有期徒刑、拘役或一萬元以下罰金。

以前項方法得財產上不法之利益或使第三人得之者，亦同。

第三百三十九條之三：以不正方法將虛偽資料等輸入電腦，不法取得他人財產或利益罪

意圖為自己或第三人不法之所有，以不正方法將虛偽資料或不正指令輸入電腦或其相關設備，製作財產權之得喪、變更紀錄，而取得他人財產者，處七年以下有期徒刑。

以前項方法得財產上不法之利益或使第三人得之者，亦同。

第三百四十條：常業詐欺罪

以犯前條之罪為常業者，處一年以上七年以下有期徒刑，得併科五千元以下罰金。

※所謂「前條」應指前四條，刑法於八十六年修正時未一併因應增列三百三十九條之一、二、三而修正，已建議修法。

第三百四十一條：準詐欺罪

意圖為自己或第三人不法之所有，乘未滿二十歲之人知慮淺薄，或乘人之精神耗弱，使之將本人或第三人之物交付者，處五年以下有期徒刑、拘役或科或併科一千元以下罰金。

以前項方法得財產上之不法利益，或使第三人得之者，亦同。

前二項之未遂犯，罰之。

組織犯罪條例

至於金光黨詐財是否適用組織犯罪條例，至今仍頗受爭議，以下是最近法院的判例：

【宋伯東／台北報導】

金光黨集團二審今宣判　十三人被處重刑[32]

台北地檢署於民國八十七年偵破國內最大規模金光黨集團，認為以賴永川為首的金光黨是具有集團性、暴力性的犯罪集團，首度依違反組織犯罪條例提起公訴，但台灣高等法院合議庭認為被告行

為尚未符合組織犯罪要件，且強盜部分不能證明，因此變更起訴法條，仍維持一審依刑度較輕的常業詐欺論罪。

雖然組織犯罪條例不成立，但合議庭認為被告行為惡劣，詐騙人數、金額均為歷來罕見，故依其情節從重量刑。賴秋明、賴招君處四年十月徒刑；曾樹榮處三年十月徒刑；許文穗、黃金譽、陳志明各處四年六月徒刑；陳宏一處三年八月徒刑；賴俊州處四年徒刑；周永法處四年八月徒刑；賴麗萍處五年四月徒刑；張淑玲、黃得福、林水溢、許義順各處三年四月徒刑。

檢方共起訴賴永川等廿三名被告，一審判決其中八人無罪，經檢察官上訴後，高院合議庭先行審結其中廿一人部分，維持一審十三人有罪、八人無罪判決。至於一審被依常業詐欺罪，合併應執行七年二月並強制工作三年的主謀賴永川等三名被告，合議庭尚未審結。

以往追訴金光黨集團，大都依常業詐欺罪起訴，刑責為一年以上七年以下；此案被害人近百人，檢察官認為該集團由賴永川發起，內設「總務」及「幹部」，分層指派任務，不法所得高達上億元，故依違反組織犯罪條例罪嫌起訴，最重可處有期徒刑十年，並得強制工作，罪刑加重很多。不過，一、二審法官均未認同。

按法務部八十七年二月編印之「組織犯罪防治條例立法資料彙編」第一頁「組織犯罪防治條例草案總說明」明示：「近年來，黑道幫派已由擁槍自重、霸佔地盤、互相火拼等暴力犯罪，改以組織化、企業化的型態，實際從事職業賭場、地下錢莊、色情行業、販毒、走私、甚或介入公共工程等經濟活動之非法惡行，更有以暴力操縱選舉，嚴重衝擊社會治安以及民主法治的發展，而我國目前防治黑道的法律，主要有刑法及檢肅流氓條例，但刑法第一百五十四條之規定過於簡略，而檢肅流氓條例部分條文又經司法院釋字第三八四號解釋為違憲，對於以企業化、組織化販毒、走私、介入公共工程、從事恐怖活動、洗錢等犯罪為宗旨的組織犯罪集團，無法加以規範，致無法發揮掃黑及除暴的功能。近來社會大眾及輿論，要

求制定防治犯罪組織法律之呼聲日增，…… 爰衡酌其他國家防制組織犯罪之措施與立法例、我國社會環境之實際需要，及以往防制黑道組織犯罪所發生的問題擬具『組織犯罪防治條例草案』。

　　足見我國組織犯罪防治條例之制定與黑道有直接的關聯性，也因此把「組織犯罪」的定義窄化了，造成刑事司法實務上與學術上，有分歧的見解。所以若以法治的觀點來看「金光黨組織」仍缺乏法定要件，就像宗教組織斂財，難以組織犯罪條例來定罪是同理的。但是若以學界之眼光來看，許多人仍贊成「以組織型態來從事犯罪行為即屬組織犯罪」，個人亦持如此之觀點。所以，個人贊同蘇南桓所提：「蓋組織犯罪從事社會掠奪行為時，其犯罪手法未必限於暴力性或脅迫性，以行賄、收買、詐術等和平手段，亦可遂行其目的。」[33]

32.http://www.google.com/search?q=cache:http%3a%2f%2fudnnews.com%2fFLASH%2f14735.htm+金光黨&hl=zh-TW&lr=lang_zh-TW（金光黨集團　二審今宣判　十三人被處重刑）
33.如本文前述第3頁。

金光黨詐財之理論探討

　　犯罪理論之發展，從十八世紀之犯罪古典學派、到十九世紀之犯罪學實證學派、到二十世紀之犯罪學理論之發展與整合。這些學派在解釋犯罪原因時，就各個觀點言，均言之成理，個人認爲古典學派很能解釋金光黨理性犯罪、追求功利主義之犯罪抉擇。蓋古典學派強調個人意志，犯罪是經由理性抉擇後的行爲表現，當犯罪所得之利益和快樂，大於被逮捕和懲罰之痛苦時，人便會傾向去犯罪。對於經濟犯罪、財產犯罪、及白領犯罪，以古典學派來解釋是恰當的。

　　一個銅板不會響，如果只有具備犯罪動機的犯罪人，卻沒有被害對象，犯罪行爲將無由成立。尤其像詐欺這種行爲，更不能免去兩造間的互動，所以，在研究金光黨詐財犯罪時，被害者的特質，是值得深入去探究。以下是從被害者的觀點切入，作理論性的探討。

生活方式暴露理論

　　此理論係由亨得廉氏（Hindelang，M，J，）所創，認爲一個人之所以遭受被害，係因其本身具有某些特性（characteristics），導致被害危險性增加，甚或成爲犯罪之被害人。生活方式與被害有極密切的直接關係，個人的生活方式導致接

觸交往的情境也有所不同，個人因居住地點及個人屬性的不同，影響個人被害可能性之大小。[34]亨得廉指出：個人之被害，必須有加害人與被害人的生活步調，在特定時空上須有互動的機會。且情境必須相當有利於犯罪。加害人必須有犯罪的動機和企圖。而被害人則是被鎖定爲下手的適當對象。由於個人在社會結構中的位置不同，所扮演的角色亦不同。個人在社會上的適應，受社會結構（social structure）及角色期許（role expectations）之限制和約束。社會上的各種制度，約束和限制了個人對其行爲的選擇權。個人安排其職業與休閒等活動方式，影響到於特定地點、特定時間與具有特殊人格之特定人接觸。故個人之生活方式除直接影響個人暴露於危險情境之機會外，，亦間接透過加害人與被害人之間的接觸互動，而影響被害可能性之大小。[35]

金光黨之犯罪行爲，其犯罪成員擅於捕捉被害人，或於街頭上、或於幾個特定據點，搭訕被害者，與被害人產生了接觸和互動，並藉由高超的演技，取信於被害者，然後使被害者在不設防的情形下，掏出所有的家當。

日常活動理論

由科恩（Cohen）及費爾遜（Felson）所提出，他們將日常活動定義爲：不斷出現而普遍性之活動，可供一般人或個人之基本需求，無論是發生於生物或文化上之需求均是[36]。認爲犯罪之發生，必須在時空上有三項因素聚合：

34.參照張平吾 被害者學 三民書局 被害者學理論，121頁。
35.參考楊士隆 犯罪學 90年版159頁。
36.參照張平吾 被害者學 三民書局 被害者學理論，128頁。

1.具有能力與犯罪傾向之犯罪者。

2.合適之標的物。

3.足以遏制犯罪發生之抑制者不在場。

此外，林曲（Lynch）亦對本理論提出四個核心變項要素：[37]

1.暴露（Exposure）：被害者暴露於潛在犯罪者可看見或可身體接觸之情形。

2.抑制者（Guardianship）：能阻止或預防犯罪人得逞的障礙物或人。

3.對危險之認知（Perceived Dangerousness）：即被害者之警覺性。

4.吸引力（Attractiveness）：指犯罪標的物。

金光黨的主要目的是詐財，所以他們鎖定的對象，基本上必須是有財物（標的物）可騙的人，他們會先觀察對象，然後再鎖定對象，只要被害者出現（暴露）在他們的視力範圍內，就會成為他們觀察鎖定的對象，如果被害者又剛好不設防，欠缺判斷力，認知不足，又沒有第三者（抑制者）從中阻止，便容易掉入陷阱中，成為受害者了。

個人被害因素理論

被害者的個人因素，如個人的特性，往往也決定了是否受害的原因。史帕克斯（Sparks）將被害因素歸納，個人認為以下幾項因素與金光黨犯罪被害有關：[38]

37.參考楊士隆 犯罪學 90年版，163頁。

38.張平吾 被害者學 三民書局 被害者學理論，131、132頁。

1.弱點因素：即被害者因其屬性、或身體上、行為態度上、或
　社會環境下，有某些弱點，而極易陷入被害的危險情境中，
　如老弱婦孺、心智缺陷、及教育程度較低者，極易成為各種
　犯罪被害的對象。

陪若（Panel）將此弱點分成三類：

　1.生態弱點：如居住於高危險區。

　2.地位弱點：如性別、職業或社會階層。

　3.角色弱點：起源於個人無法快速脫離各種關係。

2.機會因素：即被害者不幸陷入某種有利於犯罪的情境，讓歹
　徒有可乘之機。

3.吸引因素：即被害者本身具有足以導致加害者犯罪之明顯標
　的，如財物。

金光黨被害人之分類

從被害者學的觀點，探討金光黨被害人之特性，亨利氏（Hans
Von Hentig）將被害者依生物學即心理特性加以分類，其中較易成
為金光黨詐財對象者如下：[39]

1.老人被害者-老年者因有錢財、即體力較弱等特性，較易成
　為掠奪斂財的對象。

2.心智缺陷被害者-因其理解力、判斷力、及觀察力較常人缺
　乏，極易成為被害者。

3.貪得型被害者-此類被害者極易陷入加害者預設的陷阱中，成爲詐欺之被害者。

4.智能不足之被害者-智能不足者易因思慮單純而受害。

結論

　　金光黨詐財，係利用人性中的幾個弱點，爲了營造一種使被害人信任的氣氛，大都以集團式的型態組合而成，成員間分工合作、默契十足、擅於演戲，扮演不同的角色，以營造出優勢的氣氛，使被害者在不知不覺中，受其支配，跳入其所預設的陷阱中。他們的犯罪手法，雖常經報章媒體披露，呼籲民眾提高警覺，但卻不斷地有民眾受害，陷入其中。有些受害者礙於面子或其他原因，並沒有向警方報案，所以此類的犯罪，有極高的犯罪黑數問題。用詐騙的手法犯罪，雖不若暴力犯罪般具有威脅性，但卻足以使人傾家蕩產，甚至連養老的老本都沒了，所製造出的社會問題，卻是不容忽視的。

39.警察百科全書　第七編被害者學　第478、479頁　第二十六章被害者與犯罪者　張平吾

Chapter9

兩岸偷渡問題成因之探討

- 前言
- 相關名詞界定
- 人蛇集團與組織犯罪之關係
- 大陸地區人民偷渡原因之探討
- 結論

曾姿雅

高雄醫學大學心理系畢業
中正大學碩士研究生

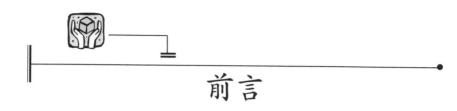

前 言

　　2001年6月18日深夜，英國多佛港海關發現58名大陸偷渡客慘死在卡車中，舉世震驚，但這並不是孤立事件，早在1993年6月，一條搭載著300多名大陸人的"金色冒險號（Golden Venture）"搶灘美國海岸登陸事件被報導出來之後，加上這些非法移民（及俗稱之"偷渡客　"）為各個國家帶來嚴重的社會問題，使的近十年來世界各地開始密切注意非法移民的問題。

　　在台灣，很多人可能會以為這是一個新的犯罪現象新的犯罪問題，但早在明清時代，中國便開始有非法移民、偷渡等問題出現，只是當初所衍生的問題並不似今日嚴重。近來警方在各地頻頻查獲大陸女子在臺賣淫事件，依行政院大陸委員會[1]統計自1987年至90年9月底為止總共查獲41373名非法入境者，而其中未查獲者的數量更是不容忽視，台灣幾乎歲歲月月都有偷渡的大陸同胞，可以說，不僅在新聞紙上是常見的"新聞"甚至已經成了國際和台灣媒體上常見的大事件。

　　俗話說：「月是故鄉圓」「物離鄉貴，人離鄉賤」。這些偷渡客為何甘冒生命危險到外國去「淘金」，讓許多人相當不解且深為困惑，到底這背後的驅力為何，足以使他們一而再再而三的進行偷渡，實有必要深入了解，試圖找出這背後的因素，才能讓我們對此問題有更深入之了解，加以偷渡手法不斷創新，這更是一件刻不容緩之工作。所以以下會先就人蛇集團及組織犯罪之關係進行探討，再就兩岸偷渡問題之成因進行分析。

相關名詞界定[2]

大陸地區人民

依據「台灣地區與大陸地區人民關係條例」第二條、第三條及本條例施行細則第四、五、六條之規定,「大陸地區人民」之定義,可以歸納為下列三項:

1. 在大陸地區設有戶籍之人民
   包括在大陸地區出生並繼續居住之人民,其父母雙方或一方為中國人在內,但大陸地區人民經許可進入台灣地區居住,並設有戶籍者,為台灣地區人民。所謂「台灣地區」者,係指台灣、澎湖、金門、馬祖及政府統治權所及及其他地區:而「大陸地區」,則係指台灣地區以外之中華民國領土。

2. 台灣地區人民前往大陸地區繼續居住逾「四年」者
   係指進入大陸地區之翌日起,四年間未曾返回台灣地區或曾前往第三地區,每次未逾三十日而言。但受拘禁、留置或依法令而停留在大陸地區之期間,不予計算。

3. 大陸地區人民旅居國外者
   不包括旅居國外四年以上,並取得當地國籍者在內。

1. 行政院大陸委員會http://www.mac.gov.tw/statistic/ass_1p/appm2t.htm,2001年12月14日參訪。
2. 行政院大陸委員會:「防制大陸地區人民非法入境」,第3-5頁,中華民國八十六年六月。

非法入境

一般所稱「非法入境」，是指凡未依「國安法」第三條之規定向境管局申請入境許可，非法進入台灣地區者而言。依據「兩岸人民關係條例細則」第十三條之規定，所謂「未經許可入境者」，「包括持偽造、變造之護照、旅行證或其他相類似之證書，或以其他非法之方法入境者在內」，實務上，將「非法入境」大陸地區人民歸納為兩大類：

1. 持用偽造、變造護照或冒用證件朦混入境者—多係搭機自「空中」（機場）非法來台，少數係搭乘客輪（船）自台灣港口入境。
2. 搭（漁）船偷渡入境者—指自大陸地區搭船舶，由「海上」直接偷渡來台者，亦即通俗所稱之「大陸偷渡犯」。

大陸偷渡犯

所謂「大陸偷渡犯」一詞，以偷渡方法來台，基本上是犯罪行為，故簡稱為「偷渡犯」，其正式名稱應為「未經許可入境」（非法入境）之大陸地區人民。易言之，係指大陸地區人民，未依規定向入出境管理局申請入境許可，亦未經正常之查驗手續，即逕自大陸地區搭乘船舶由海上經海岸登陸之非法入境台灣地區者。

人蛇集團

　　係指居間媒介、專門安排大陸地區人民非法偷渡至大陸以外地區的一群人所組合而成的犯罪組織，通俗所稱「蛇頭」者，即屬「人蛇集團」之一份子。目前「人蛇集團」份子，除大陸地區人民外，更有台灣地區人民參與，雙方合作，以「組織化」、「企業化」、「國際化」方式經營「偷渡」。

人蛇集團與組織犯罪之關係

　　文獻上[3]大部分的研究者均認為組織犯罪之定義為：組織犯罪是一個連續不斷存在之企業體，以理性的方式從公眾所需的非法活動中獲取利益，同時以力量或威脅的方式保障其繼續生存，而以腐化的方式行賄官員免於制裁。

　　依據人蛇集團的性質而言：三人以上，因為許多人需要非法入境它國而選擇從事人口偷渡之工作從中獲取大量之金錢報酬（以理性的方式從公眾所需的非法活動中獲取利益），如果偷渡犯付不出偷渡費便會施以暴力毆打、身體虐待、強迫從事廉價工作或從事賣淫來償還偷渡費用，甚至導致其喪失生命等方式使其可以繼續獲取大量利益（同時以力量或威脅的方式保障其繼續生存），勾結大陸

3.警學叢刊：美國組織犯罪現象及抗制措施，第3頁，民國85年7月。

勞務官員製作假證件、賄絡官員而免受處罰（而以腐化的方式行賄官員免於制裁）。

運作架構方面：根據Cressey[4]（1972）的看法，只有具有基本理性的集合體才算得上有組織。所謂理性化乃包括了成員的技能、活動的長久性、紀律，以及逍遙法外的本事。而他爲『理性化』提供了運作的定義，那是以組織內的定義其結構上所設有的職位去衡量。（**如表**9-1）

表9-1　組織的理性化尺度

指標（職務、職位）	度　數					
	最高					最低
總長	＋	－	－	－	－	－
賄賂員、受賄員、訓導員	＋	＋	－	－	－	－
賄賂員、受賄員	＋	＋	＋	－	－	－
戰略策劃員	＋	＋	＋	＋	－	－
策略策劃員	＋	＋	＋	＋	＋	－
機動協調員	＋	＋	＋	＋	＋	＋

註：「＋」表示該組織內部設有該職務或職位之行駛
　　「－」表示無

組織最嚴密之犯罪集團，其結構上應該設有總長或總監這個職務，或類似的職位，或有職員行使類似的職務。總長乃各堂聯合組成的委員會的主席。

理性化程度稍微低一點的集團，沒有總長這個職位，卻設有賄賂員、受賄員、訓導員的職位或職務。賄賂員負責統籌向有關政府官員行賄之工作。受賄員是指在有關政府部門工作，而本身接受犯罪集團行賄的人。訓導員的任務是主持紀律。再下來的戰略策劃員乃策劃集團的活動，如與其它集團合作、內部發展等等。策略策劃員乃管理人事、人員招募及訓練等。機動協調員是僅用來攻擊他人或防衛本身的而已。

大陸台灣地區的人蛇集團雖似有上下的管理，如有「蛇頭」主導指示分派工作，實際上在解釋其是否爲組織犯罪中的"組織"（基於功能專業分化、分工原則、授權級層有明確規定而形成的科

層制度）時，本文認爲具有科層制的結構才算是較爲嚴謹的組織，亦即是Cressey的第六階層。

廣義而言，大陸台灣地區的人蛇集團發展至此並不如大家認爲是一嚴密之組織，應是尚在集團之階段，只是其有趨向於“企業化”、“組織化”的型式。綜合美國學者Lupsha[5]認爲幫派或組織犯罪團體有三個演化階段來看，大陸台灣地區之人蛇集團現今應該是處於理性化程度稍微低一點的寄生時期，但由於其先前之偷渡方式成功率較低，爲了提高成功率而能繼續生存下去，所以開始會對政治體系進行腐化或賄賂，賄賂邊防檢查機構人員，或者僞造文件等，理論上尚未完全演化完整。

反觀歐美地區之人蛇集團似乎已經是一個較爲嚴謹定義下之組織犯罪，其原因可能爲：由於爲了入境歐美國家，其間路途遙遠，爲了提高成功率，加以中間過程環環相扣，工作必須分工合作且有一大型組織策劃方能突破種種難關而成功抵達，不似台灣地區與大陸之間海域相近距離短，偷渡過程所費工夫較少，所以各個地方都必須有人接應，即使到了偷渡目的國，也有律師等爲其服務，教導其鑽當地法律漏洞而可達到停留在偷渡國暫時不被遣返而再趁機偷跑之目的，所以就國外而言幾乎已經達到共生之階段。

4. 麥留芳，個體與集體犯罪，第148-152頁，民國80年7月一版，巨流圖書公司。上述所提到的職位或職務名稱，並不一定卻有其事，或卻有完全一樣之名稱。另外，在上面曾交替應用「職位」或「職務」兩個名稱，那是表示結構上不一定要設有該職位，只需有人執行類似的任務即可。因爲我們不曾聽說有哪個機構明目張膽地設有賄賂員或受賄員之類之職務。要找出這類職位，無疑是捕風捉影。

5. 許春金，犯罪學，第670頁，民國八十九年八月修訂版。三民書局。幫派或組織犯罪在地緣條件，和外在重要的經濟及政治因素下形成後，會透過三個階段而演化：暴力時期（predatory）、寄生時期（parasitical）、共生時期（symbiotic）。任何一個幫派或組織犯罪團體軍需經過一個或超過一個以上階段的演化。

　　就兩岸地區人蛇集團而言，近年來手法不斷翻新，加上報導[6]指出每年販運偷渡客的全球貿易額高達40億美元，如此大之利益所得，可能會使如黑道組織等亦想分一杯羹從中獲利，只是將走私的貨品由毒品、漁獲、香煙等物品變成走私「人」罷了，而且所受的刑罰亦較輕。因此基於各種趨勢台灣大陸地區之人蛇集團有可能會慢慢演變成組織犯罪，不容忽視。

大陸地區人民偷渡原因之探討

大陸地區之探討

地理因素

地形限制：天然資源缺乏，工作機會少

　　根據有關資料顯示大陸地區非法偷渡來台者以福建省籍的居多[7]，以福清、福州、平潭、連江、惠安、泉州、石獅、廈門等縣市的居民為多，尤以平潭地區，為大陸偷渡客最愛之「輸送區」，也是人蛇集團之根據地。因此有「美國人最怕長樂人，日本人最怕福清人，台灣人最怕平潭人。」這句俏皮話出現[8]。

　　這些地區交通不便，除了漁獲之外，天然資源缺乏，地質差又無可耕種之地，加上沒有家鄉企業或中外合作投資企業使得就業機會相對的不足。

此點從明清時代便其來由自，根據莊吉發（1999）[9]指出閩粵沿海州縣，地狹人稠，生計艱難，貧窮小民，計圖覓食，遂多私渡外域。而台灣土膏衍沃，人煙稀少，謀生容易，因此閩粵人民偷渡台灣，與地理背景有密切關係，由以上可知閩粵沿海地區地形貧瘠而間接促使偷渡人口產生之原因。

閩粵地區位於海岸線上

漁船往來，外界訊息的傳輸接收較內地為快，所以當內陸人在朝著外地沿海地區移動時，沿岸地區之人們早已經有遠見的準備往海外「淘金」。有較多接觸人蛇集團的機會使他們比其他想要向上流動的人更容易利用此一管道來達成目標。

閩粵地區距離台灣較近[10]

平潭縣之東沃鎮，海岸線長二十公里，距台灣新竹沿岸僅只73浬，且為對台灣漁船開放之口岸之一，由此出發十幾二十個小時便可到達台灣海岸，如搭乘快艇約四個小時便可抵達台灣海岸。此與歐美地區數千里之路程需要一兩個月時間比較起來似乎是微不足道，並可減少中間波折所會產生之風險。

6. 多維周刊，http://www.chinesenewsweek.com/4/BlackEye/294.html，2001年12月9日參訪。

7. 同註二，頁9。

8. 李書良，「大陸偷渡客命喪英倫異鄉」http://www.chinabiz.org.tw/maz/InvCina/200008-078/200008-063.html，2001年12月9日參訪。

9. 莊吉發，台灣文獻：「故宮檔案與清代台灣史研究－清代政府禁止偷渡台灣的史料」，p149，民國八十八年十二月。

10. 同註二，頁72。

政治因素

逃避政治迫害－天安門事件

　　1989年6月4日天安門事件發生，許多民運人士潛逃出境，而各國為保障人權也有提供政治庇護等措施，但這也為日後之偷渡提供一個美好藍本。[11]

滲透策略[12]

　　中共始終不放棄武力犯台之企圖，但以武力犯台又牽涉國際性複雜問題甚多，固將其武力犯台之企圖，轉換為「政治滲透策略」，縱容大批大陸人民非法入台潛伏、滲透，以便掌握台灣內部之矛盾和變化，製造社會治安和國家安全問題。根據民國80年3月香港「潮流」月刊登載「木馬屠殺八十小時解決台灣問題」文中，引述鄧小平透露1988年時，中共曾派遣總參謀部第三部（情報局）處長級幹部70餘人，分別持它國護照，分批秘密潛赴台灣實施偵查，並在軍事地區拍了許多照片，揚言只要80個小時便可解決「台灣問題」，這與目前警方掃黃時候發現部分大陸妹竟具有中共共青團的背景[13]可知，而線報也顯示，每年來台的數萬名大陸女子中，有少部分以結婚或偷渡方式，長期在台潛伏，為中共執行滲透工作。足見中共有意派員來台潛伏，值得我們密切注意。

中共縱容，管制疏失

　　中共對於當局對於大陸地區人民偷渡台灣認為是「私渡」，因為台灣被中共認為是自己的領土，且對於邊防管制工作，只是閉一

11. 許多的偷渡客一但被抓到時，通常會聲稱其是受到政治迫害，因而尋求政治庇護。
12. 同註二，頁109。
13. 李永勝，聯合晚報2001年10月10日版，http://udndata.com/　2001年12月14日參訪。

隻眼睜一隻眼,且對於遣返者之處罰從輕,亦是助長偷渡風氣的原因之一。根據日常活動理論而言,本文認為根據其三項指標之互動:(A)合適標的物(suitable targets):台灣、美國等其他經濟富裕之國家有錢可賺且需要廉價之勞工;(B)有能力之監控者(capable guardian)的不在場:中共官員沒有嚴格管制邊防,甚至幫助境內人民,所以使得民眾可以偷渡至他國;(C)有動機之犯罪者(motivated offender)的在場:失業或收入低之大陸人民,想要脫貧致富。

經濟因素

偷渡外逃民工潮[14]

沿海某些區域原住民因歷史上有向海外移民謀生的習性及具有支持移民的航海技術與管道及誘因。加上他們對於境外世界比內陸人有較多之了解,故當內地人嚮往沿海城市生活時,他們的眼光已經開始往境外瞄。因而為了能快速「脫貧致富」向海外富裕地區國家進行移民,也就成為潮流。

經濟之差距

雖然大陸的經濟成長快速,但並沒有減低貧困的問題,所以貧富差距懸殊,當我們看到上海、北京等繁榮的都市之時,別忘了在大陸其它地區甚至農村有更多窮困的居民,謀生不易,生活水準甚

14.張起厚,共黨問題研究:「大陸民工潮與偷渡外逃之關聯性之研究」,民國83年7月第二十卷第七期。民國七十幾年時大陸農民由於生活貧困,不斷的往其它地區尋求工作機會,有近6000萬人處於流動狀態,因此產生百萬民工大流動之情形產生。依實際案例來看大陸「民工潮」實可分為下列兩股主潮流:一是「城鄉民工潮」,一是「偷渡外逃民工潮」。前者是純經濟問題使然。後者則是尚帶有地域歷史習性及某些政治因素在內。

低。根據統計資料[15]指出大陸地區國民生產毛額從民國71年的277美元到87年722美元，而台灣從民國71年的2654美元到87年13114美元，台灣足足是大陸的18倍。收入相差千里，當然具有強烈之推力將其推往「淘金」國。但另一方面，突顯出中國大陸人民工資低廉的狀況，使其因此可以與淘金國產生「供需平衡」之穩定狀況，而偷渡現象可以繼續維持。

社會因素

貧窮人口多，失業率高[16]

中國政府曾驕傲地宣布，在1978年至1995年期間，約有1億8500萬貧困人口經過政府的扶持而脫貧。到1998年，貧困人口的數量進一步下降到4200萬（貧困線是年平均收入530元）。但根據世界銀行按照每天一美元的國際貧困標準測算，中國仍有3億5000萬人，即佔人口的不足三分之一，仍然生活在貧困線之下

1998年，中國的失業率只有3.1%，約570萬人。相比西方的失業率，中國的失業問題似乎並不嚴重。但中國的失業只包括在城市有戶籍人士，並在勞動部門登記要求工作。因此，失業者並不包括農民及民工。此外，失業者亦不包括「下崗」（企業為提高效率而裁減的人員）職工。從1993年開始，每年下崗總人數達千萬。如中國失業率包括下崗者在內，失業問題便顯得十分嚴峻。

而這一波之全球性經濟不景氣，無疑也是對大陸之經濟雪上加霜，因此在無法獲得較大之生活改善之下，農村人口往沿海城市或偷渡歐美地區，或集體由大陸人蛇集團帶往香港、日本，而台灣與大陸一水之隔，更為大陸人民嚮往的理想地區。

15.經濟使然，http://www.wa-do.com.tw/news/finance/p1erpe.asp
2001年12月14日參訪。87年時平均國民生產毛額：美國32489美元，
日本30124美元，香港24459美元，英國（８６年）22621美元，法國
24669美元。
16.同註15。

兩岸人蛇集團密切合作

因有兩岸地區人蛇集團密切合作，設有保證班吸引「偷渡犯」之信心，及有對台灣海岸地形熟悉之台灣漁船參與載運「偷渡犯」，使偷渡成功率，幾達百分之百，故使偷渡熱潮不斷亦是主因之一[17]。

當地文化影響

當地文化態度鼓勵其以偷渡到他國賺錢回家。

個人因素

追尋「台灣夢」

對於「美國夢（American dream）」，大家對其一致的原型為："人人均等"、"個個富豪"、只要有一雙勞動的雙手，就可以在這一片黃金土地上謀生、成功、致富。而大陸地區對於「台灣」普遍的原型為：「台灣錢淹腳目」、勞工短缺、工資高，只要偷渡成功便可賺一筆錢回家。因此有的人追尋美國夢，有的人追尋台灣夢，甚至是日本、英國、加拿大等等，但唯一不變的是那份簡單的相信。

17.同註2，頁115-118。

  ＊大陸蛇頭之演變：第一時期，只負責將偷渡客載到台灣海岸後，由偷渡客自行涉水上岸，隨即返航。第二時期，與台灣人蛇合作，改由「人蛇集團」安排找雇主或由漁船先將偷渡犯載至台灣海岸，由台灣蛇頭安排找工作。第三時期，成立一貫作業之「偷渡保證班」，保證「包路上安全，包到台灣吃、住，包介紹工作」，基於市場需求，使兩岸人蛇集團合作關係密切。

  ＊台灣蛇頭之演變：初期，與大陸人蛇合作，包攬大陸人民來台打工。中期，蛇頭以被台灣通緝、涉案赴大陸避難之黑道人物為主，攏絡大陸蛇頭招攬偷渡打工之人，然後利用台灣原有之關係及走私管道，安排運送接應上岸事宜，因此偷渡率大為提昇，逐漸形成雙方密切合作關係。近期，人蛇集團業務範圍擴大，包括如代轉金錢給大陸親友，代轉信函，出售台灣身分證......等等。

滿足基本需求

　　常會聽到偷渡犯說「不全因為窮，只為追求更好」，而且在平潭縣人生有三大事：1.蓋房子2.討媳婦3.造墳墓。根據Maslow[18]（1970）提出的需求層次（hierarchy of needs）（**圖9-1**）指出偷渡犯為了滿足其社會習俗之需求及個人追求安全穩定的基本需求（蓋房子），因此，進一步滿足個人心理需求，獲得自尊、自信，進一步自我實現，這些外在及內在之趨力，在無適當手段可以達成時，使的他們以偷渡來台工作之手段來快速完成其人生目標。

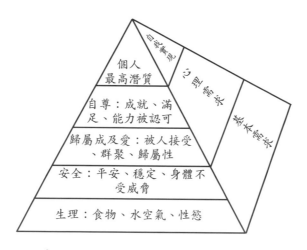

圖9-1　**Maslow**的需求層次金字塔

18.梁展鵬，心理學新論：「動機」，民國85年9月，頁117-120，揚智文化事業股份有限公司。

認知偏差－態度[19]改變之問題

　　爲什麼有的人聽到別人訴說偷渡之痛苦談後仍要冒險進行偷渡？而且被偷渡國之當地居民都認爲當地並沒有工作可以淘金，找工作並不如其想像容易，且如果是自己也不會有如此之舉動，所以會繼續偷渡實令人不解，但本文根據社會心理學所知一個人一但認知失調時，爲了減低認知失調程度，主要會採取三種方法：（A）改變行爲，使行爲與認知一致（例如：決定或放棄偷渡之行爲，而留在家鄉尋求其它致富方法）；（B）改變其中一項認知來辯護其行爲，使行爲與認知變得較一致（例如：偷渡時不一定會遇到壞的蛇頭，或我不會這麼倒楣被抓到）；（C）增加新且與行爲一致的認知來維護其行爲（例如：偷渡後賺回來的錢便可以蓋洋房讓家人過好日子，或你是因爲自己賺錢了所以不讓我跟你一樣發達）。（圖9-2）

社會聯繫論

　　首先，根據赫胥（Hirschi）的社會聯繫（鍵）理論（Social Bond Theory）[20]，認爲一個人之所以不會去犯罪，主要是因個人在其社會化過程中，受外在環境中諸聯繫關係（bond）之控制，聯繫關係越緊密，越不易陷於犯罪。反之本文認爲水能載舟亦能覆舟，所以此聯繫關係可以使一個人不犯罪亦可以使一個人在另一犯罪類型中容易犯罪。依據赫胥之社會聯繫關係有四：（A）依附（attachment）：家庭中及鄉里間之依附關係強烈，而認同內化其價值觀，所以在其家鄉趕記者而不趕蛇頭；（B）致力（commitment）：致力投入於傳統人生目標或理想（教育、職業、

19.李茂興＆余伯泉譯，社會心理學，民國84年9月，頁335-354，揚智文化事業股份有限公司。

　※你對態度對象所採取的行動或可觀察之行爲。我們可能會在某一成分多一點或某一成分少一點。

20.張甘妹，犯罪學原論，頁39，民國八十八年十月修定十三版。

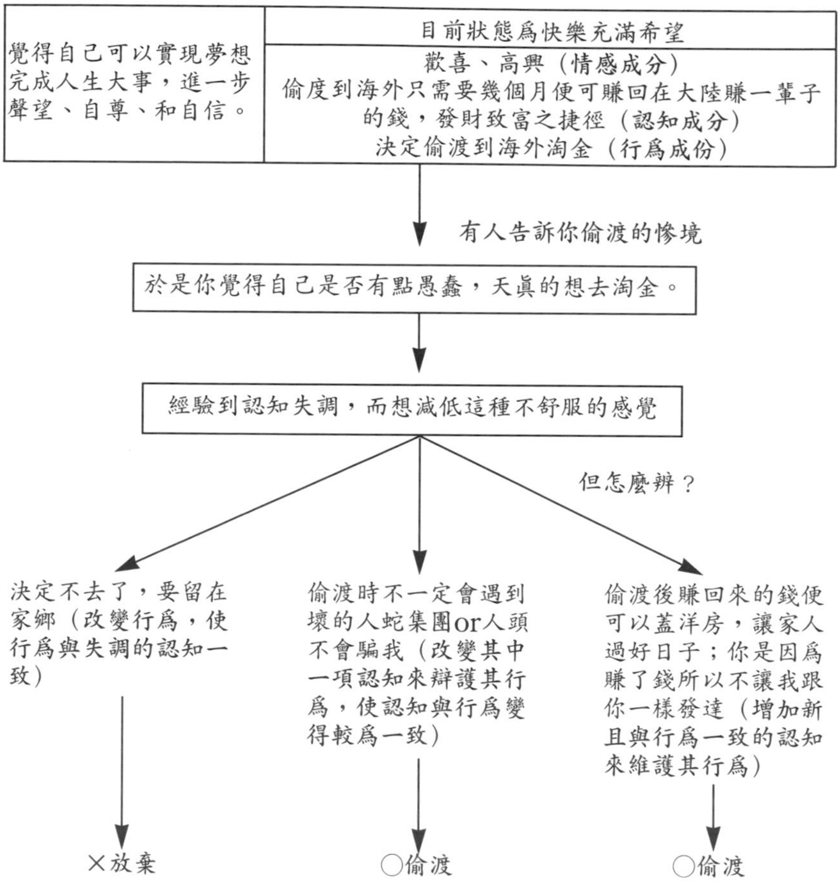

| 覺得自己可以實現夢想完成人生大事，進一步聲望、自尊、和自信。 | 目前狀態爲快樂充滿希望 |
| | 歡喜、高興（情感成分）
偷度到海外只需要幾個月便可賺回在大陸賺一輩子的錢，發財致富之捷徑（認知成分）
決定偷渡到海外淘金（行爲成份） |

有人告訴你偷渡的慘境

於是你覺得自己是否有點愚蠢，天眞的想去淘金。

經驗到認知失調，而想減低這種不舒服的感覺

但怎麼辦？

決定不去了，要留在家鄉（改變行爲，使行爲與失調的認知一致）

偷渡時不一定會遇到壞的人蛇集團or人頭不會騙我（改變其中一項認知來辯護其行爲，使認知與行爲變得較爲一致）

偷渡後賺回來的錢便可以蓋洋房，讓家人過好日子；你是因爲賺了錢所以不讓我跟你一樣發達（增加新且與行爲一致的認知來維護其行爲）

×放棄　　　○偷渡　　　○偷渡

圖9-2　認知失調平衡之路徑

家庭）之追求上，希望有錢可以蓋房子討老婆；（C）參與（involvement）：平常沒有工作可以做，則便有時間去從事一些條文上規定爲違法之行爲，如非法入境他國；（D）信念（belief）：認爲去外國賺錢是爲了維持自身之生活需求，而且沒有害人，所以不是犯罪之行爲，殊不知這亦是觸犯了現今規定之法條。所以這幾種聯繫關係使得他們覺得偷渡並不是一件壞事，而且習以爲常，變成是一件相當重要之事。

其它因素

來台依親[21]

　　十多年來，兩岸交流的結果，製造出三萬多對隔海夫妻，但我國政府每年只允許1800個申請大陸配偶來台居留配額，後來調漲到2400　個配額。福建省福清縣的李寶玉，民國八十六年成為穿梭兩岸的大陸新娘，其申請案排到民國一百零一年。因此有許多特別是已經懷孕之女子，不願久等，乃挺而走險偷渡來台依親。

蛇頭為了謀利

　　每年之人蛇集團可以獲利40億元，如此驚人之利益，使的蛇頭為了獲取引渡費用盡方法，極至招攬、煽惑純樸無知民眾，使其誤以為賺取美金或台幣很容易，幾年下來便可以衣錦還鄉，更允諾到台灣後可以為其安排工作，而樂意接受偷渡安排，故偷渡者日多。

法律觀念薄弱及中立化技巧

　　本文認為由於偷渡犯及人蛇集團等法律觀念薄弱，加上根據馬特扎（Matza）的中立化理論（Neutralization　Theory）[22]，它們知道偷渡是不對的，但在決定偷渡之前後，他們以不同的藉口，包括責任的否認（我沒有錯，我只是出去賺錢而已）；損害之否認（我不偷不搶，又沒有對別人造成傷害，而且還解決勞工荒呢）；被害人否認（根本沒有人受害）；譴責者責難（你們這些富有人，這一點錢也不讓我賺）；高度效忠其團體（家中的人希望我來賺錢的）。利用這些來解決其內心之衝突。

21.羅如蘭，時報文教基金會：「大陸新娘奔波兩岸，不堪離苦」，88年6月http://www.chinatimes.org.tw/news/1999/06/19990615_17.htm 2001年12月15日參訪。
22.蔡德輝、楊士隆合著，犯罪學，頁113-114，民國90年6月修訂再版。

被騙來台賣淫

近半年來發現，人蛇集團利用假結婚的方式，誘騙外籍女性入台的比例逐漸增高，在新聞上履見不鮮。他們先用來台工作（工作內容包括幫傭打雜等等），每月薪資二、三萬元的條件誘騙這些女性，並宣稱為了合法入境，與台灣男性結婚是最方便快速、也最不會被懷疑的方法，若以後她們想回國，再辦理離婚即可，但是一到台灣才發現，所謂的「工作」竟是從事賣淫工作。因此便出現了「假結婚真賣淫」之現象，當然仍有一些人是事前便知道來台灣是從事賣淫工作而自願前來的。為何這些人較易可能被騙來台，一方面是蛇頭濫用這些鄉民對其之信任感，一方面根據社會心理學的說服性溝通[23]觀點可知：當這些成功有錢有房子的有力人士向鄉民宣傳偷渡之好處，並舉出種種成功之例子時，這些原本態度便易受改變之人，便會受到遊說而長期或短暫改變其信任，因此便容易被騙來台（圖9-3）。

台灣地區之探求

經濟發達因素

台灣工商業繁榮、勞工缺乏，且兩岸工資落差太大，吸引大陸偷渡客來台打工。而雇主在較無語言障礙的情況下，亦樂於僱用價廉且工作賣力的大陸勞工，此一供給系統，已經形成一個食物鏈。

台灣漁船之參與[24]

由於近年來漁獲減少，走私大陸農牧產品之利潤不如從前，為了不甘漁船靠港內蝕老本，加上人蛇集團為了提高成功率而普遍以高價僱請台灣漁船載運大陸偷渡犯，為漁船帶來逢生良機，因此台灣漁船積極介入載運接駁偷渡犯登岸之工作，間接造成人蛇集團日益增大無法一網打盡。

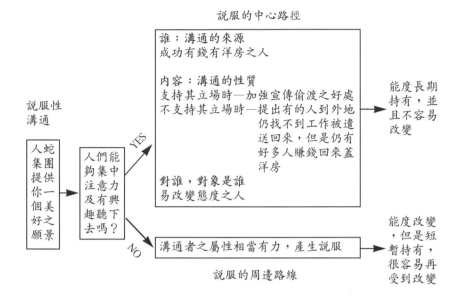

圖9-3　說服之路徑

地形

　　台灣海域遼闊，西部海岸例行複雜，如沙洲、防風林、漁塭、渠道等，適於登陸處所極多，軍警查緝不易，因此只要有灘岸、防風林港口的地方，幾乎都成了偷渡客的登陸點。

23.同註十九。三個影響態度的因素：溝通的來源（例如，演講者的專業性或吸引力）、溝通訊息的本身（例如，爭議的性質，演講者是否提供問題的兩面觀點）、以及聽眾的特性（例如，聽眾是含有敵意或友善）。

24.張增梁，警專學報：仲介大陸地區人民非法入境「人蛇集團」之研究，頁200-201，民國83年。

台灣性產業發達[25]

　　台灣地區存在著龐大的性市場需求市場，因此業者大舉引入大陸妹來台賣淫，有利可圖之外，大陸妹夠「敬業」、服務佳、好管理、加上沒有語言障礙、低價位而深受台灣客喜歡。早期大陸妹是以偷渡來台，後來由於開放兩岸通婚探親，出現了許多「假結婚真賣淫」的情況，而本來非法偷渡也變成合法來台，當然另一方面，也發現更多的人被騙來台賣淫。

　　根據人口遷徙及勞動力移動的「推拉因素理論（Pushing and Pulling Factors Theory）」[26]對大陸人民非法偷渡來台進行分析，發現大陸人民非法偷渡來台之發生，發現地理物產貧乏、收入低、追求自我實現、提昇生活品質、及其他政治社會因素，可以說是一種推力，將其往具有拉力、有經濟市場的台灣推進。如果台灣是一個比大陸收入所得更低的國家，譬如衣索比亞，本文認為依其需求是不會往台灣前進，所以就大陸地區而言，台灣的經濟及社會條件提供一個相當大的誘因吸引大陸人民非法偷渡來台「淘金」。綜合上述，大陸地區人民偷渡來台的成因，約可以圖9-4[27]表示：

25.中國時報，http://www.echinanewss.com.tw/shownews.asp?news id=3352，2001年12月9日參訪。

26.成之約，中國大陸盲流人口和偷渡客互動關係之初探：兼論大陸勞工引進之可行性，國立政治大學學報第七十三期，第378頁。對輸入地而言，低工資勞動者需求、高期望的金錢報酬、和較高生活水準的獲得顯然是對遷徙人口的誘因。反之，高失業率、高通貨膨脹和社會不安顯然是刺激勞動人口離開其原居住地的主要因素。

27.同註二。頁121。

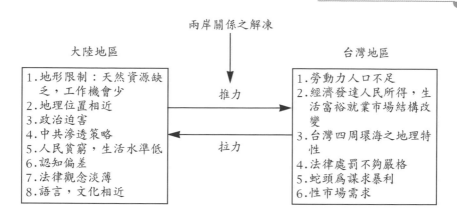

圖9-4　推拉力之關係圖

結論

　　雖然有人會認為基於同情心、同胞愛，應該讓這些少數困苦的大陸同胞留下來，不要遣返大陸。但是此一問題已經對我國社會經濟及治安等方面產生重大影響甚至危害。就像醫生治病必須先查出病因才能對症下藥，以其達到藥到病除之效，所以我們有必要先了解其原因，才能根據這些原因提出改善方法或者抑制之辦法。經過上述之分析我們發現兩岸之間非法入境之情形有其社會經濟之因素，為了取得生態平衡及謀取龐大利益，兩岸地區人蛇集團蠢蠢欲動，規模越來越大，有朝向企劃化、組織化經營模式之趨勢，加以對其內部工作過程及結構狀況不易察覺，因此對於我國犯罪防治工作形成一極度挑戰，所以必須加強注意。不只是我國單方面之加強查緝增加刑罰，更要促進兩岸之合作，以遏止偷渡情形進一步惡化。然而大陸方面經濟改善、加強查緝.....等方面都非我國可以掌控，所以此一問題仍有漫漫長路可走。

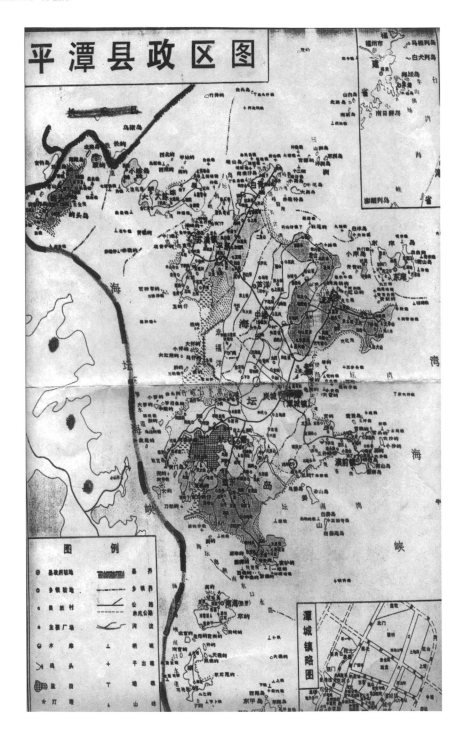

清初

清初閩粵人口偷渡台灣

偷渡之背景:
閩粵人口偷渡台灣,與地理背景,有密切關係,無照偷渡的形成,與清朝的政策有關。

(1)地理因素

　　閩粵沿海州縣,地狹人稠,生計艱難,貧窮小民,計圖覓食,遂多私渡外城,台灣土膏衍沃,人煙稀少,謀生容易,內地居民迫於生計,遂絡繹冒險渡台耕種或貿易。

(2)政策因素

　　清廷雖領有台灣,但是對臺民的反清活動,仍存戒心,一方面開放海禁,閩粵展界,瀕海居民復歸故土,貿易捕魚各安生業,一方面頒布偷渡令,船隻過臺者,必須取原籍州縣衙門發給的照單,不准攜帶家眷,業經渡臺者,亦不得招致,無照偷渡者嚴處。

偷渡之情形:

(1)一在內地客頭之包攬,一在台回民人之接引,這些人就是所謂『人蛇集團』。

(2)不肖客頭奸梢,往往將船隻使至外洋沙州,詭稱到臺,逼迫偷渡人民上岸,坐以待斃甚至盡歸魚腹,甚至有人更一出大洋,及鑿破船底,將偷渡客民沉入海底,自駕小舟而回。

(3)水師兵船私載偷渡客,反映偷渡的盛行,以及取締之困難。

現今

大陸地區

1. 地形限制：天然資源缺
   乏，工作機會少
2. 地理位置相近
3. 政治迫害
4. 中共滲透策略
5. 人民貧窮，生活水準低
6. 認知偏差
7. 法律觀念淡薄
8. 語言，文化相近

兩岸關係之解凍

拉力　　　推力

兩岸人蛇集團介入

大陸人蛇集團形成

互相合作

台灣人蛇集團形成

台灣地區

1. 勞動力人口不足
2. 經濟發達人民所得，生活
   富裕就業市場結構改變
3. 台灣四周環海之地理特性
4. 法律處罰不夠嚴格
5. 蛇頭為謀求暴利
6. 性市場需求

歐美、日本、香港等地方

(一)大陸之人蛇集團
(1) 初期階段：大陸人民偷渡來台初期，由於大陸偷渡船對台灣海岸地形並不熟悉，因此此時期
　　　　　　　大陸蛇頭只負責將偷渡犯載到台灣海岸　由偷渡犯自行上岸，由於人生地不熟，所
　　　　　　　以極易被發現。
(2) 中期階段：鑑於前述缺失，蛇頭遂採取一些改進措施，由人蛇集團安排找雇主，或由漁船主
　　　　　　　將大陸客先載到台北等地，在由偷渡犯自行和蛇頭聯絡找工作，惟因此方式即使
　　　　　　　僥倖找到工作，往往因服裝、語言……等等因素而暴露身分。而騙錢、無法送人
　　　　　　　上岸糾紛頻傳，使的偷渡犯卻步。
(3) 後期階段：由於中期階段偷渡方式弊病叢生，間接造成偷渡犯對人蛇集團的不信任感，於是
　　　　　　　「偷渡保證班」乃應運而生，保證班係由人蛇集團保證「包路上安全，包到台灣
　　　　　　　吃住，包介紹工作」一貫作業之偷渡模式，此方式收費昂貴但成功率極高，由於
　　　　　　　有厚利可圖，且基於「市場」供需狀況，兩岸的人蛇圈乃逐漸走向合作關係。

(二)台灣之人蛇集團
(1) 初期 ：此一時期，台灣蛇頭與大陸蛇頭形成合夥關係，僅提供大陸客偷渡船隻，至多是安排
　　　　　接應人賺取仲介費用。
(2) 中期 ：透過台灣蛇頭安排搭乘台灣漁船，因此偷渡成功率提高，同時大陸蛇頭自行「跑單幫」
　　　　　，不與台灣蛇頭合作，則成功率較低，因此兩岸人蛇集團基於截長補短、各取所需的
　　　　　互補作用，遂逐漸形成雙方密切合作關係。其次，若以台灣蛇頭私運對象作為區分，
　　　　　則兩岸的台灣「人蛇集團」又可以分為兩大類：
　　　　　（a）專門以誘拐大陸妹來台，並媒介到各類色情場所賣淫之人蛇集團。
　　　　　（b）為解決國內勞工之短缺，先設法與國內欠缺勞工之工廠取得聯繫，在招攬欲來
　　　　　　　台打者。
(3) 近期 ：近年其服務範圍擴大，譬如協助將錢轉交大陸親人，並代轉親人信函，偽造護照……
　　　　　等等。最近手法更加翻新，女性則出現「假結婚真賣淫」、男性則出現「假結婚真打
　　　　　工」的情形，只是他們在法律上而言已經不屬於非法入境了。

245

Chapter10

黑社會犯罪組織成因探討
以1978年後中國大陸黑幫發展為例

唐大宇

輔仁大學法律系畢業
中正大學碩士研究生

本文發表於:「犯罪學期刊」,第九期,民國九十一年六月。

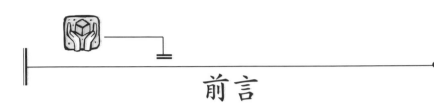

前言

　　試圖找出人為什麼會犯罪的原因，一直是犯罪學家，甚至是所有對社會問題有興趣的人都想了解的事情。唯有找出這個問題的答案，才能提早防止犯罪的發生。經過長久以來的努力，在各家學派相互激盪衝擊之下，雖然到目前為止對此問題尚未有所定論，但是對於各種不同犯罪行為的成因，或多或少也累積了一些解釋的理論與模型。其中，組織犯罪因為具有遵循次文化、完備的組織結構、支配力與保密等特性，縱然我們知道其對於正常社會運作與發展之危害最烈，但是囿於前述特性所造成之研究方法與實證資料蒐集的困難（許春金　民85），甚至是次文化已滲透進入主流文化發展出共生模式的緣故，相較於解釋個人犯罪動機的豐碩成果，學界對於組織犯罪成因的了解、發展趨勢與抗制對策之擬定，在研究成果上則略嫌稀少。

　　中國大陸自1978年改變經濟體制以來，犯罪問題也隨之擴大加深，特別是犯罪集團這一犯罪形式從1980年代中期起日漸突出，至今仍存在增長態勢。根據中國公安部門公佈的數字可以發現，查獲的犯罪集團個數自1986年的3萬多件增長到1994年的20萬件；集團成員人數自1986年的11.4萬人增長到1994年的90萬人。據1995年的資料顯示，查獲的犯罪集團個數更急增到43.95萬件，與1994年的20萬件相比激增了一倍有餘。而從70年代末80年代初出現的集團犯罪，到了80年代末90年代初有不少已發展演變為帶有黑社會性質的犯罪集團（時高峰、劉德法　2001）。上述資料顯示出，近年來中國經濟成長愈快速、發達，其集團犯罪問題愈嚴重，換言之，在市場

經濟體系下，經濟增長與犯罪率增長之間存在著密切的聯繫。經濟發展與犯罪的關係雖然是犯罪學關注的傳統領域，但由於東西方社會與文化情形有所差異，且實施資本主義的進程不同，因此我們在試圖尋求組織犯罪成因的探索過程中，以中國的犯罪組織發展歷程為觀察櫥窗之際，除了從常見的社會、心理與文化因素分析之外，尚可嘗試探討經濟體系的變革、演化與犯罪組織發展的關聯性。

再者，中國實施市場經濟以來不過二十餘年，由於為時尚短，幅員廣大的中國各地經濟發達的速度與成就並不一致，沿海與內陸地區的城鄉與貧富差距大到令人難以置信，基於犯罪組織係相對應於社會型態而生的原理，我們可以在中國各地發現各種歷程與類型的犯罪組織，對於以社會為實驗室的犯罪學研究者而言，除了可以較為充分的蒐集與分析距今為時甚近的豐富實證資料之外，更可以完整的觀察犯罪組織演變的模式與歷程，藉以印證西方現有之犯罪組織發展理論在華人社會的適用性。

犯罪組織之概念

犯罪組織之本質

在某些刑事學者或司法實務人員的觀念中,犯罪是一個同質性的概念,犯罪行為人數目之多寡,僅限於共犯或從犯的關係,並不認為其會改變犯罪行為的罪質。也就是說,在探討犯罪行為的概念時,並沒有必要區分個人與集團/組織犯罪的層次。這一點,從大部分的犯罪學著作與實務判決書類中,可以得到印證。然而愈來愈多的實證資料與生活經驗告訴我們,個人犯罪與集團犯罪對於社會所造成的危險與影響程度並不相同,因此對於二者從事一個概略的區分與討論,顯然有其必要性。我們可以從下列三方面著手分析:

1. 犯罪行為的類型
2. 組織結構的完整性與
3. 支配力的強弱

首先,有別於社會大眾所熟悉的自然犯與財產犯,如性犯罪、傷害與殺人犯、詐欺與竊盜犯等可由單獨個體所違犯的罪行;有某一類的犯罪行為,如販賣人口、販賣毒品、走私活動、經營賭場與色情行業、暴力壟斷市場、洗錢等,都是必須藉由集團/組織的力量實施,而無法由個人一己之力完成的犯罪行為。在此我們亦可發現,集團/組織所從事的犯罪行為,就被害的人數與社會受損的層面而言,的確會造成較大的傷害與影響。

其次，在個人與集團之間，就組織複雜性而論，又有程度不同的組合。譬如說，Yablonsky於1962年 "The Violent Gang" 書中提出過一個所謂「近團」（near group）的概念。他認為，由青少年所組成的暴力幫派，不能算是團，因為團是有結構有組織的。譬如說，這些幫派在領袖被捕時便進入了群龍無首的狀態，這也是他們解散的訊號。這「近團」的概念，非常近似於台灣五十年代所盛行的「太保」，或現今中國大陸所了解的「團伙」。前者多是青少年的暴起暴落的幫派，後者則是成年人糾集起來幹一兩次非法勾當的短暫聚合體。這些近團所犯的罪行，在性質上較近於個人犯罪，打家劫舍、鬥毆傷人等，可說是這些近團活動的特色。再說到其活動的影響，也不過是局部性的。一如個人犯法者，他們也伺機行事，不像犯罪組織，時機須聽由其操縱（麥留芳 民80）。由此我們可以發現，在複數犯罪行為人的情況下，應當區別是屬於單純的結夥、團伙犯罪，或是背後有組織力量支配操縱的組織犯罪。前者的情形以刑法共犯或從犯的理論處理即可，後者則須再深入運用相關刑事偵查技術與防制組織犯罪規範，以破解犯罪組織為目標。不過仍須注意的是，即使是近團性質的犯罪，若行為人在犯罪後未被捕獲或受到應有的制裁，食髓知味之下產生心理增強的效果，復以原有的社會與個人的不良環境未有所改變，可預見的是這群人極有可能再度聚合從事犯罪活動，逐漸形成一個以犯罪為目標的組織。

再次，我們要討論犯罪組織對成員的支配控制力的問題。犯罪組織雖由個人所組成，但在構成人員共同形成的組織目標導引下，形成組織次文化，犯罪組織彷如一個巨大的有機體，用各種威脅利誘方式收繳成員的自由意志，使其奉行組織的指令，僅能依賴組織而生存，不敢亦無法脫離犯罪組織，成員犯罪的動機也悉數來自於組織。在這種情形之下，個人成為組織的工具，組織成員猶如犯罪組織手足之延伸，非僅犯罪的觸角得以深入社會各處為非作歹，亦可集中成員的力量從事大規模與專業化的犯罪活動，換言之，組織從事的犯罪行為較之於個人犯罪，除了影響層面既深且廣之外，其破壞力之強大與犯罪的持續力，也是個人犯罪所不及的。這同時也提醒我們，傳統抗制犯罪的刑事政策，大多是以防治個人犯罪為基礎而制定，未必適用於防治組織犯罪。

犯罪組織之特徵

　　對於犯罪組織的本質作一初步的認識後，可以對於犯罪組織的基本特徵再加以勾劃，如此便可以對犯罪組織的概念有更清晰的理解。至於犯罪組織的特徵／要件為何，理論與各國實務在定義上並無一致的說法，大體上包括：獲取極大利潤、分工與專業化、手段暴力脅迫化、掩飾性、職業化、階層組織、內部嚴密控制與紀律性、地盤獨占或共生、對政府部門採取腐化政策等等（林山田　林東茂　民84，蔡德輝、楊士隆　民90，蘇南桓　民86，Stephen Fox 1989，Jay Albanese 1989，Robert P. Rhodes 1984）。討論犯罪組織的定義，並不是要找尋正確且唯一的說法，而是希望藉著在討論的過程中，能更清楚掌握犯罪組織的本質，並發現涵攝層面較完整也較具共通性說法，幫助我們釐清犯罪組織的概念（**參見表10-1**）。

表10-1　文獻上組織犯罪的定義（周文勇　民85）

特　徵	作者人數
持續性的組織科層體制	13
持續犯罪理性的獲得	11
使用暴力或威脅	10
賄賂以求法律豁免	10
提供大眾需求之非法服務	6
獨占某種市場	4
成員資格限制	3
非意識型態	2
專業化	2
秘密性規範	2
廣泛的計劃	2

犯罪組織之組織原理

　　首先，在肯認犯罪組織必須具有持續性的結構體制的前提之下，我們不禁開始思索，犯罪組織是依照何種原理所結合而成的？若以保密的尺度去看，共有三大類型的組織原理：

1. 在光譜的一端爲宗族／氏族結合模式，例如義大利的黑手黨與美國的意族黨屬之。
2. 在光譜的另一極端則爲桃園結義式的兄弟結盟模式，例如華人的天地會、洪門，台灣的竹聯幫、四海幫等等。
3. 在兩極端之間，應該會有一系列的結合模型，比如說以方言群爲結合基礎的華人會黨或公司，以及採用擬制親屬制度的日本山口組[1]。

　　上述的三種犯罪組織類型，對照韋柏的權力來源分類理論可以發現，以宗族原則爲結合基礎的集團，應屬於傳統權力型，優點在於地位繼承與存續的穩定；天地兄弟會則屬於領袖魅力／奇理斯瑪型，可以廣泛招募人才是這種組織的優點，但缺點則是容易分裂；擬制血親的組織似不專屬於任何一種權力型，比較而言，較近於傳統型再加入一些領袖魅力型的成份（麥留芳　民80），理論上而言，其穩定性應介於宗族制與兄弟制之間。

1. 眾所週知，日本是一個極度強調團體的社會，人要組成各種團體，一定需要某種組織原理才能形成堅強的內聚力。日本會社傳統上採取終生僱用制，從托兒所到墓園都一應具全，如同把會社員視爲家人一般照料；而日本學術界之師生關係，如同父子與父女間的情誼，更使我們相信，擬制親族的組織原理在日本文化中佔有極重的份量。同時，這也肯定了組織原理是一種文化現象的說法。

　　研究犯罪組織之組織原理可以發現，組織原理是一種文化現象，每一個社會的會黨在形成組織之際，採取何種組合模式必定受到本身文化系統影響。了解各犯罪組織之組織原理，除了可以幫助我們掌握該組織的特質之外，更可以從組織原理的角度預測犯罪組織的行為與發展方向。例如以犯罪組織進軍合法企業的趨勢而言，要維持一種長久的分享利益關係，可以預見兄弟間的猜疑就會比親屬間還多，而且一旦發生猜疑，在親屬間還有請宗族家長協調的機會，父親亦可運用權威促使衝突雙方進行談判。因此，若犯罪集團朝向入侵合法企業方面發展，親族或是擬制親族結合的方式，將會勝過兄弟結盟的模式。

次文化與共生技巧

　　沒有人會否認，犯罪組織所遵循的價值觀是一套社會的次文化，任何一個次文化若想與主流文化共存在同一個社會裡，就必須要找出自己的求生之道，否則一如劃破夜空的流星，只能綻放短暫的光芒。美國學者Lupsha認為，幫派／犯罪組織在地形條件（港口、交通樞紐）、經濟條件（工商或國貿中心）和社會條件（社會瓶頸及腐化）配合下，便會透過三個階段而演化：暴力時期（Predatory）、寄生時期（Parasitical）與共生時期（Symbiotic）。任何一個幫派或犯罪組織都必須經過一個或多個階段的演化（周文勇　民85）。這三個演化的階段，意味著幫派或犯罪組織在不同的發展時期中，評估己身的條件與最重要的需求後，在對外行動中所採取的行為指導模式，也就是前述的求生之道，稱為「理性選擇組織犯罪理論」，恰如其分。

　　合作與競爭，是人類社會生活最主要的兩種活動模式，非法的犯罪組織，若想要在社會上生存發展、壯大，就必須與合法的社會團體組織展開長期的對抗與斡旋。從Lupsha的理論中，已經足以使

我們了解，犯罪組織次文化在第一階段的暴力時期，著重以暴力製造傷害與衝突，藉以擴張己身的地盤，採取與社會主流文化相互競爭的姿態，必定無法得到社會的接納，若不在從事掠奪性的犯罪活動告一段落後，調整行動策略改採寄生或共生模式，勢必無法繼續存活。

次文化採取與主流文化的寄生或共生的策略，也就是犯罪組織爲求生存與社會主流文化妥協的表現，這種犯罪組織與合法社群間的「合作」，或說「共生參與」，基本上是一種減緩衝突的機制（麥留芳　民80年）。此外，犯罪組織爲了要與社會更緊密的「共生」，還會更進一步採取一種稱爲「社會交配」的積極行動運作模式，舉例而言，某些犯罪組織中的高階成員，會試圖爭取出任社會上政治、經濟體系中的重要職務，例如議員、企業家，甚至是律師等專業人士，除了可以扮演串聯合法社群與非法組織之間的經紀人，爲犯罪組織與非法活動護航之外，這些亦正亦邪的社會聞人所製造出的矇矓景象，也會混淆社會大眾的視聽，形成發現組織犯罪事實的障礙。

在日本，各主要暴力團，如山口組、住吉連合及稻川會等，在減少與合法社會摩擦方面，都有著妥善的安排。如高級的成員擔任工會要職，爲某些政要進行拉票，受僱於合法機構從事干擾股票市場的活動等等，便是極好的共生例子（麥留芳　民80）。而日本黑社會組織將傳統活動方式（如柏青哥賭博、賣淫、麻藥等收入）所實現的利益進行再循環，透過合法經濟活動在房地產市場、金融體系、證券交易所和藝術品市場進行投機活動，製造泡沫經濟的虛假繁榮景象，投機泡沫更衝垮了正規與非正規經濟之間的壁壘。而黑社會組織與銀行之間不謀而合的勾結尤其表現在房地產領域，銀行受到高速發展的房地產市場利潤前景的誘惑，不顧高風險貸款給黑社會背景的承建商，黑社會組織並用金錢與女人收買銀行與政府部門的幹部，非僅使得銀行的不可靠債權不斷出現，亦令大藏省（財政部）官員對銀行的可疑活動與呆帳視而不見。由於投機泡沫的破

減和房屋價格遽跌，根據1995年底日本各銀行公佈的不可靠債權估計達5000億美元（50萬億日圓），其中60%（3000億美元）為不可收回債權（呆帳），金額等於十二個里昂信貸銀行的資金。另根據瑞士銀行聯盟的估計與看法，不可靠債權總額更高達6880億美元。迄1997年底，估計不可靠債權已7530億美元，相當於日本國內生產總值的16%。為了沖銷銀行無法償還的債權，日本政府不得不編列預算協助銀行清理這些呆帳，僅就1996年而言，就注入高達70億美元的資金，結果使老百姓身受其害。這些因為金融失序導致的損失亦與日本近年發生的經濟危機有著密切關係（李玉平譯 2001）。

觀察犯罪組織在減少與合法社群間的摩擦衝突，並且習得如何滲透進入主流文化與之共生的歷程當中，次文化扮演著積極行動者的角色，修正過度使用暴力的形象，並在表面上迎合主流文化／社區的價值，而在此種互動的過程之中，本文認為若是合法社群擁有之社會主流文化—即所謂的中產階級文化價值，缺乏堅實的基礎，自由主義社會原本對於正義的普遍性觀念極可能會漸漸被次文化所侵蝕，甚至受到次文化勢力的控制，無力對抗犯罪組織，形成一個是非不分、黑白顛倒的社會，發生所謂「黑道治國」的慘況，這並不是危言聳聽，中美洲如哥倫比亞等國，目前正處於這種可怕的處境之中。

犯罪組織與組織犯罪

一般研究者多以為，犯罪組織係以犯罪為目標的組織，重心在於「組織」；而組織犯罪則是指以組織作為利益侵害手段所為的犯罪行為，所指涉的是「犯罪」的概念。所謂組織犯罪當中的「組織」，應該就是前述的犯罪組織，換句話說，組織犯罪所指的應是「犯罪組織」的犯罪（許華偉 民89）。

　　值得注意的是，在組織犯罪的定義上，若是在思考上過度執著於此種犯罪係以「組織」爲利益侵害「手段」的行爲，則可能認爲組織犯罪的定義不外乎是：「行爲人利用組織的特性，實現所欲的犯罪」。這樣的定義方式，如同將電腦犯罪定義爲「行爲人透過電腦普遍、隱密、快速、有效的特性來實現侵害他人法益的結果」，而認爲僅有犯罪手段的創新，並不足以制定新法律，須在現有的法律無法規範新的現象時，才考慮是不是要訂定新法（黃榮堅1999）。

　　本文認爲，若在處理參與組織犯罪行爲時，採取此種由手段性出發的思考方式，將犯罪組織視爲一種犯罪的手段，認爲行爲人參與犯罪組織是爲了要實現某些無法獨立由個人之力所完成的犯罪活動，譬如說走私或販賣人口等等，因此在行爲人尚未眞正著手實現走私等犯罪行爲之前，基於保護人民結社之基本權利，國家尚不應將其繩之於法的看法，如此極可能導引出刑法處罰參與犯罪組織行爲之可罰基礎薄弱的結論。然而從實證的角度觀察，此種看法忽略了組織成員在組織犯罪中除了是行爲人之外，成員在缺乏足夠的自由意志與自主的犯罪動機之下，反倒成爲組織從事犯罪行爲的手段，亦即在犯罪行爲中顯現出強烈的工具性。因此，參與犯罪組織之結社行爲，實已產生對法益侵害之高度危險性，立法者基於刑法保護法益的目的，對於此種行爲採取提前處罰之抽象危險犯立法規範，在處罰基礎上應無失當之虞。

中國黑幫橫行之現況與發展趨勢

　　扼要的討論了關於犯罪組織的一些概念之後，我們試圖將焦點放在中國大陸的組織犯罪現況上。溯自蘇聯共產主義革命成功到東西方冷戰結束的近百年間，兩大陣營各自信奉的的資本主義與共產主義價值體系，非僅主導了美蘇等國的政治經濟走向，更深深的影響或說掌控了其所屬社會與人民的思想與生活。如果我們相信，犯罪是一種人與社會互動所產生的現象，揚棄計劃經濟的前共產諸國，在改採市場經濟之後都發生了犯罪激增的情況，這種共同的偶然，應該就是一種歷史的必然。也就是說，在這種跨民族、地域的共同社會現象背後，潛藏著某些結構性的支配因素。答案是什麼呢？對於早已將資本主義視為如空氣、陽光那麼理所當然的台灣人而言，或許，關心與觀察與我們語言及傳統文化相近的中國社會犯罪現狀，可以幫助我們更進一步了解，經濟、文化、與社會等外在環境對於犯罪人的心理，以及形成犯罪動機與犯罪行為的影響究竟有多大？而我們也可以試著將心比心想一想，處身於這種惡劣環境之下的人們，到底還剩下多少決定從事犯罪與否的自由意志？

中國黑幫橫行之現況

　　中國從改革開放以來，由於多方面的原因，犯罪逐年增多。特別是犯罪集團這一犯罪形式從80年代中期起日漸突出，至今仍存在增長態勢。而且在犯罪集團的犯罪中，又出現了一種黑社會性質的犯罪集團，其人數更多，組織更為嚴密，犯罪活動的區域更廣，通常是武裝犯罪，有的還與境外的犯罪勢力相互勾結，以犯罪為職業，橫行鄉里稱霸一方。這類犯罪在某種社會環境下，必然向犯罪的高級型態，即黑社會組織犯罪發展。"帶黑社會性質"的犯罪集團是目前中國境內各種犯罪活動中，對中國社會與人民危害最大的一種惡性犯罪。不僅危害了人民與國家的合法權益，而且還破壞了中國的政治秩序、經濟秩序與社會秩序，破壞了市場經濟的正常發展[2]和中國四個現代化的建設工作。因此，中國新刑法第294條專門規定了"組織、領導、參加黑社會性質組織罪"，將其列為刑法打擊的重點。

　　隨著集團犯罪在數量上的增加與發展，集團犯罪出現了一些新的特徵：

2. 觀察黑社會活動的歷史軌跡可以發現，市場經濟似乎是黑社會存在的前提條件，而黑社會犯罪又是影響市場經濟正常發展的首要不利因素。看來兩者似乎各為因果，注定永遠糾纏的命運。但是若將市場經濟社會視為人體，黑社會組織犯罪就是人體的惡性腫瘤(癌症)，本文認為，犯罪組織起源於不良的社會環境，採取寄生與共生模式在社會中壯大，危害社會的生存與發展的歷程，與癌細胞在人體發展成為奪命的癌症，原理與過程大同小異。犯罪學在討論青少年非行問題時，有學者參考公共衛生的預防模式提出理論，我們在探討組織犯罪問題時，亦可從醫學上對於預防與治療癌症方法的角度切入思考，或許有發展成「癌症犯罪組織理論」之可能性亦未可知。

集團犯罪在數量上逐年增多並在性質上向黑社會犯罪集團發展

【案例】

上海審結首起"組織領導黑社會組織案"2000年中新網北京10月30日消息：上海首起以"組織、領導和參加黑社會性質組織"等罪名起訴的案件近日審結。上海市高級人民法院終審判決首犯鄭小軍、曹雲飛死刑，緩期2年執行，其餘10人也分別被判處有期徒刑。

法院認定，從1998年6月起，鄭小軍、曹雲飛共謀，在社會上招募閒散人員，企圖成立一個專門控制一批KTV包房小姐的組織。在作案中，他們冒充外地客人，將小姐騙到賓館，然後以拍攝裸照、人身威脅等手段，來達到控制她們的目的。在作案現場，他們不但侮辱恐嚇這些小姐，還搶走她們的隨身財物，並在事後對她們敲詐勒索。另外該組織還涉及其他多起有組織的搶劫和敲詐勒索案。鄭小軍犯罪團夥有嚴密的組織，有明確的分工，有嚴格的等級劃分，甚至還炮製了專門應對警方的"回答口供紀要"

據法制日報報道，一審法院經過審理，在今年7月份以組織、領導黑社會性質組織罪、搶劫罪、強制猥褻、侮辱婦女、敲詐勒索罪數罪並罰，判處鄭小軍和曹雲飛死刑，緩期2年執行，其餘10名團夥成員也分別被判處7年至19年不等的有期徒刑。嗣後，4名團夥成員不服判決，提出上訴，上海市高院近日駁回了他們的上訴，維持原判。(http://www.sina.com.cn, 2000年10月30日15:39 中新社網站)

上海擁有超過1300萬人口，是現代中國的經濟、文化、商業、金融與交通運輸中心，以上海為例，應具有相當之代表性。

集團犯罪遍布中國城鄉

目前，中國大陸的犯罪集團，已經遍布中國各省和城鄉。如北

京、江蘇、上海、重慶、浙江、福建、廣東、四川、貴州、雲南、江西、廣西等省市和城鄉。例如1987年湖南邵陽打掉60個帶黑社會性質的犯罪集團。1989年深圳抓獲帶黑社會性質的犯罪集團成員395人，四川安岳縣一地就有封建幫會性質的犯罪團伙50多個，幾乎各鄉都有。湖南益陽地區，自1985年以來，先後出現了"龍虎幫"、"梅花幫"等250個帶黑社會性質的犯罪集團，共有成員3120人。在沿海城市溫州，近年來司法機關摧毀了許、鄭、董三個黑社會性質犯罪集團，涉及到數百人（時高峰、劉德法 2001）。這些資料顯示，中國的組織／集團犯罪問題，不再僅是侷限於沿海或某一地而已，隨著改革開放所帶來的交通自由與通訊便利，如今中國社會所面對的，是一個普遍性的犯罪危機。

集團犯罪多以暴力為手段侵奪財物

集團犯罪主要目的是非法掠奪公私財物，這一點與改革開放前有明顯不同。以殺人案爲例，過去多因仇怨引起，而現在則絕大多數起因於"謀財"，仇殺、姦殺已退居次要地位。中國目前因刑事犯罪，特別是集團犯罪而蒙受的財產損失是十分驚人的。集團爲達做案目的，現在的犯罪集團幾乎無一步是持刀、槍來實施犯罪。集團人多勢衆，再加上"武裝化"，做案便有恃無恐，也使被害人造成了強烈的恐懼感，束手被宰（時高峰、劉德法 2001）。

由上述的描寫可以推論，目前中國黑幫犯罪型態，多使用暴力手段劫取錢財，符合犯罪組織在早期以暴力爲主要特徵之論述，而此亦可能與組織成員素質有關，在缺少犯罪技能的訓練之下，僅會使用原始打家劫舍的方式奪取錢財。我們在前面曾經提及，黑幫採取與社會明顯衝突、對抗的姿態，一定無法見容於主流社會文化，並將引起社會強力的壓制。對照於現實的狀況，"打擊黑幫，掃除犯罪組織"果然成了中國司法治安部門近兩年來的首要重點工作，從以下的報導資料，可以印證我們的推論。

我國掀起"掃黑除惡"圍剿戰　嚴懲涉黑組織犯罪2001年中新社北京三月十四日電題：中國最高法院院長肖揚在參加人大廣東團小組討論時宣稱："如果讓黑社會性質的犯罪蔓延，我們將國無寧日，民無寧日！

世紀之交，中國正在掀起一場對黑惡勢力的圍剿戰，從去年十二月開始，中國公安部投入諸多警力，在全國開展"打黑除惡"專項鬥爭，以"獵狐"、"零號"、"狂飆"等為代號的特別行動在各地展開。

據介紹，中國黑惡勢力犯罪從八十年代後漸漸發展起來，幾年來，他們不僅大肆非法斂財，並向政治領域滲透。在湖南代表許炳堂看來，經濟體制轉軌，易於給犯罪分子以可乘之機。同時，市場經濟的"趨利"傾向也使一些狂徒挺而走險，通過"打、砸、搶"手段斂財。

曾任海南省政法委書記的王學萍代表等認為，"黑社會性質的有組織犯罪"與典型的黑社會犯罪僅一步之遙，他們組織嚴密，與少數官員勾結，欺行霸市，殘害百姓，必須露頭就打，決不容形成氣候。

針對有關打擊黑社會的宣傳會影響投資環境、不利安定團結的認識，出身基層的吉林市公安局長劉興遠代表一針見血："到底黑不黑，要聽老百姓的，老百姓說黑那就是真黑。"掃黑除惡，得民心，順民意。劉興遠表示，對這種危害社會的行為，"一個字，打"！

黑惡勢力猖獗，一個重要原因是有極少數黨政幹部和司法人員充當其"保護傘"。山東代表孫茂才對此義憤填膺，他說，黑社會勢力橫行鄉里，欺壓百姓，濫殺無辜。他建議，對少數與黑勢力勾結的人，一經發現，應嚴懲不貸。

一九九七年《刑法》修訂時，新增加了對黑社會性質組織犯罪的刑罰規定。最高法院不久前通過司法解釋，明確規定，國家機關工作人員組織、領導、參加黑社會性質組織的，將從重處罰，對於黑社會性質組織的組織者、領導者，應按照其所組織、領導的黑社會組織所犯下的全部罪行處罰。

劉興遠代表表示，公安機關不致力打擊黑惡勢力已是失職，如果再充當黑惡勢力的保護傘，那就更應當嚴懲。"擒賊先擒王"，不少代表認為，只有儘快抓獲、懲辦黑惡勢力的"核心"分子，才能對其他成員形成震懾。

"掃黑除惡"，未有窮期。政法界代表表示，今年中國警方將努力遏制黑惡勢力發展蔓延的勢頭。特別要衝破關係網，打掉"保護傘，確保"打黑除惡"專項鬥爭健康、深入地開展。〈中新社記者齊彬報導〉

(http://www.sina.com.cn 2001年03月15日08:53 中新社網站)

　　值得注意的是，亦有不少中國黑幫在勾結境外黑社會勢力後，已經學習到從事其他獲利豐富、風險更小而且更不容易被查獲的犯罪行為，例如利用地利之便進行走私、販毒、偷渡與買賣人口的犯罪，關於這些「黑道升級」的問題，我們在下面會繼續討論。

集團犯罪由單一型向綜合型發展

　　過去集團犯罪單一類型的較多，竊盜集團則多反覆實施竊盜犯罪活動；詐騙集團則多次實施詐騙犯罪活動，一般不實施其他的犯罪。而現在多數集團既從事搶劫、竊盜、詐騙、勒索，也從事販毒、吸毒、嫖娼賣淫、賭博等多種多樣的違法犯罪於一體，五毒俱全（時高峰、劉德法 2001）。

　　事實上這是一種警訊，隨著衛星電視、行動電話與網際網路等工具的創新與普及，通訊與傳播更形便利，犯罪訊息也更快速與完整的在有心犯罪者之間流通，犯罪手法的更新是必然的效應，此種情形不僅發生於中國，在網路無國界的特性與政治經濟全球化的推動下，組織犯罪的手法多樣化與活動跨國化，早已成了全人類的共同問題。

中國黑幫發展之趨勢

　　對於中國大陸犯罪集團的起源與後續的發展可以大約區分為三階段：初期階段，地區性的犯罪聚合；中期階段，普通犯罪集團的聯合（帶黑社會性質的犯罪集團）；最後階段，犯罪組織的成形，即核心部分的縮小與惡勢力的擴大（莫洪憲 1998；陳慈幸 民90）。中國由於目前各種消極因素影響，其集團犯罪問題將呈現如下幾種發展趨勢：（時高峰、劉德法 2001）

向組織化程度越來越高發展
　　集團犯罪只有不斷提高其自身的組織化程度，以適應其犯罪之需要，才能獲得生存與發展。

向智能化、現代化發展
　　集團犯罪本身的組織愈嚴密，結構愈固定，其犯罪的智能化、現代化程度就愈高，並開始懂得研究下手對象的心理，做案環境以及對抗和逃避打擊的辦法。

犯罪集團人數越來越多，成員越來越複雜
　　過去犯罪集團一般是幾個人，而現在都出現幾十人甚至上百人的犯罪集團，這些集團大多操縱在一些慣犯手中，並出現本地、外地犯罪分子融合的趨勢。

犯罪集團的反社會心理不斷強化，犯罪手段越趨狡猾

從已破獲的犯罪集團看來，其首領與骨幹絕大多數都有參與集團犯罪的經驗，並曾受過犯罪的制裁，其反社會心理在同法律較量的過程中不斷強化。因此，團伙犯罪不僅為有組織犯罪提供了組織基礎，也為其提供了犯罪方法與經驗。

帶黑社會性質的犯罪集團在數量上將成增長之勢，在質量上必將向典型的黑社會組織演變

在未來相當長的一段時間裡，中國仍將處於社會轉形期，一些導致刑事犯罪增長的重大因素難以從根本上得到控制，因而今後中國的刑事犯罪的數量仍將持續增長。而以下這些因素，如勞教釋放人員不斷增加；農村閑置勞動力將預計增加到達一億三千萬人；港澳回歸與對外開放所帶來的境外黑社會滲透，都將進一步推動內地帶黑社會性質的集團犯罪的增加。目前，在中國已經有一些帶黑社會性質的犯罪集團，已具備相當的規模，在犯罪的手法、方式上已完全具備當今世界典型的黑社會組織，如義大利黑手黨、香港三和會的共同特徵。而一些地方的有組織犯罪形成強大的黑社會勢力，已到了不動用軍事力量不足以將其剷除的地步，如前幾年的雲南平遠街的黑社會勢力就是如此。

滲透與啟蒙─犯罪活動跨區域化、國際化的發展趨勢

隨著境外黑社會組織滲透的增多和一些黑社會組織在國內發展組織，使得黑社會的組織犯罪活動，已在中國東南沿海和某些邊緣省區出現。特別是國際販毒組織和走私集團已經同中國一些犯罪集團聯合起來，直接進行國際化走私、販毒活動。這些都是中國有組織犯罪國際化的具體反映（何頻、王兆軍 民82）。

中國黑幫成因之分析

　　集團／組織犯罪是犯罪現象的其中一種，是社會中多種因素綜合互動下的產物，如果我們將集團犯罪作為一個動態的社會現象進行考察，那麼導致、決定與影響該特殊社會現象產生的原因，不僅有宏觀的社會原因，也有微觀的心理原因；不僅有物質性的經濟原因，也有非物質性的文化因素。這些原因不僅自成體系相互獨立，而且相互聯繫互為作用，形成一個有序互動的系統。

形成集團犯罪之社會因素

　　如果將集團／組織犯罪視為一種社會關係失調與社會結構失衡的一種病態現象，則需要從社會變遷與社會矛盾等方面進行考察。

人口膨脹且政府無力安置，集團犯罪的人力來源充足

　　當人口增加快速，超過社會經濟所能承受的界限，人口的近一步增長就會影響或阻礙社會經濟的發展。中國是世界的人口大國，預計到21世紀中葉時，人口總數將達到17-18億。據初略統計，中國每年財政收入的三分之一要用於新增人口和安排就業及退休人員，但是到2000年底，城鄉失業和不充分就業人口預計到達1.53億人。失業導致貧困，城鎮中因失業而形成的特貧勞動力群體具有集中性的特點，極易形成有組織的集團犯罪活動。而人口劇增與耕地銳減所造成的巨大反差，導致大量閑餘勞動力無田可種，無業可

就，這些農村青少年往往是集體械鬥中的生力軍（時高峰、劉德法2001）。

　　台灣在近兩年來，失業率節節高昇，雖然在社會條件上與中國有許多差異，但是失業對一個人所帶來的現實生活壓力與心理上的不滿，極可能產生嚴重的犯罪問題，值得我們關心與注意。

剩餘勞動人口流動，成為集團犯罪的動態溫床

　　目前中國4.2億農村勞動力中，至少有1.6億剩餘勞動力，而城鄉企業平均每年只吸納570萬人，其餘的剩餘勞動力必然到城市中找尋出路，勞動力跨區域流動的現象被稱為「民工潮」（時高峰、劉德法　2001），衝擊舊的城鄉分割、區域封閉的社會經濟管理體制，有助於建立商品經濟的全國統一大市場。但是民工潮所到之處，除了使得大城市的生活空間更形擁擠，失去往日的生活安全感之外，不能充分就業的剩餘人力，為求生活，投入地下經濟活動無所不為。這些社會的邊緣人，隱然成為集團犯罪的動態溫床。

腐敗現象蔓延，孳生集團犯罪的土壤

　　著名的美國學者杭亭頓在對於現代化與腐敗的關係研究中，提出了所有國家都存在著腐敗的觀點，尤其是處於變革時期的國家，比該國其他時期更容易產生腐敗現象。他認為腐敗程度與社會和經濟迅速現代化有關，原因包括：

1. 現代化涉及到社會基本價值觀的轉變。在傳統中被認為可以接受的行為，在這些現代人士的眼中就成了不能接受與腐化的行為。
2. 現代化開闢了新的財富與權力來源，這些資源與政治的關係在傳統的社會規範中沒有明確的定義，從而進一步助長了腐敗行為。

3.現代化產生了豐沛的利益，涉及政府威權的擴大和各種受制
於政府的活動增加，官員分配資源的權力變大，是以現代化
通過它在政治體制輸出方面所造成的變革來加劇腐化。

杭亭頓的看法對於分析中國社會當前存在的腐敗現象，即孳生
有組織犯罪的土壤，具有一定的參考意義（莫洪憲 1998）。

集團犯罪大多是成型的有組織犯罪，職業化程度高，組織制度
健全，他們迫切需要解決的是如何逃避打擊。尋求保護傘和庇護所
就成為當務之急。中國當前社會中存在的嚴重腐敗現象，成為滋生
集團犯罪的肥沃土壤。進入2000年以來，中國各級法院審結有關反
腐敗大案計有：2月28日深圳市中級人民法院審判了三位廳級幹部
受賄犯罪案。3月8日江西省原副省長胡長清因暴斂錢財500多萬，
被最高人民法院下達死刑執行命令。4月6日廣州市中級法院以受賄
罪判決該市府原副秘書長陳清泉有期徒刑15年。4月23日廣西桂港
市原副市長李乘龍，因巨額受賄與巨額財產來源不明兩大罪行被正
法。4月25日九屆全國人大常委會第十五次會議決議，人大副委員
長成克杰因收受巨額賄賂、謀取非法利益被撤銷職務，最高人民檢
察院隨即做出立案偵查的決定，後被北京市第一中級人民法院判處
死刑（時高峰、劉德法 2001）。

從以上敘述可以發現，中國黑幫已經悄然從犯罪組織發展模式
的暴力時期進入到寄生時期，而中國政府宣示性的打擊作為是否能
有效遏止犯罪組織的發展與壯大，值得我們繼續留意。

形成集團犯罪之經濟因素

一般認為，經濟增長與犯罪率增長之間存在著密切的聯繫，伴
隨著經濟的活躍，犯罪數量也會相應增加。19世紀的義大利學者波
來第認為，福利、工業、商業的增加等物質繁榮的進步，都會帶來
犯罪數量成比例的增長，因為前者增加時，必然對後者產生刺激，

因此，犯罪的增長只是物質繁榮的一種表現現象（轉引自-加羅法洛 犯罪學 1996）。

但回顧中國幾十年來的歷史資料我們卻發現，在不同的社會條件下，經濟發展對犯罪現象的影響方式是有所不同的。以中國居民平均消費指數爲指標，在1950年代經濟發展與犯罪增長呈現負相關；然而自1980年迄今，經濟發展與犯罪增長則呈現正相關。面對如此迥異的結果，其背後所隱藏的眞正支配性因素爲何，是兩個時期的社會結構穩定度不同，加上經濟基期不同所致？或是實施市場經濟後產生的經濟增長，所帶來的貧富差距所致？本文在此並沒有特定的答案，而僅能指出問題之所在，提供作爲思考的起點。因此，在討論經濟發展與集團犯罪的關係之前，爲了保證分析結果的客觀性，與準確界定經濟發展與犯罪增長變化之間的互動關係，我們除了應當結合影響犯罪的其他社會因素進行動態的綜合分析之外，尙須注意下列三點因素，以免造成方法上的缺失。

1. 應當準確衡量經濟發展與犯罪數量波動之間的比值。亦即應當以現在的經濟增長速度與犯罪率的比值，是否超過了過去的經濟增長速度與犯罪率的比值爲依據。

2. 應考慮犯罪的增長與人口增長的比例。在經濟發展的同時，如果人口出現相對應的增長，此時衡量犯罪波動的變化時，應參照人口數量和結構的變化。

3. 應考慮犯罪的增長與社會防衛力量增長的比例。在經濟發展與犯罪率同步上升的時候，如果社會防衛力量仍處於經濟增長之前的水準或者明顯遲滯，在確認犯罪現象的增加在多大程度上可歸因於社會防衛力量的不足之前，也難以斷定經濟增長與犯罪的數量關係（張遠煌 1998）。

以下列舉了四個一般認爲與集團犯罪發展現象有很深厚關聯經濟方面因素：

利益關係格局改變與社會關係失調，增強集團犯罪的誘因

經濟因素，具體說是收入水平因素，決定了現階段中國社會的階級階層結構的變化。這種變化不僅僅是經營方式或居住地域的變化，最主要的是工作方式、人際關係與生活方式的變化。中國目前由多種經濟成分（例如國有、集體、私營企業、外資企業、勞工、農民、個體工商戶等等）形成的不同利益關係格局，在轉變為市場經濟體制的過程中，多種利益關係格局沒有充分合法的手段進行合理的變革與資源分配，必然會引起各階層之間嚴重的利益摩擦與衝突，導致社會關係的失調與混亂，追求非法利益的犯罪組織就會應運而生。這與集團犯罪中的有組織犯罪是以追求最大限度的經濟利益為目的，具有濃厚的經濟色彩的看法，非僅吻合且相互呼應。

貧富不均，犯罪集團的內部凝聚力增強

在農村地區，多元化的農村分配方式導致一些經濟基礎好、商品意識強、生產技術水準高的鄉村或家庭先富裕起來，經濟上貧富不均的失衡誘發了人與人之間越來越多的爭執與矛盾，而且導致同一貧富程度的農民從心理上得到共鳴，形成不同的農民階層，如果引導不當，矛盾衝突得不到化解，就會凝聚成從事犯罪活動的集團或組織。

貧富兩極分化，在城鎮更為明顯。以1994年中國國家統計局所做的調查顯示，超過2000萬名城鎮居民平均月收入在103元以下，屬於貧困人口。少數人擁有多數的財富，中國已經由平均主義盛行的國家，變成了一個貧富差距引起社會不安的國家。此外在中國人民大學社會調查中心所做的一項調查中，當問到"您認為在目前社會上的一些富人中，有多少是通過正當手段致富的"時，回答"不太多"與"幾乎沒有"的，佔59.2%，回答"不知道"的，佔20.8%，僅有5.3%的人回答"很多"。因此，中國社會公眾對於貧富分化、分配不公的抱怨主要是對致富方式的不滿，而不是對貧富分層的不滿[3]。

毫無疑問，在高收入者和貧困者之間，存在著明顯的利益衝突，尤其是當高收入者常將金錢使用於奢侈性的揮霍上，刺激了某些不正當的行業發展與寄生階層出現時，社會公眾就會產生強烈的相對剝奪感，這種不平等的現狀助長了國民的無責化傾向，從而使國家凝聚力下降，反使弱勢階層的內聚力上升，這對社會的長治久安是極爲不利的。

國有企業運行機制與市場經濟規則的排斥性，給集團經濟犯罪留下活動空間

由於國有企業缺乏經營資本，又存在著一系列難以克服的問題，它對銀行的依賴性愈來愈大。爲了能獲得儘可能多的銀行貸款，有的國有企業不惜虛報註冊資本，僞造變造產權證明，提供虛假擔保或在政府協調下採取國有企業間連保等手段，騙取銀行貸款或採取其他手段，進行虛假破產，逃避銀行債務。這其中就存在著大量的集團經濟犯罪現象[4]。

市場經濟的負面效應，刺激了集團犯罪的蔓延

市場經濟的開放性，帶來了人、財、物的大流動，也使一國經濟國際化、一體化，這種開放性的經濟導致國門洞開，境外的黑社會組織、黑社會勢力以投資、觀光旅遊、探親訪友、國際貿易等爲

3.分配不公導致的貧富不均是一種不正義，產生此種不正義的現象並不能完全怪罪於市場經濟制度，大多是因爲相關的社會環境與制度有弊病所致，資本主義市場經濟體系是以自由主義爲基礎的，而自由主義必須建立在機會均等、合理差別與公平競爭等原則上。關於正義的概念，美國學者John Rawls之「正義論」(A Theory of Justice)是典範性的著作，中文可參閱趙敦華著：「勞斯的正義論解說」，1988年，遠流出版公司。

4.經濟犯罪的定義眾說紛紜，在論理上較可採的說法應該是指「攻擊總體經濟及其重要分支部門的犯罪行爲」，詳細內容請參閱林東茂著：「一個知識論上的刑法學思考」。

名義，不斷向大陸滲透，加速了內地黑社會勢力、有組織犯罪等集團犯罪的滋長。不論是招兵買馬建立組織，或是大哥到內地避風頭，甚至是跨國犯罪組織將中國開闢爲跨國組織犯罪的一個戰場或通道，境外的犯罪組織的滲透，爲中國大陸有組織犯罪向黑社會犯罪演化起了推波助瀾的作用。

據南京大學研究犯罪問題的學者蔡少卿指出，以台灣的四海幫爲例，六個領導人中就有四個移居上海，並計劃將總部遷至上海。姑且不論此消息的眞實度如何，如果我們把組織犯罪視爲一個市場經濟之下的產業進行分析研究，甫開放市場的中國大陸，經濟成長突飛猛進，在競爭環境在社會法制等皆未完備之前，處處有犯罪組織插手獲利的灰色地帶，這種充滿肥美獵物的叢林，犯罪組織見獵欣喜之心，不難想像。

形成集團犯罪之心理因素

組織犯罪是社會現象的一種，是由一定的社會、經濟、文化因素相互作用的產物。但是，集團犯罪又是一種個人現象，它不可能離開特定的行爲人而存在。因此，在考察組織犯罪的成因時，僅重視其中的客觀因素是不足的，還需要重視研究組織犯罪的全體特徵，提示組織犯罪的行爲人的心理特徵與組織犯罪形成之間的聯繫。

集團／組織犯罪心理因素的特質

針對組織犯罪而言，其心理現象除了具有一般犯罪心理的共同特性之外，並具有以下的特點（時高峰、劉德法 2001）：

1. 犯罪集團／組織成員在犯罪過程中，往往產生存同去異、互補融合、相互默契的共犯心態，不表現出明顯的自我中心意向，有著較強的共同感受力。

2.犯罪集團／組織的首要份子享有極大的威權，組織成員及整個犯罪組織的動機內容，都會在首要份子的有意識指導下發生深刻的改變。

3.研究者發現，人的精神成熟性愈高，他的調和程度愈低。因此，在較穩定持久的犯罪集團中，必然呈現出成員水平懸殊、上下等級分明、地位作用差異較大的格局，如果沒有差別或差別不大，則難以自行調和統一。

4.犯罪集團／組織的反社會傾向較爲明顯。犯罪組織的成員之所以能聚合在一起，往往具有一定境遇性，這種一致性的形成，通常是由於群體參加人或整個群體以前的反社會行爲的結果。

一致的畸形需求，形成集團犯罪的原動力

集團犯罪表現了人類群集性的本能特點，合群需求、財勢滿足、以情換義等等，都是犯罪集團成員的一些基本心理需求。依據理性選擇理論，任何 "理性的犯罪人" 都會追求以最小的 "投入"，換取最大的 "產出"，這就是所謂的 "犯罪效益"。集團犯罪是一種事前預謀的共同犯罪，其效益特徵更爲明顯。集團犯罪實際上是將犯罪行爲，通過集體決策、精密分工、技能互補、心理互動等環節進行分解，從而由多人共同實施同一種犯罪的犯罪模式。此種將不同智能、技能與不同心理性格的人聚集在一起，就會在行動上形成互助，心理上實現互補，使犯罪行爲更爲精密、熟練與專業化，從而使犯罪的收益更加的優異（時高峰、劉德法 2001，莫洪憲 1998）。

從另一方面看，集團組織犯罪內部的氣氛與凝聚力，不僅會激化成員潛在的犯罪意向，還會促成相互學習的效應，使成員在主觀上淡化單獨做案的罪惡感，產生責任分擔的僥倖心理。

形成集團犯罪之文化因素

> 1871年，英國文化人類學家泰勒給文化下了一個權威
> 的、為後人引用率最高的定義：「文化是包括知識、信
> 仰、藝術、道德、法律、風俗及社會成員所獲得的能
> 力、習慣等在內的複合體」。

不同文化的衝突，包括社會主流文化與次文化之間、傳統文化
與現代文化之間、不同地域與民族文化之間的衝突，都會引起犯罪
的產生，這是一般社會的共同現象。

由於社會變遷與改革，一些已經行將消逝的文化可能會借助某
些條件而復活，例如舊中國幫派思想、江湖義氣捲土重來，對集團
組織犯罪有推波助瀾的效果。

幫會文化是集團犯罪的文化土壤

文化本身有主流文化與次文化之分，生活在次文化中的群體一
方面分享著主流文化的成分，另一方面也同時保持著某些獨特的行
為模式與價值觀念。幫會文化就是中國傳統文化中的次文化之一。
幫會文化在中國具有深遠的歷史淵源（Brian G. Martin 1996）。
而幫會集團作為一種活躍於社會底層的次文化群體，雖然受到國家
力量的打壓，但這種幫會文化卻在現代中國社會仍十分活躍。

這顯示出，在現代化與都市化的進程中，由於社會結構的重大
變遷，人口膨脹，流動加速，大量農民進入城市，極大的削弱了原
有的社會控制力量。這同時也表明，中國傳統文化中的確存在有利
於幫會繁殖的文化特質，例如"江湖義氣"的倫理觀念，"拉幫結
派"的意識，"出門靠朋友"的傳統仍然根深蒂固。因此，集團犯
罪在社會主流文化上具有歷史傳承性，在社會次文化方面也同樣具
有較強的歷史傳承性。而建立在這種基礎之上的犯罪組織或犯罪集
團，因為具有強烈的內聚力，極不容易破獲。

信仰危機產生的無規範狀態，是形成集團犯罪的深層文化危機

中華文化以儒家道德哲學為中心，在歷史上可以不靠武力、宗教的力量，維繫兩千年一以貫之的大一統局面，在人類的歷史上，是一項空前的紀錄。然而從文化大革命以來，中國一直打著破除傳統觀念，豎立現代化意識的旗幟，以此破除了許多封建道德觀念和傳統意識，解放了人們的思想，為改革掃清了道路。但是，在揚棄計劃經濟改採市場經濟之後，商品經濟的發展並未自發的帶來一套嶄新完備的價值體系和與之相適應的道德規範[5]，在背離了傳統的軌道之後，人們的心態和行為也找不到新的規範可遵循，現代中國人在新舊道德的歷史嬗變期，陷入了無法迴避的道德困境。

在過去的數十年間，馬克思主義被教條化，領袖人物被神化，社會主義被理想化，改革開放後，長期努力建立的理想信仰一夕間被打破，必然出現信仰危機。而伴隨著道德衰敗與信仰危機產生的，就是所謂的流氓文化。不事生產與強烈的破壞性是這個階層的特徵，在目前一些地方，流氓階層形成了對治安危害極大的地方惡勢力，並構成中國現階段黑社會形成的社會基礎（時高峰、劉德法2001）。

5.任何一種成功的政治經濟制度，背後都有堅實的文化系統為基礎。韋柏認為，資本主義發達的與基督教(新教)的興起有著密不可分的關係。新教倫理主張每個人可以不用透過教會直接面對上帝，信徒在世上所做的一切，包括賺得的錢財與成就，都是榮耀上帝的行為，因此激勵了教徒努力從事工商業經營，創造了資本主義的發達。中國並非屬於基督教文化的國家，在社會主義文化系統未做任何轉型的準備之下突然決定採行資本主義市場經濟，侈言要建立一個具有中國社會主義特色的市場經濟，但一、二十年來所呈現的卻是一片的社會亂象，在這種社會環境下，犯罪問題自然愈來愈嚴重。

不良文化的公開傳播，是集團犯罪的助動劑

「開放搞活，文化多元化」，各種信息傳遞加速，其中不良文化信息的傳播，成為集團犯罪的又一個重要誘因（時高峰、劉德法2001）。在社會文化系統交替不及，青黃不接之際，具有暴力色情成份的書刊、影音商品透過強力行銷與大眾傳播媒介，對於在文化需求高峰期而模仿性強、可塑性大的青少年，以及缺乏辨識力的農民而言，這種次文化具有相當的教唆、示範、鼓勵作用。例如美國電視劇「加里森敢死隊」在中國大陸播出後，全國相繼出現了許多類似「加里森敢死隊」的犯罪團伙，手持刀、槍、棍、棒，肆無忌憚的到處搶劫、竊盜、鬥毆，搞的烏煙瘴氣，人心惶惶。不過要發生這樣的亂象，單靠一部影集是不可能達成如此巨大的任務，必須在整體的社會條件與經濟因素都不利於社會控制，才有可能使不良文化商品發生影響力，因此我們在分析時不可執一漏萬，避免發生以偏蓋全的錯誤。

結論

「團結力量大」，這耳熟能詳的話，不僅僅是句口號，還是一條顛仆不破的眞理。集合眾人之力成立組織，在善的方面發揮強大的力量，是慈濟功德會；在惡的一面胡作非爲，就是犯罪組織。組織犯罪可怕之處即在於此，眾人憑藉著人多勢眾、專業分工，所掠奪的錢財與對社會造成的傷害，難易估計與想像。但又因爲犯罪組織多已秘密寄生在我們週遭，或進化到與我們的社會共生，如同癌症不到末期沒有痛覺，我們對犯罪組織的存在與壯大多半不知，也就不會奮起對抗。這是犯罪組織高明之處。

或許有人會說，我的生活與犯罪組織一點關係都沒有，犯罪組織拿走的又不是我的錢，有這麼嚴重嗎？犯罪組織多半從事沒有被害人的犯罪活動，用意之一就是在減少與社會的對抗面，而犯罪組織拿走的的確不是你的錢，而是我們的錢。錢財不會無中生有，不事生產的犯罪組織所掠奪的一切，都是我們共同努力的經濟成果。

聯合國早已宣示，組織犯罪活動將是人類在21世紀所面臨的三大難題之一。對抗組織犯罪，是一種價值觀的爭戰。是主流文化價值對抗次文化的戰鬥，如果我們不在精神上武裝起來，繼續縱容黑社會壯大，有朝一日，或許今日堅持的正義與人性尊嚴，將淪爲次文化。不要說不可能，回顧人類的歷史，我們將發現，沒有任何事是不可能的。

★ 參考文獻

1.許春金（民86），犯罪學（二版），台北、三民書局。

2.蔡德輝、楊士隆（民90），犯罪學（二版），台北、五南書局。

3.時高峰、劉得法主編（2001），集團犯罪對策研究，中國、檢察出版社。

4.林山田、林東茂（民84），犯罪學（二版），台北、三民書局。

5.蘇南桓（民86），組織犯罪條例之實用權益，台北、永然文化出版公司。

6.周文勇（民85），組織犯罪，中央警察大學。

7.麥留芳（民80），個體與集團犯罪，台北、巨流出版公司。

8.李玉平等譯（2001），犯罪致富（Les Prosperrites du crime），Guilhem Fabre（1999）原著，中國、社會科學文獻出版社。

9.許華偉（民89），犯罪結社行為處罰基礎規範之研究—共相與整合可能的探尋，台灣大學法律研究所碩士論文（未出版）。

10.黃榮堅（民88），刑罰的極限，台北、元照出版公司。

11.張遠煌（1998），現代犯罪學的基本問題，中國、檢察出版社。

12.林東茂（民90），一個知識論上的刑法學思考，台北、五南出版公司。

13.馮樹梁（1994），中國預防犯罪方略，中國、法律出版社。

14.莫洪憲（1998），有組織犯罪研究，中國、湖北人民出版社。

15.陳慈幸（民90），有關中國大陸之組織犯罪，樹德科技大學學報第三卷第一期。

16.何頻、王兆軍（民82），中國大陸黑社會，台北、時報出版公司。

1.加藤久雄（2001年3月），「刑事政策」，青林書院。

2.松下義行（2001年5月），「暴力團の實態と對策—關西暴力團を中心として」，警察政策會資料第十五號，頁1。

3.陳慈幸（平成十一年），「暴力團迷你講座」，日本松江八束建設業暴力團追放對策協議會，2000年5月11日。

4.平成八年版（一九九六年版）日本犯罪白皮書。

5.平成十三年版（2001年）警察白皮書。

6.W.Bruggeman（1999年10月13日），「組織犯罪對策の國際的動向—ヨーロッパにおける取り組み—」，警察政策フォーラム中央大學總合フォーラム政策。

7.陳慈幸（2000年3月），「關於組織犯罪對策三法之研究」，日本中央大學刑事法研究會報告。

8.法務省刑事局刑事法制課編・組織犯罪と刑事法（1997年），有斐閣。

9.日本弁護士連合會民事介入暴力對策委員會編・注解暴力團對策法（1997年），民事法研究會。

10.法務省法務總合研究所編・平成8年版警察白書（1996年），大蔵省印刷局。

11.石塚伸一（1997年）、「（特別企劃）組織犯罪立法」、法セ507號第4頁以下。

12.ウルリッヒ・ズウイーバー（武藤眞朗訳）（1995年），「組織犯罪と戰略構造」比較法學28卷2號61頁以下，早稻田大學比較法研究所。

13.「暴力團情勢と對策」，全國暴力團追放運動推進センター警察廳暴力團對策部，1999年11月，頁三二。

14.陳慈幸（2002年）、近年中國の組織犯罪に關する法律体制、中央大學比較法雜誌第36卷第3號、頁一七九。

15.陳慈幸（2002年）、アジアの暴力團の歴史に關する紹介—中國編、日本交流協會より日本訪問學者論文。

Stephen Fox （1989）. Blood and Power—Organized Crime in Twentieth-century America. New York, Willam Morrow and Company.

Jay Albanese （1989）. Organized Crime in America （second Edition）. Ohio, Anderson publishing co.

Robert P. Rhodes （1984）. Organized Crime. New York, Random House.

Brian G. Martin （1996）. The Shanghai Green Gang— Politics and Organized Crime,1919-1937. University of California Press.

Schwind, Hans-Dieter, Definition und Geschichite der organisierten Kriminalit_t im kuryen _berblick. in ： Schwind／Steihilper／Kube（Hrsg.）： Organisierte Kriminalit_t. 1987 S.17. 另外， Schneider, H.J., Das organisierte Verbrechen. JURA 1984 S.169.

Chapter11

幫派入侵校園研究

胡乾鋒

嘉義師範學院畢業

中正大學碩士研究生

現任台中縣公館國小教師

前言

　　近來媒體大幅報導幫派組織染指校園，吸收學生入會，引起警政、司法與教育部門之高度關切。紛紛召開校園掃黑暨防制黑道勢力介入校園工作會議，期能有效遏止幫派組織入侵校園行動。事實上，根據蔡德輝、楊士隆（民87）之研究，國內幫派組織在近年來雖經政府之持續掃蕩，但仍持續擴張，並且涉及工程圍標、介入職棒賭博、與人蛇集團掛勾，甚至介入選舉，組織黑道治鄉網路等多項非法活動。而幫派為擴大其組織與業務，極可能加強招募會員之行動，俾謀其利。而令吾人擔憂的是，研究顯示，一旦青少年加入幫派組織後，其從事偏差行為之可能性即大增（Esbensen &Huizinga,1993 ；Thornberry et al.,1993）。

幫派入侵校園之現況

　　早在國內四十年代早期，十三太保及四海幫等青少年幫會曾喧嘩一時，但幫派侵入校園而受到特別的輿論關心的以八十六年竹聯幫元老『白狼』張安樂之子張建和出殯期間，上百名頭染金髮，眼戴黑色遮陽鏡之『小兄弟』隨行，最受到矚目。民國八十八年三月起各大媒體相繼揭露台灣各大幫派染指台北市國、高中校園，更突

顯問題的嚴重性。例如四海幫海功堂吸收二十多校一百多名少年學生加入幫派，竹聯幫在台北縣吸收學子成立『梅花堂』犯罪組織，同時其戰堂之東聯幫亦在北市東區對八所以上學校吸收學生，全部成員達一百多人。其他天道盟、至尊盟等亦至少入侵五十多所北市學校。（蔡德輝、楊士隆，民88）。又根據民視新聞網的報導（民88.4.26），『台北市內湖地區傳出黑道份子吸收國中學生加入幫派，入會學生一律佩帶大哥大；四月十八日台北縣三重警方查獲十八名天鷹堂在學學生，其中年紀最小的只有十四歲：四月二十一、二十二日，春風專案警方在全省1600各地點同步掃蕩校園，又逮捕東聯、四海、竹聯、清幫等三十二名學生。光是在四月份，警方就在全台各地破獲至少六起黑幫吸收學生入會案。』再根據中國時報民國88年4月19日報導（陳淑泰，民88）該年一月中，警方就在饒河街夜市內逮獲專向少年學生勒索恐嚇錢財的天狗幫、聯義會成員；而三月中旬，北市警少年隊又查獲四海幫海功堂，遭提報為治平流氓的堂主蘇孝文向警方供稱，有一半的台北市國、高中內都有他的成員勢力，讓警方大感驚訝。

民國八十八年警方曾破獲國內最大校園幫派東聯幫，發現幫派成員中竟有十多人來自臺北市明星國中。同時根據媒體引述來自幫派成員的消息，國內某幫派早在去年（民國89年）就在一所明星高中設立堂口，不但多次參與學生集體鬥毆，更到他校招兵買馬，旗下一支吸收十多所學校學生近二百多人。根據統計，八十八年度國內涉及校園暴力事件的學生有兩千多人，平均每天發生二點六件。學生在校園內使用暴力教訓同學的情形相當嚴重，總計造成二十八名學生死亡，二百餘名學生受傷。隨著校園幫派增加的趨勢，校園暴力發生的情況亦更趨嚴重。（青年日報社論，民90）目前仍有多個幫派組織在警方監控中，警方統計至少有五十所以上國、高中職，已被組織幫派所染指。然而，最可悲的就是這些幫派曝光後，校方竟然都表示不知情，而專門處理少年問題的專業警察單位對這些組織的存在與活動範力也一知半解，校園幫派組織會逐漸茁壯，似乎不是沒有原因的。

中輟學生是幫派最大的來源

　　楊士隆（民90）曾對於加入幫派之少年進行研究，其中一個重要發現指出：在一百六十九位幫派少年之中，有一百二十八位是中途輟學學生，而輟學之後，具有固定職業者，僅有三十五名，其餘九十三位，則整天遊手好閒、無所事事。該研究證實「中輟」的確是少年加入幫派的危險因子之一，而在缺乏適切的輔導之下，促使少年加入幫派並走向犯罪的淵藪。

　　依據教育部所定國民中小學中途輟學學生通報辦法，狹義的「中輟學生」係指：國民教育階段（國中、國小）學生，未註冊入學，或在學中未經請假而有三天未到學校上課者（鄭崇趁，民87）黑道之能滲透到校園裡，與中輟學生有極大關聯。中輟學生的根源甚多，但主要都是成績低落、學習不被認同的孩子，他們既無法在校園裡找到自己存在的認同，在家中又大多缺乏溫暖，即離開校園在街頭流浪。其出沒的場合不外乎電動玩具店、撞球間、泡沫紅茶店等，形成一個次文化的場域。但他們又缺少經濟來源，這些場合又都需要錢，於是就形成黑道染指的間隙。

　　中輟學生對學校方面及社會治安所造成的傷害至為巨大深遠：（蔡德輝，吳芝儀，民87：140～141）

　　1.在學校教育方面，中輟學生多聚集在學校鄰近的空屋荒地，或在放學後出入校園，伺機向在學學生威脅利誘，或打架滋事危害校園的安全。

2.在社會治安方面，成群結黨的中輟生流竄在社會陰暗的角落，多半會不由自主從事不見容於社會規範的危險勾當，徘徊在違法犯罪的邊緣，以致於中輟學生的犯罪率幾乎是一般學生的四倍。換句話說，中途輟學學生常是青少年發生違法犯紀的重要前兆（Hixson, & Tinzmann, 1990），是危害社會治安、威脅大眾安全的紅燈警訊。

幫派於校園內學生之結合

青少年加入幫派之原因

根據鄭瑞隆（民88：35）分析青少年加入幫派之原因如下：

1.一般而言，幫派提供青少年在家庭、學校與廣大社會上，以正常方式無法獲得之滿足感、成就感與安全感。例如：加入幫派後以合法掩護非法，獲得身分和地位、成功的虛幻感、歸屬感及自尊。
2.幫派也提供青少年走向成人世界之橋樑：許多中低階層文化背景之青少年，認同惹事生非、強硬、詭詐小聰明、興奮、刺激、相信命運、不服公權力及社會規範等偏差文化行為，以為這樣的行為可以讓自己看起來像個大人，於是在幫派活動中學習草莽文化之成人行為。

3.幫派提供青少年感受成功及獲取生活所需及心理滿足的機會，由於青少年在家中及學校生活中常遭遇挫折、失敗、空虛寂寞、物質不滿足、心理失落，幫派可以補償青少年些需求的滿足。

4.幫派提供青少年庇護、歸屬感及同儕互動的機會，使得青少年互相增強，仗勢抵禦外人欺侮，增強彼此認同，產生命運共同感，使其不再無助。

　　根據許春金、徐呈璋（民89：102）研究發現青少年加入幫派之原因，在遠因方面，受訪青少年中，個人因素以反社會人格者佔多數（70%），並與法律概念較差等有關；家庭背景以居住環境差、父母婚姻不諧和、父母管教寬嚴態度不一、家庭氣氛冷漠及蹺家經驗豐富等有關；學校生活以曾有過輟學經驗、學業學行較差、學校作為及師長關係偏向負面、幫派入侵校園嚴重等有關；同儕關係以好友與個案偏差行為同質性高、受好友影響程度高等有關；社會環境以受大眾傳播媒體負面影響、社會偏差事件或扭曲現象、政策作為缺失及社會工作經驗較偏低階層等有關。在近因方面，本研究發現，青少年幫派由於保護、好玩、賺錢、權力地位、同儕邀約及交朋友等動機而加入幫派。而幫派吸收青少年則可達到經濟利益、安全保護、權力鞏固、文化傳承及助人考量等目的。

　　根據蔡德輝、楊士隆（民88）分析少年加入幫派成因如下：

成功向上機會受阻，幫派提供青少年歸屬感，滿足心靈之慰藉

　　犯罪學學者Cloward 及 Ohlin（1960）認為低階少年由於機會受阻，無法以合法之手段達成中產社會之成功價值觀，因此形成次文化，參加幫派，已獲取其心目中之『成功』，填補心靈的創傷。其指出犯罪型、衝突型、退怯型幫派類型之出現，為因應少年成功向上機會受阻問題而衍生。

幫派滿足許多少年進入成年世界之需求

學者Block 及 Niederhoffer（1958）指出，幫派提供了少年走向成人世界之橋樑。其指出幫派之許多活動，如刺青、將其標記刻於機車之上等，與初民社會之許多少年儀式及轉入成人之活動別無兩樣。然而最重要的是，幫派允許少年從父母之控制中獨立出來，協助少年走向更為成熟之境界，因此，幫派亦擔負有替代家庭之功能。換句話說，參加幫派活動意味著放棄小孩之生活方式，而開始拓展嶄新之人生旅程。

加入幫派乃低階文化價值觀之自然反應

學者Miller（1958）指出，低階少年之文化與價值觀常與中上階層相反。部份少年信奉低階文化價值觀，如惹事生非、展現強硬、詭詐、追求興奮刺激、宿命觀、不喜歡別人干預等，自然而然與中上階層分隔，而加入幫派乃低階文化與價值觀之自然反應。

可尋求保護，欺凌他人亦較優勢

少年加入幫派亦可能係為尋求保護，避免受欺負，而非純為獲利（Spergel,1989）。尤其在一個陌生的地域，倘少年係新成員，極可能認為其成為攻擊標的之可能性大增，而須加入幫派組織，以尋求保護。而當然，少年加入幫派的結果，其支撐之後台顯較別人為優，欺凌他人自然較佔優勢。

好玩與支持

部份青少年加入幫派組織純為好玩，追逐未知之刺激（Spergel,1989）。此外，學者提及，少年加入幫派無非是想獲取以前失去之家庭氣氛（Siegel &Spenna,1997）。

英雄主義崇拜

受到幫派領袖擁有之財富與出手之大方所吸引華裔學者陳國霖曾訪問六十餘名少年幫派份子，其發現半數加入幫派之主要原因為受到幫派領袖擁有的財富所打動，並且受到他們用錢之大方所激勵（李作平，86.5.12）。

賺錢容易，勿須辛勤工作

在國內不少幫派涉嫌圍事酒店、賭場，介入糾紛處理與大補帖買賣並經營檳榔攤、泡沫紅茶店、酒店等，因此獲取諸多不法利益。就少年而言，加入幫派除可耀武揚威外，另可在勿須辛勤工作之情形下，輕鬆的獲取鉅額金錢，因此，從理性抉擇，趨利避害之角度觀之，少年加入幫派有特定吸引力。

幫派吸收少年的原因

根據蔡德輝、楊士隆（民88）分析幫派吸收少年成因如下：

少年從事非法之刑罰較輕

依據少年事件處理法規定，少年犯不得科以死刑或無期徒刑，同時少年犯有觸犯刑罰法令時，往往以保護管束處分代之，即使因犯重罪進入少年矯正機構服刑，亦享有假釋之優惠條件，故幫派樂於招募其為幫眾。

少年成為幫眾之各項花費與成本較低

在成人幫派中，招募成人與維持幫派運作需花費巨額人事費，同時尚須不定時犒賞至聲色場所，而付出較多額外花費。相對的，少年加入幫派，其人事支出與各項費用均較低，可減少幫派開支，符合組織利益。

少年較為英勇，未考慮行為後果

基本上，少年較為血氣方剛與英勇，在面臨幫派間爭奪地盤之鬥毆或涉及利益糾葛之各項暴力行為時，往往未考慮行為後果，而魯莽行事，展現英雄本色，故為幫派所樂於吸收。

幫眾群龍無首，青黃不接，故向校園「徵才」

由於政府厲行掃黑，故黑道大哥不是避居國外，即是在綠島監禁，在群龍無首的情況下，幫派組織根本就是青黃不接，故至校園「徵才」。

少年較為忠誠，較不爭權奪利

幫派組織成員常為繼承問題互為鬥爭，甚至衍生殺機。唯就少年而言，一般對幫派首領較為忠誠，不至於在老大避居海外或入監期間謀權奪位，造成幫派組織之傾軋。

增加人力，壯大組織，延續幫派活動

幫派組織倘缺乏人力與活動，及可能面臨斷炊與解散命運，因此，為維繫幫派之運作，有必要招募人力，俾壯大組織。少年年紀輕，體能好，又較為忠誠，一方面可為幫派增加人力，撐住場面，另方面提早入幫，熟悉幫派運作，可使幫派組織運作趨於穩定，並延續幫派活動。

另外，許春金、徐呈璋（民89：97）根據三十個幫派遭查獲成員文件陳述，再深入綜合分類分析後，將幫派吸收青少年入幫的目的說明如後：

經濟利益：以賺錢考量為主

降低經營成本

幫派對青少年只要施加微薄的工資和免費玩樂，即可節省組織開銷並可保護事業體。對組織而言，可節省一筆重大的開銷。

鞏固或搶佔地盤

幫派的經濟來源是多管道的，如商店圍事、催討債務、恐嚇取財、工程圍事…等等非法活動，其費用的取得需要眾多的人手助勢幫威，在面臨幫派間爭奪地盤鬥毆或涉及利益糾葛等暴利行動時，青少年常展現英雄本色，故為幫派所樂於吸收。

安全保護

幫派的生存時常受到外在的挑戰，不管是刑事司法單位或是其他幫派。

逃避刑責

青少年從事非法活動被逮時，刑罰較輕。如刑法第六十三條第一項規定，少年犯不得處死刑或無期徒刑。同時少年犯有觸犯刑罰法令時，往往以保護管束處分代之，即使因犯重罪進入少年矯正機構接受輔導，亦享有假釋之優惠條件，故幫派樂於招募其為幫眾。另外，教唆青少年從事非法活動，較不會引起刑事司法機關的關注。

對抗外侮、維護優勢

幫派生存的要素就是人，而且人員眾多，氣勢就凌人，比較好辦事，也才能保護及擴展既有的利益勢力範圍。例如：保護圍事和所營行業場所安全，不要讓其遭受威脅和破壞。

吸納併入競爭團體

幫派地盤上，常有青少年新興組合勢力竄起，如飆車團體、恐嚇取財團體。為避免這些組合團體成為幫派的阻力並化為助力，幫派常予集體吸收併入。

權力鞏固

旗下人員的多寡，對幫派來說是實力展現的標竿，且是權力及凝聚力的來源。

向他幫展現實力

在幫派聚會的各種場合，如幫派人物公祭、廟會陣頭、街頭械鬥…等，無一不是在展現各幫派實力的展現。

奠定地位、行使權力

　　為了鞏固幫中地位或爭奪領導權，上層幹部往往唆使下層成員廣泛吸收青少年，藉以增強實力。

提高忠誠度

　　青少年學子社交單純，思慮未深，在初次接觸到幫派文化時，往往會有「忠義」及「英雄」崇拜主義產生，「愚忠」跟隨現象接著顯現出來。幫派基於「權力穩定性」及「善於使喚」因素，而樂於吸收加入。

分設據點、擴充組織

　　由於幫派初成或是壯大成長需求，會廣設分支或是據點。因此，人員補充是現階段最重要的事。在社會上吸收其成員何其容易，自然而然視入侵校園為吸收幫眾最佳的管道。

文化傳承

　　幫派成員的流動是常有的事。有些是脫離、有些是被逮捕、有些跳槽、更有些流亡海外。為了維持生命活力，就必須補充新血，也才能延續幫派文化。

助人考量

　　幫派領導人體會到時下青少年在外遊蕩居無定所，與其讓這些青少年流落街頭，為非作歹，不如將其吸收管理，代替家庭功能。

幫派吸收學子入幫之方式如次

「利用青少年性喜結交、壯大聲勢，並尋求保護及偏差性崇拜英雄心理」

　　幫派吸收青少年，主要係利用在校生或輟學生血氣方剛、好勇鬥狠、性喜結交，以壯大聲勢並尋求保護之心理，先吸收渠等入幫，再唆使渠等吸收校內同儕，逐步擴大勢力。另青少年受電影情節誤導，對幫派分子產生偏差性英雄崇拜心理，亦是幫派吸收青少年加入因素之一。

「以金錢誘惑青少年」

　　大部分青少年加入幫派之因素，係受幫派領袖擁有之財富打動，嚮往出入有高級轎車代步、手戴勞力士金錶及貼身小弟前呼後擁之氣派。加以青少年加入幫派後，介紹至幫派圍勢之酒店、舞廳、賭場等特種場所或泡沫紅茶店等擔任泊車、侍應等工作，或協助販賣盜版光碟，或招攬參加八家將等迎神賽會，讓青少年每月有固定收入，以提供金錢，誘惑青少年。

「提供毒品控制青少年」

　　幫派分子利用青少年好奇嚐鮮之心理，由幫派中青少年在校園內暗地宣傳後，先期免費提供安非他命、ＦＭ２、快樂丸等毒品，俟學生上癮後，無法脫離幫派，而受幫派控制。

「以暴力恐嚇脅迫限制脫離或出賣幫派」

　　幫派為長期控制入幫青少年，要求青少年於入幫時，立誓不得脫離幫派或出賣組織成員，如有違反將遭受嚴厲之懲罰，如青少年欲脫離幫派，則施加暴力恐嚇，致欲脫離者，因懼其淫威續供其驅使。

防治黑道入侵校園之措施

　　美國回應青少年幫派問題而展現具體績效者，首歸司法訓練所贊助的防治幫派既教育訓練（Gang Resistance and Training，G.R.E.A.T.）方案。此方案由美國菸、酒、槍械公賣局（Bureau of Alcohol, Tobacco, and Firearms）與亞利桑那州鳳凰城警察局（Phoenix, Arizona, Police Department）發展規劃而來的。此方案之目的在於教導青少年如何設定人生目標，如何抗拒同儕壓力，如何排解衝突，以及幫派如何影響他們的生活品質（Winfree等氏，1995）。此方案的參加對象以七年級學生為主，有些學校也適用於六年級及八年級學生。此方案的廣泛評估工作正進行中，其中包括員警對此方案的訓練效能評估，方案本身的顯見效能評估，及防治幫派暨教育訓練方案確實在各單位應用實施情形的評估等（Esbensen, 1995：17）

　　美國在1997年通過「全國中輟防治法案」（National Dropout Prevention Act），共包含六章。第一章即明定「建立中輟防治方案以服務危機兒童，是聯邦政府優先施政的重點」，聯邦教育部預定以為期五年時間推動各州發展學校中輟防治方案。規定各州應設立一個新的「中輟防治和教育達成局」（Office of Dropout Prevention and Degree Completion），置主任一名，負責向教育部報告中輟防治分案的方展和執行、資料的蒐集，並發展新的中輟防治策略和模式。（吳芝儀，民90：120）

　　我國於民國八十九年四月在教育部支持下成立「全國中輟防治諮詢研究中心」，成立宗旨就是致力於發展有效的教育和輔導策

略，來預防學生中途輟學，發生嚴重偏差行為或涉入犯罪。該中心防治中心配合教育部的規劃，積極推動「中輟學生輔導與支援網絡」之建構，預期藉著由和民間社福團體、政府教育部門及學校單位建立合作夥伴關係，共同進行中輟學生通報、追蹤輔導、家庭訪視、親職教育、選替教育、復學輔導、諮商服務、社會支援網絡與校園安全維護等全面性、綜合性的中輟防治策略，以減少青少年中途輟學與犯罪、發展健全人格、締造安全校園與祥和社會為最高行動目標。（吳芝儀，民90：226）

當前規劃之『中輟學生輔導與支援網絡』草案，目的即在整合政府與民間各類社會資源，包括教育人員、諮商人員、法務人員、警政人員、社工人員及認輔義工、學生家長等各類人員從通報、協尋、教育、輔導、諮商與社會支援各層面，共同擬定一兼具預防與處遇對策之最佳輔導與支援網絡。其項目及內容**如表11-1**：（吳芝儀，民90：227～232）

基於防制校園遭黑道染指的悲劇再度發生，我們認為警方有必要展開新一波的「校園全面掃黑」，深入蒐證，調查各校園的幫派活動情況。事實上，校園裡的老師、輔導室對黑道活動、學生遭到勒索的情況，一定早有耳聞，對學生活動也有相當掌握，只是礙於學校本身力量有限，無法對抗黑道而忍氣吞聲，如果警力能配合各校全面性展開調查，相信對學校、對社會都有正面的意義。

目前，為了制止黑道在校園擴散，警力已專案深入蒐證調查，並決把吸收學生的黑幫份子列入治平掃黑對象，解送綠島羈押。對此我們應予必要的肯定。然而，對未成年加入黑幫的學生，警方將依刑度較重的「組織犯罪條例」科刑一事，我們卻不敢表示苟同。這是由於學生本身還未成年，思想仍未成熟，若以較重條例治罪，等於對其未定型的生命加以重度的懲罰，未來的人生難保不會走入黑道的不歸之路。而刑法之目的乃是為了糾正行為的偏差，給誤入歧途的青少年回頭的機，也正是給這個社會一個可能的希望。

表11-1　中輟防治方案之建構網絡

壹、中輟防治方案之目標
1. 整合中央和地方政府、民間、團體、企業、與學校資源，建立政府－學校－民間機構之夥伴關係。
2. 建構健全之中輟生通報、追蹤復學輔導、就業服務網絡。
3. 培養身心健全的學生，締造安全的校園，促進祥和的社會。
4. 減少中輟學生人數，降低少年犯罪率。
貳、中輟防治方案之重點工作項目：
一、中輟學生通報及協尋方面：
1. 中輟學生通報與追蹤輔導
2. 中輟學生家庭訪視與家庭扶助
3. 中輟學生父母親職教育
4. 受保護管束中輟學生之法治教育與輔導
二、中輟學生教育與輔導方面
1. 中輟復學生之選替教育
2. 中輟復學生之復學輔導與諮商服務
3. 中輟復學生暨潛在中輟學生之社會支援
4. 中輟復學生暨潛在中輟學生之就業輔導
5. 校園安全維護暨校外生活輔導
三、中輟防治方案的分工和合作
1. 政府機構：（1）中央：教育部、內政部、法務部、原住民委員會；
　　　　　　　（1）地方：地方政府（教育局、社會局、警察局）。
2. 學校機構：負責擬定及執行以中輟防治為目標各類教育改革方案之實驗。
3. 民間社福團體及公益或文教基金會：負責擬定及執行以中輟防治為目標各類輔導與支援服務方案。
4. 全國中輟防治諮詢研究中心：負責聯繫及協調政府、學校、民間社福團體等各類資源，建構中輟聯防網絡。
四、其他社會資源運用
1. 設置學校社工人員，提供家庭扶助與諮商服務。
2. 與民間機構合作，舉辦青少年休閒娛樂活動。
3. 建構社區與校園聯防網絡，實施社區處遇。

　　然而，警力的「校園掃黑」終究是治標，真正的問題根源仍在如何輔導中輟學生，使其回歸教育常軌，不再流落街頭。原本，教育部還曾撥出大筆預算，作為輔導中輟學生之用，但輔導的方法卻非常落伍，仍是按原有教育編制，把經費發給各校參與的輔導老師。這些老師既非受過專業輔導中輟學生之訓練，平時又有課程必須完成，如何有效輔導呢？其結果自然成效不彰。現在教育部則已乾脆取消預算。未來誰來輔導中輟學生呢？

　　再其次，中輟學生的輔導不能再由舊教育思維去處理。需知中

輟學生在校外所遭遇的黑道幫派、複雜環境，甚至已超過輔導老師的能力範圍，若不由專業的人去輔導，根本難以處理。教育部若有意解決中輟學生問題，應是結合社會既有資源，與社會上的專業團體、公益社團合作，一方面是對校園內即將輔導中輟學生的老師進行再訓練，另一方面是利用這些社會團體的專業能力，主動把觸角伸入中輟學生可能去的角落，這才能把中輟學生找回來，進行有效的輔導。

吳嫦娥（民87）針對中途輟學的防患與中輟生尋回給予下列的檢討與建議：

防微杜漸，防患中輟發生

中輟學生一旦離開學校，有如斷了線的風箏，掌握非常困難，所以若能多加注意可能的中輟生，必要時多加輔導，必定大大減少中輟學生人數。這有賴導師、任課教師、輔導老師通力合作；由於家庭因素是造成中輟的原因之一，學校唯有透過家庭訪視與家庭綿密聯繫，才能增進學生家庭的了解，有助父母的配合。

落實中輟追蹤與輔導

中輟生的追蹤是決定其復學與否的重要關鍵。教育當局應強加督考，建立以學校為個案管理中心的系統，定期邀集相關單位研究合作方案及進行個案研討，增進輔導成效。

增編專業人員健全輔導體系

學校輔導人員限於專業訓練有限，無法深入探討且須不同機構聯繫協調，如能試辦編制學校社工及臨床心理師，加以評估及推展，朝向轉業輔導網路的整合。

強化國小中輟輔導措施

國小輟學比例不但有增高的趨勢，中輟學生年齡日趨下降的現象亦值得關切，目前各項輔導服務方案都集中在國中階段，國小的

輔導設施及作爲明顯的較爲忽略，故應正式對中輟問題的及早預防，尤其是要加強國小親職教育的落實及精緻化，輔導成效才能事半功倍。

改進多元性復學方案，增進彈性做法

舉辦多元性的輔導方案，列爲中輟學生學習課程，例如：職業訓練認知研習班、中繼營或是多元性向發展班，上過這些課程的青少年可作爲成績考核及學業證明的依據。未來應鼓勵、資助地區熱心機構、團體開展多元性復學方案，以代替一般教育機構之不足，並可加強社區方案的持久性。

根據鄭瑞隆（民88：40）參照社會工作理論與工作模式，預防青少年涉入幫派的介入方式如下：

1. 全面蒐集青少年個人心理健康情形、人格特質、心理需求與價值關係、成長背景、家庭結構功能、親子關係、家人互動模式、家庭社經水準、智能與社會能力評估、學校表現情形、同儕互動與友伴關係，職業性向與興趣、特殊生活事件、病史等基本資料，作爲診斷青少年問題與處遇評估之依據。
2. 對心理健康不佳、行爲或情緒困擾嚴重的青少年，進行個別心理諮商與個別關懷。對於價值觀念偏差之青少年給予認知行爲處遇。對於學校適應不良之青少年施予補習教育、另類課程，或依其個人興趣與性向，給予彈性的學校教育內容，使其不再視學校爲壓力的來源，並改善師生與同儕關係。
3. 對家庭關係不良或嚴重家庭問題之青少年，施予家族聯合會談或家族治療，找出家庭病理根源，以解決問題的取向，作必要的處遇。家長若嚴重失職，或怠忽親職角色職責者，亦須依法以強制性之手段，促使家長不再推卸責任；加強對家長之親職教育、增強家庭功能與青少年社會技巧之訓練，使家庭溝通能夠改善，減少青少年過早脫離家庭的危機情境。

4. 對經濟困難之青少年提供適當的援助，並導以職業技能訓練，依其興趣培養其獨立謀生之能力。提供青少年合法機會的管道，使其透過補習教育、進修教育、職業技能證照之取得，增強其自我能力與自我有用感，增強其榮譽感與責任心，使其能維繫合法進取的生活價值。

5. 淨化青少年之生活環境，使其環境減少不良之誘因或偏差觀念之誆惑，如不良的場所、偏差或犯罪習性之人、學習暴力鬥毆或偏差行為仿效的活動。對於正與幫派份子過往甚密或是遊走幫派活動的青少年，應即聯合治安機關或少年輔導機構，迅速鎖定予以深入了解，以收事先防範之效。

6. 提供青少年獲得成就感與感受成功喜悅的正當休閒活動，減少其失敗與挫折。以社區的資源、機構或社會的相關單位之協同合作，共同提供青少年過渡學習到成人世界健康、正當行為與學習的機會，讓青少年從正軌中學習成人的角色、態度與互動行為模式。

7. 學校教育的評量方式，與社會上對於成功的認定標準應加以檢討調整，使青少年能各依才能，在多元化的教育與社會環境中，獲得滿足，遠離失敗。

8. 法治社會中的法律概念、尊嚴及尊重人權與生命的現代生活理念，都應讓青少年有所體認，社會規範、道德尺度與法律界線必須清楚，使青少年有所依循。

綜合學者之見解，分述建構安全校園，防治幫派入侵校園之策略如下：（蔡德輝、楊士隆，民88）

加強父母親職教育，健全家庭功能

父母倘若經常溺愛、忽視、漠視或虐待子女，且無法提供適切的教養與紀律，往往促使青少年從家庭出走，並可能陷入犯罪危機。因此，如何加強父母親的親職教育，健全家庭功能，使子女更

附著於家庭，不爲幫派所吸引，爲防治幫派入侵之根本工作。具體措施包括鼓勵男女婚前接受親職、兩性教育課程、落實忽視教養子女有觸犯刑罰父母之強制親職教育輔導、父母負連帶責任與罰金、家庭婚姻諮商、緊急安置、寄養或收養等。

學校及早輔導介入

研究指出，加入幫派組織之少年大約在12至13歲間開始有結幫之意願與接觸，並且大約在加入幫派六個月至一年間（約14歲）首次犯案遭逮捕，同時少年在一般拒絕入幫的行爲上，擔負較少被傷害的風險，因此有必要在少年年紀稍輕時，即進行拒絕入幫教育方案。早日介入，以減少未來從事偏差與犯罪行爲之機率。具體之介入方案包括：鼓勵少年參與社團活動、社交技巧訓練、衝突協調方案、危機處理、中輟協尋、問題行爲既課業適應不良少年之諮商與輔導等。

學校加強校園安全維護措施

幫派入侵校園，不僅學生飽受威脅，無心上學，同時更使原本寧靜之校園有成爲風聲鶴唳、殺戮戰場之虞。對於加強校園安全，學者Doebe1（1994）曾提出以下管理原則供參考：

1.維持校園建築物之整潔、明亮，避免破舊。
2.對於髒亂之地域予以整頓清掃。
3.加強照明設備（尤其是廁所等隱蔽處），減少治安死角。
4.設置緊急通話系統。
5.進入校園之出入口不宜過多。
6.進入校園出入口應予管制，且進入校園應佩掛識別證。
7.強化停車場之巡邏、管理及電子監控。
8.校園建築設計以讓居民得以觀望學校之活動情形爲原則。
9.加強夜間巡邏、查察。

10.要求師生於夜晚時盡量結伴同行、避免落單。

11.提供校園護送服務。

12.財產註記。

除前述作為外，Huff及Trump、La1及陳芳雄等學者專家另提及其他校園維護措施：

1.提供教師、職員、學生、父母必要之安全教育講習及訓練。周延之安全檢查措施（含金屬探測器等）嚴禁學生攜帶違禁物品至校園。

2.不定期檢查學生書包並注意有無攜帶具殺傷力之刀械、槍炮、彈藥及其他危險物品等，以避免滋事。警衛人員必須在任何時間可被看得到，並且手持無線電手機。

3.外來訪視人員之清查、詢問與造訪時間之限制。

4.鼓勵學生發現可疑事物或突發事件時（如學生遭受校外不良份子欺凌威脅），及時向學校反映。

5.維護教室之紀律，包括學業及行為適當之期許。

6.發動學生家長支援，並有效運用社區力量，支援學生做好校園安全維護工作。

社會專業輔導人員之積極干預

由於參與幫派之少年多為漂流於社會之適應不良少年，因此有必要加強專業輔導人員在社區群體中，以適切之活動安排與輔導，協助少年或偏差行為團體適應社會生活。具體之做法包括康樂活動之規劃、外展方案（Outreach Programs）、幫派間仲裁、轉介服務、心理諮商服務、社會工作服務、協助少年脫離幫派組織及塗消刺青等。

動員社區鄰里組織

幫派入侵校園有其複雜之社會環境因素，因此非動員社區鄰里居民，無法有效遏止其入侵。而事實上，學校為社會之一環，校園安全維護之責任，仍賴社區民眾與學校之共同努力，始能產生具體功效。具體之做法包括清除污穢牆壁之塗鴉、動員社區居民抗制幫派活動、成立媽媽教室輔導不稱職父母、加強社區聯防與守望相助的工作、掃除社區病理現象之入侵、改變頹廢之社區環境、規劃安全無虞之生活環境。

加強警政、司法部門與學校的配合，共同取締、掃蕩幫派入侵校園活動

幫派之積極入侵校園，有賴校園當局與警政、司法部門積極配合，以加強掃蕩其非法活動。而警政、司法部門亦不能以學校未能全力配合為由，而裹足不前，應積極的與學校警衛、訓輔人員、值日人員密切聯繫、合作，加強幫派份子在校園活動之蒐證與調查，以終止其非法行徑。具體之合作措施包括即時辨識幫派活動，如塗鴉、暗語、黑話，把招牌、旗幟等掛在外面等，了解並記錄幫派之人數與活動及從事必要的溝通、輔導與轉介。

結論

　　幫派入侵校園吸收少年為幫眾，在各國之中亦曾發生並受到廣泛之關注。黑道進入校園的消息將令全天下的父母震驚。但更嚴重的問題恐不僅是黑道，而是中輟學生所形成的悲劇輪迴，才是讓人扼腕、無限痛心之處。

　　黑道染指校園對台灣社會是一個嚴重的警訊，它意味著校園可能成為犯罪的起源，幫派份子的養成所。進行校園掃黑或許是先治標，但至少要先防制犯罪於未然。而治本之道，則在輔導中輟學生回歸教育常軌，這努力的成效雖然不能見於一時，卻是真正防制犯罪於開端。

★ 參考文獻

1. 吳嫦娥（民87），台北市中輟學生服務工作概況。教育部獎助，中華兒童福利基金會印行。

2. 吳芝儀（民90）中輟學生的危機與轉機—（中輟學生問題與輔導研究）。嘉義：濤石。

3. 陳芳雄（民86），校園危機處理，台北：幼獅。

4. 蔡德輝、楊士隆（民87），台灣地區組織犯罪問題與防制對策，當前台灣地區犯罪問題與對策研討會，法務部、中正大學主辦。

5. 蔡德輝、楊士隆（民88），幫派入侵校園之問題與對策，學生輔導第六十五期，西元1999年11月，頁9。

6. 蔡德輝、楊士隆（民88），校園安全危機——幫派與少年之聯結，師友第386期，西元1999年8月，頁12。

7. 蔡德輝，吳芝儀（民87），中途輟學問題與對策。教育部獎助，中華兒童福利基金會印行。

8. 楊士隆（民90）從中輟到犯罪，其間轉變常被忽略。民國90年8月13日聯合報十五版。

9. 楊士隆、林健陽（民86）犯罪矯治—問題與對策。台北：五南。頁：216。

10 鄧煌發（民88），學校因應校園幫派之對策，學生輔導第六十五期，西元1999年11月，頁30。

11. 許春金、徐呈璋（民89），青少年不良幫派形成過程及相關因素之研究。刑事政策與犯罪研究論文集（三）。台北：法務部犯罪研究中心。

12. 青年日報社論（民90）加強校園掃黑，有效防杜青少年犯罪。民國90年6月13日青年日報二版社論。

13. 台北縣政府警察局少年警察隊（民91）幫派入侵校園問題之探討，少年法令宣導。台北縣政府警察局少年警察隊。

14.鄭崇趁（民87），輔導中輟學生權責與方案。學生輔導第五十五期，西元1999年1月。

15.陳淑泰〈民88〉。大台北國高中至少50校遭幫派染指。民國88年4月19日中國時報十五版。

16.鄭瑞隆（民88）幫派入侵校園與其因應之社會工作觀點，學生輔導第六十五期，西元1999年11月。

Block,H.A.and A.Neiderhoffer（1958）,The Gang:A Study In Adolescent Behavior New York:Philosophical Library.

Cloward,R.A.and L.E.Ohlin（1960）,Delinquency and Opportunity:A Theory of Delinquency Gangs.New York:Free Press.

Doebel, Paul（1994）, A Review of Campus Security programs,CJ the American, Volume 7,Mo. 1, February-March.

Esbensen,F.A.,&Huizinga,D.（1993）.Gangs,drugs,and delinquency in a survey of urban youth.Criminology,31,565-589.

Hixson, J & Tinzmann, M. B. （1990）.Who Are the 《At-Rick》 Students of the 1990s? NCREL, Oak Brook. http://www.ncrel.org/sdrs/areas/rplesys/equity.htm

Huff, C.R. & Trump, K.S. （1996c）, Youth Violence and Gangs: School Safety Initiatives in urban and Suburban School Districts. Education and Urban Society, Vol. 28, No. 4, August, Sage Publications, Inc.

Lal, S.R.（1999）, Gang Activity at School: Prevention
　　Strategies. ＜http://eric-Web.tc.columbia.edu
　　/monographs/uds107/gang-content.html＞Miller,W.B.
　　（1958）,"Lower Class Culture as Generating
　　Milieuof Gang Delinquency." Journal of Social
　　Issues 14:5-19.

Spergel,Irving A.（1989）,Youth Gangs:Problem and
　　Response. Areviethe literatur（Tech.Rep.No.1,
　　National Youth Gang Supressiona Intervention
　　Project）.Chicago:University of Chicago,School of
　　Social Service Administration.

Spergel,Irving A.and G..David Curry（1990）,
　　"Strategies and Perceived Agency Effectiveness in
　　Dealing with the Youth Gang Problem." pp.288-309
　　in Gangs in America,edited by R.C.

Huff.NewburyPark,CA:Sage.Siegel,L.and Senna,J.
　　（1997）,Juvenile Delinquency.SixEdition,West
　　Publishing Co.

Thornberry,T.P.,Krohn,M.D.,Lizotte,A.J.& Chard-
　　Wieschem,D. （1993）.The role of juvenile gangs
　　in Facilitatingdelinquent behavior.Journal of
　　Research in Crime and Delinquency,30,55-87.

Chapter12

組織犯罪現象面研究

胡乾鋒

嘉義師範學院畢業
中正大學碩士研究生
現任台中縣公館國小教師

前言

隨著科技日新月異，便利的交通使得人們往來的時空距離縮短，組織犯罪也逐漸邁向跨國性、數種不同類型的行業相互結合掩護，犯罪型態日趨多變、多元且複雜，政府查緝犯罪更顯困難。若非跨國性警方聯手打擊犯罪，很難將犯罪集團成員徹底一網打盡。

本研究將組織犯罪之定義、特徵、新舊形態及犯罪的趨勢做分析，並提出警方打擊犯罪之方向供警政單位日後打擊此類犯罪之參考。

組織犯罪之定義

組織犯罪一般而言係指透過（犯罪）組織所進行的犯罪行為。犯罪組織一般是指「構造」，本身為「基於一般之共同意思，具有一定之組織成員，或最簡單之內部結構，能持續持有目標之結合體」。或者是「基於特殊目的之實行，而結合有一定人數之組織體，其結構完整、穩固且內部凝聚力極強。非臨時性之結合體，而其集團化之過程亦具極端性之組織化」而言。（李傑清，民90，頁25）1990年德國司法界與警界共同組成之「組織犯罪的刑事追訴」

研究小組給了組織犯罪一個較新的定義：「組織犯罪是追求利潤或追求權勢之有計畫的犯罪活動；組織犯罪是由兩個以上之參加者，長時間或不定時間在下列情況下分工合作：1.運用營業或類似商業之結構，2.使用武力或其他足以使人屈服之手段，3.影響政治、公共行政、司法或經濟。」（林東茂，民82）在1994年間，聯合國會員國曾在義大利那不勒斯發表防治組織犯罪之世界宣言，其中對組織犯罪給予典型的定義：「所謂組織犯罪係為從事犯罪活動而組成之集團；其首領得以對本集團進行一套控制關係；使用暴力、恐嚇或行賄收買等手段以牟利或控制地盤或市場；為發展犯罪活動或向合法企業滲透而利用非法收益進行洗錢；具有擴大新活動領域至本國邊界外之潛在可能性，且能與其他組織有組織跨國犯罪集團合作。」（蘇南桓，民86，頁12）

　　根據組織犯罪條例第二條規定，所謂「犯罪組織」是指三人以上，有內部管理結構，以犯罪為宗旨或以其成員從事犯罪活動，有集團性、常習性及脅迫性或暴力性之組織。根據高金桂（民88：18）分析其構成要件如下：

1. 成員須有三人以上：其因自願或被迫加入，在所不問。
2. 有內部管理結構：其組織之運作上，成員間具有垂直的指揮與服從關係，也有平行關係。
3. 組織以犯罪為宗旨：多數人之組合須有相當的持續性，且須有反覆從事犯罪之概括意思，若只是為從事一次特定的犯罪行為，尚不能謂為組織犯罪。又犯罪組織所欲反覆從事之犯罪，不以同一種犯罪為限，多元化的犯罪亦包括在內。
4. 所從事的活動須具有脅迫性或暴力性：由於集團性、常習性及脅迫性或暴力性均為犯罪組織活動之必要條件。故若其組織所從事活動只具有集團性及常習性，尚不能謂之為犯罪組織，需其成員之行為又涉及到脅迫或暴力之經常行使，方可謂之犯罪組織。

　　又犯罪組織與組織犯罪雖有高度的關聯性，但卻屬性質互異的兩個概念。前者是指多數人所組成，有內部控制及監督力量，以反覆從事特定或不特定犯罪活動為目的之人合團體。後者為犯罪組織所計畫或實施之特別犯罪活動，理論上可能涉及到刑法、特別刑法或附屬刑法上的所有犯罪行為，但由於圖利性與暴力手段之行使，實務上組織犯罪之型態有其特定之範圍。（高金桂，民88：19）

　　聯合國犯罪公約第二條亦指出：跨國有組織犯罪：指由三人或超過三個人所組成的，在一定時期內存在，為了實施一項或多項嚴重的犯罪，或者為了實施根據本公約所確立的犯罪，直接或間接獲得金錢或其他物質利益，而採取一致行動的有組織結構集團，即所謂有組織犯罪集團。當此犯罪集團跨越一個以上的國家，即跨國有組織犯罪集團。（吳景芳，民90）

　　組織犯罪團體因具有以犯罪為其團體成立宗旨之特性，在概念上須與一般偶發性之集團或法人組織型態相區隔。組織犯罪團體係專以從事犯罪之目的而存在，其組織本身究為合法之組織，是否兼作合法之商業行為，均在所不問。因此合法公司雖對外經營買賣，但實質上以此作為幌子遂行其犯罪宗旨者，仍稱之為組織犯罪團體。（蘇南桓，民86，頁13）

組織犯罪之特徵

根據前述定義分析，組織犯罪之特徵約可分析如下：（蘇南桓，民86，頁15～18）

利益極大化

組織犯罪團體成立的目的在追求最大的利潤，其所有犯罪活動之終極目標，旨在以最小的風險，在最短之時間內，謀取最大之利益，並冀求以此利益去圖求權力與社會地位及影響力。

內部嚴密控制關係

組織犯罪團體乃基於一定犯罪目的而結合，與一般偶發之聚合性犯罪體不同，為化解外來地盤爭奪之壓力及執法機關之查緝，並有效執行組織命令，以監控犯罪計畫之實現，組織犯罪團體須建立一套內部控制關係，藉宣誓、幫規紀律、處罰、報復、獎勵、升級等手段鞏固其組織。

犯罪型態多樣化

暴力威嚇固為組織犯罪團體常用之犯罪伎倆，但隨著犯罪手法之演變，與社會環境之躍變，組織犯罪已揭去以往單純之犯罪態樣，朝向企業化、國際化、分工專業化、科技化、多樣化之手法發展，運用各種可能方法，以暴力、非暴力交叉手段遂行其犯罪目的。

組織成員職業化並具掩飾性

　　組織犯罪者大多屬於職業犯，長期依靠犯罪活動維持生計，熟練掌握犯罪技巧，具有明確之犯罪生涯、犯罪自我形象和犯罪價值觀念。這些職業犯相當富有彈性，可在政治上、經濟或科技的領域當中有良好的適應，他們在犯罪人的群體當中有良好的掩飾，既不易被刑事追訴機關查獲，也不易被競爭者打擾。又組織犯罪的許多犯罪活動通常經過巧妙的掩飾，從外表看，是合法的行為或是有合法的商業活動作護身符。此種現象帶給刑事追訴機關很大的難題，警方偵查行動往往必須對於組織犯罪的合法商業行為有某種程度的破壞，才可有所斬獲。（許春金等，民82）

活動範圍都市化、國際化

　　組織犯罪幾乎分布在大都市，其因如下：1.大都市經濟熱絡，資本集中，提供組織犯罪良好的機會，去找尋有償債能力的被害人。2.金融中心有利於組織犯罪就其利潤所得加以確保、增值並加以合法化（適於投資、洗錢）。3.良好的交通條件增加犯罪人的機動性與貨品的流通，消息更加靈通。4.由於大都市的犯罪人口集中，組織犯罪容易徵召新的成員；人口稠密的大都市，有很高的人口流動性與匿名性，娛樂及消費需求旺盛，價值觀念容易受到誘導改變，這些情形適合組織犯罪的活動與發展。

手段暴力脅迫化

　　組織犯罪不論所從事者為合法或非法行業，常須利用暴力或威脅手段遂行其目的。對其而言，暴力或威脅乃被工具化，而非表達的方法，其對外存有暴力的威脅，乃其不變之特徵。

　　李傑清（民90，頁51～52）分析幫派活動何以總是難免使用暴力手段：1.暴力不但是幫派確保其內部紀律、制裁違紀成員的必要手段，更能使其組織及其所在勢力範圍內的影響力迅速擴大，進而坐擁暴利；2.幫派在面臨與其他幫派之衝突、相互競爭及擴展勢力

範圍之際，由於無法如同一般合法公司，藉司法途徑化解糾紛，故而必須依賴本身實力（暴力或利益）解決問題。

對執法及政治體系採行腐化策略

　　缺乏執法或政治體系之腐化及對犯罪組織之包庇、支持或刻意忽略，犯罪組織仍難確保壯大發展。因此，行賄、勾串、滲透乃成為犯罪組織不可缺少的伎倆。

地盤獨占或共生

　　基於牟取經濟上最大利益之考量，且為鞏固成員之向心力，犯罪組織利用暴力火拼或腐化執法機關等手段，以維持甚至擴大地盤；當獨享資源利益有極大障礙時，則可能採行與其他犯罪組織或經濟、政治團體共生之方式，以確保戰果。例如：三合會、黑手黨及山口組在互爭地盤不成後所組成之全球販毒合作網。

　　因我國犯罪組織形成、發展過程之特殊性，造成了我國犯罪組織在組織構造（指內部機能或制裁而言）、成員加入背景、資金來源及參與選舉之程度等方面獨有特徵：（李傑清，民90，頁52～58）

具有一定的組織構造，但未必具有嚴格之組織體

　　現存幫派組織為減低政府犯罪對策取締之風險及其內部紛爭所形成的威脅性，已改採權力核心化、集中化作為。即由少數人形成組織核心，並改由非具有形式上之組織成員身分遂行犯罪作為之策略，企圖使該等核心分子在組織犯罪的過程中，盡量得以規避個人之責任，且確保其在組織核心之地位及利益。

組織內部倫理觀念及制裁機制影響力有限

　　檢肅流氓條例實施後，一連串的取締使得主要幫派首腦被捕，在此環境下產生之新領導者威信不足以長期領導組織。復加以現今社會個人主義盛行，無論是組織首腦或是成員遭逢個人利益與組織利益相衝突時，往往摒棄組織內義理人情，因此血拼事件時有所聞。

幫派成員加入幫派活動動機多為滿足個人私慾，而青少年成員易成為幫派瓦解之潛在危險

根據楊士隆、林健陽（民86）研究結果顯示加入犯罪幫派的動機如下：

1. 大多數的犯罪幫派犯罪人，都是具有家庭負面因素、學業不振、非行（偏差行為）或犯罪經驗等，且自幼年時期起結交不良朋友等。因為大抵經歷過這些過程，自是毫不抵抗就會加入犯罪幫派。這些人大多是感覺到周圍團體或社會的排拒、疏離等態度，因而唯有邁向能接納自己且具獨特活動本質的犯罪幫派組織。換言之，大多數的犯罪幫派犯罪人是認為沒有人會真誠的對待自己，遂熱切地追求能包容、接納自己並關懷自己的團體。而且，他們主觀的認為一旦成為幫派組織的一員，就能過著遊樂的生活，也可以耀武揚威，甚至覺得自己已成為一個「了不起的人物」。當然，每天都是揮霍度日的「幫派老大」，也就成為其模仿、崇拜的對象。
2. 再者，有些人是以「就業」的方式而進入和犯罪幫派組織有關的公司或商店等，進而成為幫派組織成員的個案。有些人因為自行營業失敗或失業等自暴自棄，在此時期，接受到犯罪幫派的援助後，遂基於道義義理而加入的。這些人一般都是承擔「製造資金」的功能角色，而往往也很快就獲得「幹部」的地位。

時下幫派份子常為了滿足個人物質慾望或是反抗某種壓力（源自父母、學校、同儕等）而加入幫派，尤其是未滿18歲的青少年，加入管道以朋友介紹為多、怕被欺負為次（鄭善印等，民88）。但涉世未深，行事易遭檢舉，自然由其罪行而追查出整個組織犯罪的可能性也相對提高。

現代型幫派活動已由經濟面擴展至政治面

幫派份子為隱藏其黑道背景，或與白道結合發展成為多重組織型態之共同犯罪體，或運用人脈、財力，甚至暴力等，經由民主國家之選舉制度取得其自身或其支持者之政治地位。再藉此地位影響政府機關之預算、人事或政策，以擴大其與政府機關的共生關係並掠奪其龐大利益。

組織犯罪之型態

組織犯罪是工業化國家特色之一。根據詹火生等（民83）將它的類型略分為三類：

犯罪集團(organized gang criminality)

多從事搶劫銀行、擄人勒贖、謀殺、劫機、偷車、扒竊等，並常毫不猶豫地使用暴力，例如殺人集團屬之。

恐嚇詐欺集團(racketeering)

使用威脅敲詐的方式向合法或非法之商人索取財物，是一種寄生型的犯罪型態，如流氓幫派。

犯罪企業組合(syndicated crime)

提供社會急需的不法物資或服務，如賭場、娼妓、走私、毒品等。其組織較為嚴密，同時也避免使用暴力，甚至也以合法的公司為掩護，如同一般公司行號的員工，其首腦份子也常身處高級社會階層。

青少年參與組織犯罪情形日趨嚴重，根據楊士隆（民90）分析幫派少年參與幫派活動之態樣指出，我國青少年參與幫派活動共有以下五種類型：

1. 參與幫派聚合：包含與幫派份子交往及與幫派份子出遊等。
2. 參與幫派糾紛：包含參與幫派間打鬥及找幫派朋友解決糾紛等。
3. 參與幫派圍勢：包含在幫派所「圍勢」的賭場、酒店、pub等場所「看場子」或從事「泊車」工作。
4. 參與幫派買賣：包含為幫派所經營的舞廳或pub等場所販售門票或其他毒品及為幫派販售「大補帖」等。
5. 參與其他幫派活動：包含參與廟會陣頭、恐嚇取財、討債及白吃白喝等。

台北市有的組織犯罪集團以對商家及攤販的恐嚇勒索為其最主要的違法活動和經濟來源。恐嚇勒索的對象雖以地盤內的商家為主，包括餐廳、咖啡廳、工地、賓館、卡拉ok（KTV）、理容院、舞廳、電動玩具店、珠寶店、傳播公司等。但他們有時恐嚇勒索有固定營業場所之商家，亦可勒索為時短暫之工地，或插手土地買賣，債務糾紛或甚至擄人勒贖圍標工程等。次要的違法活動則為經營賭場。以現狀言，賭場是幫派份子養家活口的工具，連絡站和內部聚會的場所，以及重要的經濟來源之一。賭場參予者以商家巨賈居多，利潤豐厚。賭場常設在社區中隱密的地方，外面放哨，警察不易偵破。有的賭場更在當地社區存在十數年，常有三、四個場所換來換去，不易被抓到。**表12-1**顯示資料中各種幫派主要的活動方式：（許春金，民85：507～508）

從**表12-1**明顯看得出來，無論是本省幫或外省幫均以向商戶、攤販敲詐勒索為主要的活動，其次為經營賭場，或以遊藝團、舞獅團趁機斂財。其他較為次級的活動型態尚包括經營影藝公司、期貨

表12-1　台北市本省幫與外省幫從事違法活動

幫派省籍 ＼ 違法活動	經營色情理髮廳	經營酒家	經營賓館	經營卡拉OK	經營賭場	主持六合彩	向商店、攤販敲詐勒索	組成遊藝團斂財	為野雞車爭地盤拉客	代人討債	圍標工程	充當特種行業保鏢	無違法活動	合計	百分比
外省幫	0	0	0	0	8	0	10	0	0	4	0	3	1	26	22.4
本省幫	4	3	2	2	9	2	31	9	1	8	2	8	9	90	77.6
合計	4	3	2	2	17	2	41	9	1	12	2	11	10	116	100
百分比	3.5	2.6	1.7	1.7	14.7	1.7	35.3	7.8	0.9	10.3	1.7	9.5	8.6	100	100

公司、地下舞廳、酒廊、色情理髮店、娼妓館、放高利貸〈地下錢莊〉，強迫推銷價值不相當之物及包檔秀等。

　　現階段有些幫派活動形態可說是有朝向合法行業延伸之傾向，涉足地下投資公司、房地產業、酒廊、證券行等。幫派均隱而不現，居幕後操縱，成為擴展行業的手段。

　　綜觀上述論點得知，傳統幫派犯罪及組織犯罪類型包括結夥搶劫、開設賭場、酒店及娼館、收取保護費、走私、販毒、販賣人口、聚眾滋事、恐嚇取財、扒竊集團、詐騙集團、殺人集團以及暴力討債等等，除了組織內擁有龐大的成員及資產外，外圍也部屬眾多協助解決糾紛、壯大組織勢力、從事打雜銷贓、甚至充當人頭出面頂罪的幫派份子。這些外圍份子大多是涉世未深，受人唆使的代罪羔羊。

　　隨著社會型態不斷改變，組織犯罪的型態也日趨多元、複雜。根據蔡德輝、楊士隆〈民90〉分析當前台灣地區主要幫派組織活動方式包括：

1. 圍標工程：民國八十五年間交通部承認其十多項工程可能涉及遭不法組織集團綁標、不法貪瀆，包括中正機場二期航站，第二高速公路拓寬計畫，北宜高速公路等。

2. 介入職棒賭博：民國八十五年八月一日在台中發生象隊球員遭綁架案，及同年十一月一日龍隊洋將在台中住宿飯店接到恐嚇要求球賽中需放水的電話，均爲部份幫派份子涉嫌介入職棒賭博之案例。

3. 與人蛇集團掛勾，協助偷渡至台灣或美國等地區：警政工作概況指出，兩岸人蛇仲介偷渡，已呈現組織計畫行之接駁，而幫派份子居中勾結扮演重要角色。此外，華裔幫派集團亦涉及人蛇集團偷渡至美國之行動。

4. 組織黑道治鄉網路，牟取暴利：地方基層首長、地方民意機關首長出身黑道或與黑道掛勾，再和警察人員，建設局課員形成黑白共生結構介入，壟斷廢土工程，索賄，辦理公共工程收取回扣，形成黑道治鄉危害網路。

5. 入侵校園，吸收少年，從事非法活動。〈蔡德輝、楊士隆，民89〉

為逃避政府查緝，組織常以合法掩護非法，並輔以對執法及政治體系探行賄賂、勾串，但影響最大的莫過於組織份子藉由民主選舉方式漂白、滲透進入政府機關，左右政府的預算、人事或政策，使政府在打擊犯罪方面處處受到牽制、行動大爲掣肘。除此之外，犯罪集團更藉「洗錢」的手段，將不法所得，透過各種金融或非金融機構交易管道轉換成爲合法之來源，以便隱匿其犯罪行爲，逃避司法機關偵查，並可安享其不法所得財物。（謝立功，民88：307）打擊組織犯罪，必須從最根本的防治洗錢管道及立法方面雙管齊下。處罰洗錢行爲可切斷黑錢與合法資金管道之間的臍帶，使犯罪人（例如毒販、軍火走私犯）與社會孤立，讓這些不法標的物失去交易上的能力，符合多數人的利益與期待，維護刑法公平原則（謝

立功，民88：310）。更重要的是，防杜洗錢管道便可增加犯罪組織的犯罪成本、防杜犯罪後銷贓牙保的途徑，是打擊組織犯罪最有效的方法之一。黑金罪犯必須透過洗錢的過程，方得以將犯罪不法收益轉化為看似合法之財物，用以維繫其個人或犯罪組織之生存，進而可能因其成本低廉，當罪犯（尤其是組織性、集團性犯罪者）運用其龐大不法所得炒作房地產、股票、匯市等各種金融或貨幣工具時，將形成不公平的競爭。且罪犯違反市場機制的操作，可能使得投資大眾或某些特定人士的利益受損，同時亦可能將該筆所得，投入下一波犯罪，造成犯罪行為永不中斷、犯罪組織日益壯大的惡性循環。若由刑事政策的觀點分析，預防犯罪比懲罰犯罪更為重要。而採取各種防制洗錢作為之目的，除在偵辦洗錢犯罪以外，更在積極嚇阻僥倖之徒，切勿有由重大犯罪中獲取暴利之期待。（謝立功，民91）

　　根據上述資料，當前組織犯罪型態有下列數種：

1.綁架球員、控制職棒比賽結果。

2.砂石業、廢棄物之處理過程

3.勾串保險員、詐領保險金。

4.擄鴿勒贖、擄妓勒贖。

5.人蛇集團仲介假結婚真賣淫。

6.刮刮樂詐騙集團。

7.洗錢圖利。

8.侵入校園吸收學生進入幫派。

9.介入選舉、以暴力、金錢等方式綁樁。

組織犯罪之趨勢

社會不斷在進步，組織犯罪的型態也與日俱增，根據麥留芳（民80）分析其發展的趨勢有下列改變：

互相合作

超地域、跨國性的犯罪組織合作。例如：七十年代在日本破獲重大毒品案，皆牽涉到台灣及日本黑道。七十年代，台灣與香港黑道共同合作外圍賭馬及期貨公司。八十年代的泰國婦女常被台港澳的黑道居中仲介操控販賣到台灣。七十年代末期山口組與夏威夷當地的犯罪集團合作，從事毒品、槍械的走私活動。

打入國際市場

在國外建立據點，不但可擴大活動空間，更可進行國際合作的貿易。山口組在台、港、泰國設立立足點，也在夏威夷、紐約設立堂口。竹聯幫在夏威夷、紐約、舊金山、洛杉磯亦設立立足點。香港十四K除了加州一帶設立堂口之外，在倫敦、台灣、曼谷、阿姆斯特丹亦建立據點。

進軍合法生意

成立合法的公司，並透過選舉漂白自身的黑道身分，這是組織犯罪拿手的戲碼。山口組在七十年代初在紐約以開設合法賭場。台灣的松聯幫經營地下錢莊從事放高利貸的不法勾當。

高科技與現代管理方法

　　組織犯罪其得手金額向來十分龐大，現代化的科技讓他們管理龐大的贓款更得心應手。應用電子器材管理賭場、馬場是必要的經營技巧。非法得來的錢財更須透過合法的金融管道洗錢後變成合法的收入。

開拓新領域

　　成功的企業公司，必定是不斷開拓新活動領域的公司，犯罪組織也朝著這一方面前進。以前單打獨鬥的電腦犯罪，已轉型成為大規模的組織犯罪，例如製造偽鈔及信用卡、刮刮樂詐騙集團、銀行鉅款冒領案等等。

　　綜觀當前組織犯罪有下列四項趨勢：

跨國性集團形成策略聯盟相互合作

　　美國著名記者Claire Sterling在所著「黑道入侵」中所述：以香港、台灣為根據地之三合會、日本三口組、義大利西西里黑手黨、美國黑幫、俄羅斯黑社會、哥倫比亞販毒集團所構成之犯罪組織網，以全面控制全球六分之一陸塊，他們已合流結盟，擬定分工模式：由三合會控制全球四分之三海洛因及所有華人圈，黑手黨負責行銷及處理市場，山口組則擅長毒品收益洗錢及對企業勒索，俄羅斯黑幫則執行跨國性經濟犯罪及出租殺手武器。全球黑道之結構、成熟度、關係網、連結洲際之指揮系統、控制手下之精密手法，以其超凡之持久力，遠遠超過任何國家，他們紀律井然，行動精確，正準備全面入侵，瓜分全世界。（蘇南桓，民86，頁30～31）

入侵校園吸收學生為幫眾

　　例如四海幫海功堂吸收二十多校一百多名少年學生加入幫派，竹聯幫在台北縣吸收學子成立『梅花堂』犯罪組織，同時其戰堂之東聯幫亦在北市東區隊八所以上學校學生吸收，全部成員達一百多

人。其他天道盟、至尊盟等亦至少入侵五十多所北市學校。（蔡德輝、楊士隆，民88）又根據民視新聞網的報導（88.4.26），『台北市內湖地區傳出黑道份子吸收國中學生加入幫派，入會學生一律佩帶大哥大；四月十八日台北縣三重警方查獲十八名天鷹堂在學學生，其中年紀最小的只有十四歲；四月二十一、二十二日，春風專案警方在全省1600各地點同步掃蕩校園，又逮捕東聯、四海、竹聯、清幫等三十二名學生。光是在四月份，警方就在全台各地破獲至少六起黑幫吸收學生入會案。』黑道入侵校園已是不爭的事實，如何防堵使其不致蔓延擴大，實刻不容緩的課題。

型態多變多元且複雜

國內幫派組織在近年來雖經政府之持續掃蕩，但仍持續擴張，並且涉及工程圍標、介入職棒賭博、與人蛇集團掛勾，甚至介入選舉，組織黑道治鄉網路等多項非法活動(蔡德輝、楊士隆，民87)。現代型幫派活動已從過去單純的打架、滋事發展為職棒簽賭、賭場經營、強佔法拍屋、暴力索債、破壞環境、介入民事糾紛及炒作股市、圍標公共工程等。此與日本暴力犯罪通常以「具暴力之組織體，介入經濟或民事事件」為主之發展趨勢頗為相似。（李傑清，民90，頁49）

精通現代化科技

新一代黑道頭子所帶領的幫派，正形成有組織的國際犯罪網，這些「超級黑幫」合作後，在世界各地畫分地盤，其經濟力量比某些國家還要龐大。他們擅長現代科技，不但以國際網路互通訊息，並利用密碼防止電話被截聽。各國國界也被他們視為獲利契機，他們常利用一國的法律顛覆另一國的治安或與另一國做生意。（蘇南桓，民86，頁31）

打擊組織犯罪之方針

處罰組織犯罪的刑事政策意義

　　犯罪組織是擁有強大效能的非常複雜的結構,因為它們不僅調動規模龐大的科技及財政資源,更具備建基於極忠心及團結關係的廣泛人手結構,且通常進行暴力活動。除這些方面外,犯罪組織一般作出非常暴力的行為。因此,這些犯罪組織對社會的法律秩序、穩定及安全構成特別嚴重的威脅,令民眾持續處於罪惡恐懼的境況。

　　為了這些原因,要打擊此種犯罪,就必須要在預防及遏止方面設立一些特別有阻力及效力的機制,而這些機制更應與那些預防及遏止傳統犯罪(其遠不及現時的犯罪複雜)的機制不同。所以該法規的處罰特別重,更設立了在實體法及程序法多方面的特別規則(例如組織犯罪條例)。

　　在這組織犯罪的刑事制度背後,還有刑事政策上的原因:基於刑法上的「一般預防」(阻嚇及納入社會),以及該等社團所表現出的特別危險性;該危險性亦是此法規將社會化(特別預防)此一刑法目的置於次要地位的原因。

立法防治方面

　　根據許福生（民89）認為我國對於對抗組織犯罪的立法有下列缺失，須加以改進：

1. 檢視我國組織犯罪防治條例第二條規定，其中「以犯罪為宗旨」的規定頗較傾向傳統組織犯罪的觀點，如此立法及未能兼顧對於官商勾結或政府組織的「組織性犯罪」，實屬我國在抗制組織犯罪之一大缺失。事實上，許多「政商勾結」的腐化現象，才是組織犯罪得以生存的因素，亦是抗制組織犯罪最重要的工作。因此，今後修法時，應將犯罪組織之定義擴大，涵蓋至白領階層與政府機構在內的組織犯罪。

2. 基於犯罪組織的隱密性質與社會的重大傷害，事前及事中蒐證是有其必要的。因此，為了解決安置臥底偵查的灰色地帶，可考慮在刑事訴訟法中，增設臥底偵查的特別規定。惟使用時必須明定臥底偵查只是補充性質，只能針對「重大犯罪」及「充分嫌疑」，且在其他偵查方法不能有功效時，始得為之。

3. 日前通過實行之「證人保護法」有助於社會治安及社會公平正義之實現。但未能規定有關證人財產權受損之保護，實美中不足。基於實務上常因證人出庭作證，而遭財產上的受損，今後修法時，仍須考量加以納入。

4. 監聽的目的在於隱密性偵查，在實施的過程中，被監聽者處於完全不知的情況下，並能避免與犯罪者接觸所可能產生的危險，且所追查的犯罪除已實施犯罪、正在進行中之犯罪外，甚至包括其他尚未著手實行的犯罪，而具有將來犯罪防止之預防性質。

5. 我國「洗錢防制法」將前置犯罪限定於「重大犯罪」，然而卻未包含與洗錢關係最密切的組織犯罪防制條例，其所規範

之組織犯罪行為，這可能是因為組織犯罪防制條例的通過在洗錢防制法之後的關係，因而日後修正洗錢防制法時，應將組織犯罪納入為前置犯罪的規定。

警方查緝方面

加強掃蕩校園幫派，防堵黑道入侵校園

　　基於防制校園遭黑道染指的悲劇再度發生，我們認為警方有必要展開新一波的「校園全面掃黑」，深入蒐證，調查各校園的幫派活動情況。事實上，校園裡的老師、輔導室對黑道活動、學生遭到勒索的情況，一定早有耳聞，對學生活動也有相當掌握，只是礙於學校本身力量有限，無法對抗黑道而忍氣吞聲，如果警力能配合各校全面性展開調查，相信對學校、對社會都有正面的意義。

成立「聯合組織犯罪打擊任務小組」

　　由檢察、警察、稅務、建管等相關政府單位，於縣市成立「聯合組織犯罪打擊任務小組」，鎖定特殊組織犯罪活動及重要成員，進行長期偵查及蒐證，以達檢肅的目的。調查首先應須制定計畫，調查技術包括線民、通訊監察、查驗帳冊、財務往來及跟監。這種特別小組有下列優點：（許福生，民89：17）

1. 成員包括各種不同訓練背景，對蒐證所需的專業知識可充分掌握。
2. 聯合政府各單位專案任務小組之型態，可避免檢肅組織犯罪活動遭受政治壓力影響。
3. 化被動為主動，自由選擇重要調查目標，主動積極打擊組織犯罪活動，檢肅重大組織犯罪份子。

嚴加取締「錢」、「人」、「物」等三種組合

　　組織犯罪存在基礎，最主要的是「錢」、「人」、「物」等三種組合。因而執法人員針對其活動內容嚴加取締，以斷絕其資金、成員及武器毒品的來源，壓制其組織擴大，進而斷絕其組織存在。其抗制對策可採取下列手段：（許福生，民89：17～18）

1. 須有固定的一批人長期進行有計畫列管及掌握犯罪動向，進而持續執行取締工作。幫派資料須靠基層警員長期調查，將資料加以彙整之後，把部分流氓幫派、黑社會老大、隱身在幕後操縱者、或是指使手下嘍囉頂罪者一網打盡，如此做法才有將犯罪組織徹底瓦解的一天。

2. 大量而反覆地檢舉其首腦或幹部級的組織犯罪份子。組織犯罪的首腦或幹部幾乎掌握了組織所有的活動及資金的運用，若能掌握大哥級人物，對於抗制其組織犯罪將獲得很大的功效。

3. 長期而持續隔離組織犯罪份子，使其無重建的機會，組織將因而缺乏成員，終將瓦解。

4. 組織犯罪存在最大的支撐力即為「金錢」，因而封鎖壓制其資金來源即為抗制其組織犯罪最重要工作。而金錢來源在於其所從事經濟活動，包括合法及非法行業，或以合法掩護非法行業，這些行業經濟來源是組織犯罪賴以生存、茁壯及發展命脈。因此，預防組織犯罪產生與發展，必須針對組織犯罪最常從事行業加強監督查察與臨檢。如此作為，亦可稱之為處理組織犯罪問題之「預警式偵查」作為。

5. 加強檢肅非法槍械，以斷絕其武力及支撐力。依據警政署統計，近幾年來各單位查獲的制式黑槍，每年都在一千支以上，而且多以歐美製造火力強大的制式槍支為主。為求有效檢肅黑槍，應加強蒐集情報，了解組織犯罪份子擁有槍械的情形，「以人追槍、以槍追人」，定期進行威力掃蕩。

謀求國際刑事司法互助

　　跨越國界的組織犯罪不但難以把握其實際狀況，國家之追訴權亦無法到達，因而為有效抗制組織犯罪，有必要進一步謀求國際刑事司法互助，和外國刑事司法互助合作，共同打擊組織犯罪。

　　最廣義的國際刑事司法互助，可為下列分類：

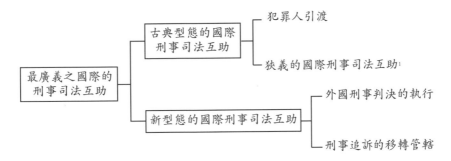

對組織犯罪者處遇方面

美國對組織犯罪者之處遇

對服刑中幫派與組織犯罪者的監管政策

　　被認定為組織犯罪者的受刑人，較一般罪犯在參加矯治計畫（例如就學或就業計畫）、准許返家探視、移入中途之家、核定假釋出監等方面，在權益方面受到較多的限制；同時，特殊受刑人在參與矯治計畫期間，依據規定須實施特別戒護及相關措施。

1.狹義的國際刑事司法其內容包括證人、鑑定人的訊問、物之引渡搜索扣押證、文書的送達及情報的提供等。

對緩刑中幫派與組織犯罪者的監管政策

　　緩刑官對於緩刑中幫派與組織犯罪者的每月定期報告著重執行「行動自由」的限制，使其阻斷緩刑中之幫派與組織犯罪者與其他組織犯罪者聯繫，達成預防其持續參與犯罪組織及犯罪活動的功能。每月定期報告內容應包括受監管者下列事項：1.詳列出當月份所聯絡或接觸的人。2.詳細說明其工作情況以及居住的地點。3.分析其整體適應狀況。

對假釋中幫派與組織犯罪者的監管政策

　　假釋官須經常與警察機關交換有關組織犯罪者或組織犯罪關聯份子假釋人的活動情形，以提高社區安全並預防犯罪，也能有效增加對高危險群犯罪行為的偵查，以達成預防組織犯罪者或組織犯罪關聯份子再犯罪的目標。對假釋中幫派與組織犯罪者的每月定期報告須指定適當之專人辦理（例如第一線假釋業務首長Director of Field Parole Operations），其報告內容應包括受監管者下列事項：1.詳列出當月份所聯絡或接觸的人。2.詳細說明其工作家庭狀況。3.分析其整體適應狀況。

日本監獄對組織犯罪受刑人脫離幫派的指導

指導脫離幫派的方法。指導的方法包括

　　1.個別面談指導：由分類調查承辦人員、矯正處遇主任、工場
　　　或舍房承辦人員等每個月對於收容人進行一次。
　　2.定期綜合指導：由承辦分類人員對刑期未滿八個月的受刑人
　　　進行一次；八個月以上刑期的受刑人每四個月一次。
　　3.臨時指導：由機構外講座（譬如社區驅逐幫派中心的幹部）
　　　演講，或是視需要個別指導。

指導脫離的方針

1. 讓其強烈抱持脫離幫派的意思。
2. 讓其考慮具體脫離幫派的方法。
3. 讓其考慮將來的生活設計。

實施的對策

1. 對管理人員應予不斷啓發：監所內的處遇對策委員會須利用機會向管理人員說明哪些年輕可塑性高與幫派有關的受刑人需要指導脫離措施。
2. 訓練職業技術：在犯罪人身上再加上幫派的標籤，則其謀職將極爲困難。爲稍微緩和這種負面因素，訓練其職業技能也應該是一種方策。
3. 強化與所外機構的聯繫：指導脫離的成敗是出所後才能驗證的事，故與所外機構的密切聯繫是必要的。
4. 出所持續做動態調查，並且應建立警察、監獄、幫派驅逐中心聯絡協調體制。

我國對組織犯罪者之處遇

　　我國爲避免組織犯罪受刑人互相串聯、成立其他幫會，法務部針對組織犯罪受刑人訂定「監所加強幫派份子管教應行注意事項」，以教化受刑人，防止其在矯治機構內繼續發展。該注意事項如下：

1. 收容人入監後，立即函請警察機關等單位，提供在外素行、參加幫派情形、前科紀錄等登記於個人個案資料內，供教化、管理人員作爲管教參考。
2. 對於收容人列冊建檔管理，並將通信、接見往來對象及處遇實施情形加強考核與紀錄。

3. 對於幫派同夥份子應予打散，分配於不同房舍及作業單位，以免在監所仍成群結黨，滋生事端。

4. 幫派首惡及頑劣份子應即予隔離獨居監禁，執行中若發現有幫派份子嚴重對立爭鬥或其他不良之影響傾向者，得予以獨居考核或移送適當監所執行。

5. 各場舍單位於遴選雜役、自治員（含房長）或視同作業人員時，機關首長應予審核，嚴禁調用幫派份子。各場舍單位於遴選雜役、自治員（含房長）或視同作業人員之行狀如發現有組織小團體或為龍頭傾向時，應即撤換。

6. 對於幫派份子之保管金額及消費金額應嚴加管制，防杜幫派份子以金錢或其他物質資助其附合份子，吸收成員發展組織。

7. 對於幫派份子除加強書信檢查、接見監聽之外，更應對其身體及所攜帶的物品及作業居住處所，不定時實施突擊檢查。

8. 對於幫派份子應加強個別教誨，輔導其脫離組織。

9. 加強管理人員之品德考核，防杜與幫派份子掛勾互相利用。

10. 對於幫派份子假釋案件、感訓處分免予執行案件及保安處分免予執行或停止繼續執行案件，應審慎從嚴提報。

在教育方面

積極輔導中途輟學學生：結合社會既有資源，與社會上的專業團體、公益社團合作，一方面是對校園內即將輔導中輟學生的老師進行再訓練，另一方面是利用這些社會團體的專業能力，主動把觸角伸入中輟學生可能去的角落，這才能把中輟學生找回來，進行有效的輔導。

　　美國在1997年通過「全國中輟防治法案」（National Dropout Prevention Act），共包含六章。第一章即明定「建立中輟防治方案以服務危機兒童，是聯邦政府優先施政的重點」，聯邦教育部預定以爲期五年時間推動各州發展學校中輟防治方案。規定各州應設立一個新的「中輟防治和教育達成局」（Office of Dropout Prevention and Degree Completion），置主任一名，負責向教育部報告中輟防治分案的發展和執行、資料的蒐集，並發展新的中輟防治策略和模式。（吳芝儀，民90：120）

　　我國於民國八十九年四月在教育部支持下成立「全國中輟防治諮詢研究中心」，成立宗旨就是致力於發展有效的教育和輔導策略，來預防學生中途輟學。發生嚴重偏差行爲或涉入犯罪。該中心防治中心配合教育部的規劃，積極推動「中輟學生輔導與支援網絡」之建構，預期藉著由和民間社福團體、政府教育部門及學校單位建立合作夥伴關係，共同進行中輟學生通報、追蹤輔導、家庭訪視、親職教育、選替教育、復學輔導、諮商服務、社會支援網絡與校園安全維護等全面性、綜合性的中輟防治策略，以減少青少年中途輟學與犯罪、發展健全人格、締造安全校園與祥和社會爲最高行動目標。（吳芝儀，民90：226）

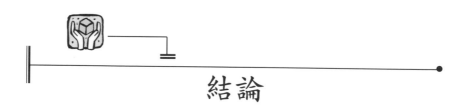

結論

　　台灣地區近年來「黑金政治」遭受許多批評，再加上幫派份子介入重大工程圍標等事件時有所聞，造成政府及社會大眾對此問題的高度重視。因而如何防治「黑金政治」之組織犯罪，成為今後台灣地區防治犯罪的重點。

　　欲有效解決「黑金政治」之組織犯罪的問題，執法當局除須落實現行相關掃黑法制外，尚須整備目前相關法制，例如擴大證人及檢舉人財產權受損之保護；迅速給予臥底偵查員明確的法律規定；加強監聽之技術及強化金融分析與洗錢之防治，藉以加強對幫派組織犯罪之追訴。統合政府全體機關共同協力強化取締，其做法如成立「聯合組織犯罪打擊任務小組」，嚴加取締組織犯罪「錢」、「人」、「物」等三種結合。從重量刑、嚴正矯治處遇組織犯罪份子，謀求國際刑事司法協助，防止組織犯罪份子逃亡國外擺脫國法制裁。（許福生，民89）今後應從警政、教育、社區合作等三方面著手，全力防堵組織犯罪在社會中繼續成長蔓延。在政治方面更要全力配合，從立法方面來防止黑道透過選舉來漂白，進而掌握國家資源，動搖國本，危及國家整體安全。最後，全民都必須投入這場「對抗恐怖份子戰役」，勇於檢舉不法組織犯罪行為，才能使組織犯罪無所遁形，這也才是全民之福。

★ 參考文獻

1. 李傑清（民90）。剝奪組織犯罪所得之研究──台灣及日本組織犯罪現象與對策之比較。台北：元照。

2. 吳芝儀（民90）中輟學生的危機與轉機──（中輟學生問題與輔導研究）。嘉義：濤石。

3. 林東茂（民82）。德國的組織犯罪及其法律上的對抗措施，刑事法雜誌，第三十七卷第三期，頁5。

4. 鄭善印等（民88）。台灣地區組織犯罪受刑人矯治處遇之實證研究，中央警察大學學報第35期。頁322。

5. 蘇南桓（民86）。組織犯罪防治條例之實用權益。台北：永然文化。

6. 吳景芳（民90）。跨國組織犯罪之防制。台北：國際刑法學會研討會會議記錄。（未出版）

7. 許福生（民89）。台灣地區組織犯罪防治策略之研究。中央警察大學學報第36期。頁314。

8. 許春金等（民82）。「不良幫派處理模式之泛文化比較研究」研究報告。台北：內政部警政署刑事警察局。頁34。

9. 詹火生等（民83）。當代社會變遷與問題。台北：空大，頁360。

10. 楊士隆（民90）。幫派少年成長歷程與副文化之調查研究，犯罪學期刊，第八期。台北：中華民國犯罪學學會出版。

11. 蔡德輝、楊士隆〈民90〉。犯罪學。台北：五南。頁240～241。

12. 蔡德輝、楊士隆〈民89〉。青少年暴力行為：原因、類型與對策。中華民國犯罪學學會印行。

13. 蔡德輝、楊士隆（民88），校園安全與危機──幫派與少年之連結，師友第386期，西元1999年8月，頁14。

14. 高金桂（民88）論參與犯罪組織之刑事責任，學生輔導第六十五期，西元1999年11月。

15. 許春金（民85）。犯罪學。台北：三民。頁487～524。

16. 謝立功〈民88〉。防治洗錢機制之檢討與再出發。經濟、毒品及洗錢犯罪防治工作年報。法務部調查局。頁307～315。

17. 謝立功〈民91〉。追查洗錢與除黑掃金 。民國91年1月10日自由時報十五版自由廣場。

18. 麥留芳〈民80〉。個體與集團犯罪──系統犯罪學初探。台北：巨流。頁203～207。

19. 蔡德輝、楊士隆（民87），台灣地區組織犯罪問題與防制對策，當前台灣地區犯罪問題與對策研討會，法務部、中正大學主辦。

Chapter13

宗教斂財之迷思

洪文聰

中興大學法律系畢業
中正大學碩士研究生
現任職嘉義縣政府政風室

前言

　　「宋七力事件」發生後，一連串的宗教斂財案件逐漸地引起社會的普遍關注，然而宗教信仰原本是人類心靈的高度表現，現在卻與金錢財富牽扯在一起，這其中顯然有其關聯性。簡單說來，是有人利用宗教以達成個人的私欲。

　　然而在社會日趨於多元化的同時，人們潛藏於心中對未來的恐懼與不安，卻未隨著科技的進步而改變，許多新興宗教便應運而生，試圖為信徒找引人生的方向，以及提供心靈的慰藉，基於價值中立的原則，我們不能試圖評斷何謂『邪教』、何為『名門正派』，但如有人憑藉宗教行為，為一己之私，而為自我牟利之行為，甚而騙財騙色，從而必須以正式的社會控制力量加以介入，此時如還想以『宗教自由』，作為其擋箭牌，則不免有是非錯置、顛倒黑白之嫌。

　　以前兩年所發生的中台禪寺集體剃度事件、印心禪學會事件、宋七力事件等來說，都是典型的宗教成為社會控制對象的例子，也就是一般所謂「宗教事件」或是「宗教亂象」。中台禪寺集體剃度事件是因為其中不少接受剃度出家者未取得父母同意，違反華人社會的孝道價值觀與規範。而印心禪學會事件之所以爆發，最初是因為有人出面舉發妙天販售靈骨塔「斂財」，但最後起訴的罪名是天佛大道院屬違建。宋七力事件也是因為所謂的見宋七力本尊一面要一千萬元的「支票」，而爆發斂財指控，最後以宋七力發光照片是否為合成手法作成為起訴重點。在這三件近年來受到社會矚目的宗教事件中，違反孝道價值觀（中台禪寺事件），以及「斂財」的行

爲（宋七力和妙天），社會大眾認爲偏離了「正常」的狀態，使宗教成爲社會控制的對象，因而引發司法的介入。（林本炫，台灣的宗教變遷與社會控制）

另一個極端的例子，則如發生在美國加州的美國的『天堂之門』事件，信徒們相信自己是其他星球來自地球的使者，「集體的自殺」，只是爲了回歸本星的必要作爲，在平時，信徒們看來溫和、安靜，在電腦網路上溝通訊息，有些男性還接受閹割以維持無欲的生活，荒謬的是，在他們的電視上一再播放該教提供的錄影帶，其中有一段是教主的臨別訓誨，鏡頭中是教主坐在椅子上的三層由淺而深的『影像』。電視播報員說：這是他的「分身」照片。（傅佩榮，宗教與人心安頓）

由上述的事件，我們可以看出，宗教也可能成爲一種強大的負面控制力量：在社會學中，宗教被認爲有著以下要素的存在：一、教義，二、被認爲神聖而超自然的事物存在，三、信徒，四、一套以信仰爲中心的儀式，五、神職人員組織以及設備的存在。（王震寰、翟海源，社會學與台灣社會）基本上，一個有心「經營」宗教斂財事業的詐欺者，在這五個要素中，便可以找到他「營利」的存在基礎，龐大的宗教組織即足以轉化爲變相的營利事業，所謂的『教主、壇主』卻得以信徒的信仰而蒙受其利，而從犯罪學的角度觀之，即屬於一種特殊的組織犯罪，本文的研究動機，即在於試圖說明宗教斂財的模式以及類型，並針對目前社會中所發生之事實案例予以解析，進而使讀者就宗教與組織犯罪間的連結，能有更明確的瞭解。

宗教斂財之意義與相對主觀性

宗教斂財的定義

在對宗教斂財做下定義之前，我們似乎有必要先瞭解宗教的意義，進而對宗教斂財的內涵加以闡述：

1. 人類學者葛爾茲(Geertz，1996)認為，「宗教是一種象徵體系，藉由建立存在的次序之概念，而有著有力的、普遍的而且是持續的心緒和動機，同時這些象徵也透過對這些概念的包裝，取得更具真實的靈力，進而使人們的心緒與動機看起來更為實際。」（王震寰、翟海源，社會學與台灣社會）

2. 宗教，指人與其所認為『神聖者』的關係。所謂『神聖者』，不一定將其超自然化與人格化。宗教中所包含的範圍，遠超過一般含有獨立個體或超自然意義的神。而與『神聖者』的關係，有各種不同的表現方式，最基本的可能是崇拜。（任繼愈，宗教詞典）

3. 社會學家涂爾幹則認為，宗教是一種與神聖事物有關的信仰與儀式組成的統一體系，所有贊同這些信仰和儀式的人團結在一個叫做『教會』的道德社群裡。（王震寰、翟海源，社會學與台灣社會）

　　綜合上述對於宗教意義的闡述，我們或許可以將宗教斂財解釋為，利用與神聖事物有關的信仰與儀式所組成的統一體系，以非法的方式與手段，謀求自我利益的犯罪行為。在這個定義裡，我們並不將「宗教」這個名詞，置入定義裡面，因為許多的新興團體，並不認為其本身是個「宗教」，或是『教派』的一支（例如最近興起的法輪功）。相反的，以「神聖事物」來闡釋宗教詐財的內涵，或許更能說明台灣一般的民間信仰，如有應公、水流公以及其他被信徒認為具有神性的廟宇與象徵物，例如在台灣，人們相信氣旺的地方植物就生長的很茂盛，或是某一個墓地會有庇蔭子孫的神奇力量等。雖然這些與敬神畏鬼緊密相關的信仰，並無精深的教義，但對於台灣人們的日常生活，卻有很大的影響。而在對『宗教斂財』這個名詞，做出定義之後，與其他一般的詐欺犯罪以及手法，方能有所區隔。

宗教詐財的相對主觀性

　　每個宗教的信徒，均以不同的方式，表現出對宗教的熱誠，佛教對出家人的「佈施」，基督教對於教堂的「奉獻」均屬適例，民間信仰裡也有不少以自殘的方式表達對神明的敬意與彰顯神力，例如在廟會裡，乩童以尖刺甩背，上刀梯、赤腳過火，都是我們可以看到的鮮明例子。除此之外打金牌、香油錢，更是台灣習俗裡酬神謝恩常見的方式，但從另一個角度來看，當宗教的信徒心甘情願地為所信服的宗教捐出一切時，他可能認為是一種「奉獻」，但反面觀之，如果信徒不再信服原來的宗教時，他可能認為原先所奉獻的一切，是一種資源與財富的浪費，此時糾紛即隨之而起，「斂財」之說便不脛而走。可見宗教「奉獻」與「斂財」的界線，其實只有一線之隔，是相當主觀的，取決於信徒的自我認知。以妙天禪師一案為例，該案的爆發，即與師徒間的財務糾紛有關。

　　而在日本，有所謂的「靈感商法」，乃是指和所謂「嬰靈」等宗教信念有關，同時宣稱購買某種宗教商品可以去除嬰靈之困擾。由於此等宗教儀式服務或說宗教商品構成龐大經濟利益，而且牽涉人數眾多，因此不但涉及法律上的「消費者保護」問題，且就社會控制角度來說，亦形成重要的課題。在司法裁判的實務上，傾向於根據此類宗教商品之販售者是否「抓住對方苦惱與不幸之弱點」，使人限於不理性判斷而謀取利益。然而，在外國有關新興宗教的社會學研究指出，同樣的宗教形式或是宗教經濟行為，總有人覺得受騙，但有人覺得受用無窮，同樣的行為而有不同的主張，何者為理性的判斷事實上便形成困難。（林本炫，宗教行政的若干關鍵性概念的探討）

　　這樣的相對性，也可從另一個層面去思考，台大社會系傅佩榮教授在「宗教與人心安頓」一書中舉了個例子，在他的哲學課程中，有位學生問道：「我們今天批評宋七力是騙子、是神棍，要求他受法律的制裁。但是，兩千年前的耶穌也被當時的猶太人批評為騙子，說他假傳神旨，也要求法律制裁他，最後還把他釘死在十字架上，位於左右二盜之間。試問：我們今天承認耶穌所立的宗教是名門正派，我們怎麼知道將來的人如何看待宋七力？說不定他也會被後人視為名門正派？」他的回答很簡單，他反問了這位發問的學生：「耶穌有沒有存款？」學生沈吟了一下低聲說：「當時大概沒有銀行？」沒有銀行，也可以有錢莊，更可以有產業。那麼耶穌有沒有任何資產呢？答案很清楚：「沒有」。無論宋七力還是妙天，以及其他許許多多「以宗教之名」而受到大眾批評的人，他們的神力如何，可以姑且不論，但是以宗教之名，行宗教營利之實，便不禁使人謂嘆宗教的商品化現象。這一點，是值得我們詳加省思的。

宗教斂財之案例研析

日本『法之華三法行』一案

（共同社訊）

　　東京地方法院29日開庭，對宗教團體"法之華三法行"前教主福永法源（原名輝義）（55歲）"欺詐事件"進行審理，法院以被害者的申訴爲依據，向該宗教團體，福永，福永母親以及教團相關公司宣布破產。接到法院的破產宣判後，宗教團體"法之華"將按照宗教法人法之規定解散，今後，不能再作爲宗教團體進行活動。審判長深澤在說明判決根據時指出："作爲宗教行爲，'法之華'的活動屬違法，爲社會所不容"。至今爲止，要求該教團賠償的訴訟人數已超過上千，光法院認定的教團賠償金總額就有約73億日元。

　　此外，建在東京都澀谷區的教團設施及富士市的"天聲村"設施，千葉縣九十九里村設施等教團財產均被受害者扣押，包括約6,000萬日元銀行存款在內，目前尚剩共計約60億的資產，法院認爲：教團負債累累，處於難以向被害者進行賠償的境地。

　　1980年，"法之華"教主福永法源宣稱自己已接受"繼基督教，釋迦以後的最後救濟者"的"天聲"，開始了他的宗教活動。1987年，他得到靜岡縣知事的認可而一舉成爲"宗教法人"。"法之華"總部設在該縣的富士市，在東京都澀谷區等地均有活動據點。教主福永發源通過大量出版，宣傳其著作《足底診斷》匯集了號稱3萬多的信徒。

在《足底診斷》一書中，福永宣稱，通過對足底的觀測，能夠猜出其過去，預見其未來。1996年以後，人們對福永以欺詐手段匯集資金的方法開始了日趨強烈的批評，要求其歸還 "修行費" 的集體訴訟接連不斷，2000年1月，福永讓出教主寶位。同年5月，警視廳以 "欺詐嫌疑" 逮捕了福永，在公開審理時，他堅稱自己 "無辜"。（參訪http://china.kyodo.co.jp）

（共同社訊）

因以修行為名欺詐錢財而被控以詐騙罪的宗教法人，法之華三法行（靜岡縣富士市）的前負責人福永法源（原名輝義，55歲），16日被國家稅務部門指控於1999年止的4年中共漏申報稅額為7億5千萬日元。

教團約7億的活動經費被用於高檔酒店住宿等，而這些私人花費被認定為是實際上的工資，而腳底診斷收入的一部分也被認定是該被告的個人收入，因此國家稅務部門將向教團方面追討包括加重稅在內4億元的稅金。

國家稅務部門在97年就已指控被告福永和相關公司共漏申報稅額約47億日元，對法之華的嚴格稅務調查這已經是第2次了。（參訪http://china.kyodo.co.jp）

（中國新聞社）

日本邪教組織 "法之華三法行" 今天再次因欺詐行為而遭受打擊，東京地方法院裁定他們應向三十一名受害者支付一億五千萬日元的損害賠償。

據悉， "法之華" 教主福永法源等自一九九三年以來，以脅迫、欺詐方式，要求關東地區的三十一名居民每人支付一百萬至二千六百萬日元的研修費。 "法之華" 惡行曝光後，這些居民認為 "法之華" 以腳底治療騙取了他們鉅額資金，於是起訴福永法源等人，要求賠償一億六千萬日元。

　　在今天的審判中，東京地方法院法官認為，"法之華"採取欺詐、脅迫方式勸誘學員，騙取高額研修費用於私利，明顯違法。故判決"法之華"向受害者支付一億五千萬日元的損害賠償。

　　此前，"法之華"已在福岡等地的三起訴訟中敗訴。目前，"法之華"訴訟纏身，日本全國受害者共要求其支付損害賠償六十五億日元，教主福永法源也以欺詐罪而受審。

　　（參訪http://202.108.249.200/special/23/3/3405.html）

攝理教派一案

（中央社，2001.11.9）

　　針對『壹周刊』報導『韓國邪教入侵台灣校園』，台北地檢署今天上午正式分他字案調查，並朝妨害性自主方向清查。另外檢方也已經透過管道，取得韓國司法當局協助，徹查是否真的是一起跨國宗教詐財騙色案。由於媒體報導引起社會震驚，台北地檢署襄閱主任檢察官陳宏達上午證實，檢察長施茂林已正式簽分他字案，由主任檢察官楊秀琴徹查其中有無違法情事，目前全案朝妨害性自主方向進行瞭解。　由於前年韓國已經有近五百位教徒，聯名控告攝理教教主鄭明析涉嫌性侵害。因此檢方也透過管道，和韓國司法當局取得聯繫共同調查。根據檢調單位表示，目前還無法掌握鄭明析去向，至於『宗教信仰自由』部分，檢方表示在偵辦過程中會特別注意。來自韓國的攝理教在八十七年間，因為有加入這個宗教團體的某女大學生疑遭強暴跳樓自殺，受到警方注意。當時偵辦案情的警官表示，女學生自殺獲救後，家人安排她到國外留學，對於外傳的邪教，家人低調面對，而跳樓動機也以『感情糾紛』帶過。　根據警方瞭解，這個宗教團體在國內，包括台大、中央與政大等多所大學都有社團，不過名稱並不叫攝理教。吸收對象的多半是東方語文學系女學生，由年長教友介紹入會。至於媒體報導以宗教奉獻、救贖為由，與教主發生性關係部分，目前並沒有被害人出面指控。

宋七力一案

八十五年十月間，新黨台北市議員璩美鳳，接受民眾陳江麗花陳情，指控宋七力顯相協會，以不實的合成發光照片，以「本尊」以及「分身」爲由，高價出售與信徒，涉及詐欺嫌疑，經法院審理終結，宋七力被判刑七年，判決書中指出宋七力等人「合謀以假造之神蹟照片及表演，使信徒陷於錯誤」而有常業詐欺之罪。同時，法庭也聲稱對於分身，發光和舍利子等現象，涉及宗教信仰，法院無 法 加 以 驗 證 。 （ 瞿 海 源 ， 民 視 時 事 評 論 ， 參 訪 http://hyden.ftvn.com.tw/NewsData/FTVN/NewsCri/ch9807.htm） 而在宋七力事件爆發之後，媒體即針對其「顯像發光」的相片發表評論：指出：係屬底片重疊後重新翻拍的產品，但信徒們卻信之不疑，認爲那是「神通」，其實根本無法在科學上得到驗證（自由時報， 1996.10.13）。至於標榜死後火化可得到舍利子一事，醫師指出：所謂舍利子應當是人體中的結石，而且以膽結石居多。人體內結石的成分並不相同，像腎結石的主要成分爲鈣，經高溫燃燒後會化成灰；膽結石的主要成分爲膽色素及礦物質，經火化高溫後，就會 起 變 化 ， 所 以 有 些 結 石 就 變 得 像 寶 石 一 樣 （ 自 由 時 報 ， 1996.10.13）。一些修行者經常長時間靜坐，喝水量少，就更容易有結石，所以火化後沒有產生舍利子的人，應當是最健康的。

同時本案並意外的衍生民進黨主席謝長廷，控告新黨議員璩美鳳的「案外案」，謝長廷是在八十七年底提起民事訴訟，他認爲璩美鳳八十五年十月揭發宋七力案時，陸續舉行記者會指他收受宋七力「神棍斂財所得」的政治獻金，並謊稱「已掌握謝長廷收取宋七力政治獻金的匯款單，調查清楚將伺機公布」，對他的名譽造成嚴重損害，求償一千萬元及登報道歉。此案謝長廷分別提出刑事自訴及民事訴訟，刑事誹謗部分早在民國八十八年五月就由高院判決璩美鳳無罪確定；民事部分昨天一審宣判，法官認爲民事事件不受刑

事判決的拘束，並引用大法官第五〇九號解釋「爲保護個人名譽，得適當限制言論自由」的意旨，判決璩美鳳敗訴。法官認爲謝長廷是國內深具影響力的公眾人物，以其政治地位而言，是否接受特定人或團體政治資助，將影響一般民眾對他的人格評價，璩美鳳的指責已構成侵權行爲，不能以謝長廷後來仍當選高雄市長及民進黨主席作爲卸責之詞。但法官認爲謝長廷請求一千萬元過高，經審酌雙方地位、財力等情況後，判決精神慰撫金以兩百萬元爲宜。（聯合電子報，2001.05.01第193期）

妙天禪師一案

於八十五年十月間，妙天禪師黃明亮與所屬禪修學會，遭指控以每一蓮座三十萬元的代價，高價出售營利，案經偵查終結，黃明亮等人遭檢察官起訴後，士林地方法院於1998七月間宣判，妙天本人遭判刑四年，法庭認爲黃明亮等人明知寺廟實屬違建，然卻隱瞞事實販賣蓮座，係不法牟利且屬常業詐欺。 但是對於妙天是否利用「法力」涉及宗教詐欺，法官則表示黃明亮究竟有沒有法力，是信仰問題，無法以常識判斷或用科學驗證。也就是說，法院認定販賣違建寺廟中的靈骨塔是非法的，但有沒有透過宗教「法力」來詐欺，法院則無法加以判斷。（瞿海源，民視時事評論，參訪 http://hyden.ftvn.com.tw/NewsData/FTVN/NewsCri/ch9807.htm）

宗教斂財「月下老君」被捕一案

自稱「月下老君」的男子陳宏明，涉嫌從1997年起刊登報紙廣告，謊稱可以挽回夫妻感情云云，每次「做法」索價20萬元，另迷

昏被害人趁機性侵害，北、高兩市被害合計逾百人，不法所得數千萬元，警方17日在高雄市將陳宏明逮捕到案，並提報迅雷流氓。陳宏明假藉宗教斂財超過4年，是近年台北市查獲行騙時間最長的神棍。陳宏明的徒弟許克昌，因毒品案在高雄分監服刑，警方認定許克昌也有斂財嫌疑，一併提報迅雷流氓。

　　警方調查，陳宏明（57歲，詐欺等多項前科）不只刊登報紙廣告，還印名片四處發送，聲稱是「台北天元宮佛堂」、「嗣漢天師府大法師」、「高雄縣月世界八寶山九龍寺」主任委員，在台北市信義區永吉路、林口街、忠孝東路5段、高雄市三民區長明街等地，開設神壇。陳宏明、許克昌對外聲稱可以挽回失和家庭夫妻感情、傳授靈符法咒、並能超渡嬰靈、下降頭、養小鬼等，招攬被害人做法事，每次索價20萬元，而且必須連續做法方能消災解厄。1999年921大地震後，陳宏明以協助政府辦理「921震災亡靈超渡法會」、認購「921罹難者靈骨塔」等功德為幌子，利用一般民眾惻隱之心行騙。　此外，陳宏明發現被害人頗具姿色時，則以摻有迷藥的符水，誘騙被害人喝下，予以猥褻或性侵害。　台北市警局信義分局長蔡義猛接獲民眾報案後，展開3個多月的蒐證，17日凌晨，員警前往高雄市三民區長明街神壇，將陳宏明逮捕到案，並起出道服、法袍、肚兜、玉皇上帝牌令、五鬼令旗、木魚、金鐘、銅鈴、羅盤等犯罪工具。　陳宏明被捕後，堅決否認涉案，辯稱真的有法術，被害人是心甘情願「貢獻」，並未以宗教斂財。警訊後，全案依詐欺等罪嫌移送法辦。（參訪新浪網　－　各報新聞，http://news.sina.com.tw/sinaNews/ettoday/society/2001/0817/3804128.htm1）

對上述涉及宗教斂財事件之案例研析

　　經過仔細的省視上述五個案例後，我們似乎可以慢慢的發現一些宗教斂財犯罪手法的共通點以及相異之處，例如就「日本法之華三行」、「攝理教會」、「宋七力顯像協會」以及「妙天禪師」等四個案例與稍後的「月下老君」一案相較，我們可以從以下的角度來進行分析：

組織型態

　　於1980年，"法之華"教主福永法源宣稱自己已接受"繼基督教，釋迦以後的最後救濟者"的"天聲"，開始了他的宗教活動。1987年，他得到靜岡縣知事的認可而一舉成為"宗教法人"。同樣地，在攝理教會與妙天禪修會協會身上，我們也可以看到主事者試圖以組織型態向外擴散的影子，甚至在八十三年內政部出版的「全國性宗教團體名錄」中，「宋七力顯像協會」也名列其上，蓋據點越多，對於會員的吸收與組織的急速擴張而言，是相當有利的。相反的，在「月下老君」一案中，就沒有如此鮮明的組織型態，因為當事人只是利用神壇作為詐欺犯罪所使用的犯罪場所，並藉由各種活動名義之便，夥同共犯以招攬法事。而組織層級方面，則以日本「法之華三行」案的組織體系最為完整，因其「教主」不但成立了宗教法人，而且亦建立了「教團」相關公司，但也因此而樹大招風，因逃漏稅捐與詐欺而被日本司法單位追訴。

宗教的商品化 –宗教附屬商品與服務的買賣

　　在上述例子中，另一個顯明的特徵就是宗教的商品化（林本炫，對宗教團體經濟活動的規範，國家政策雙週刊第152期），商品可能是有形的，但也可能無明顯的外在型態，前者則如妙天禪師的蓮座，後者如各種「修行」、「法事」的手續費，但重點在於，所

提供的商品與服務，它的價值是難以以市價來加以衡量，如法之華、妙天與宋七力等案，法官認定其之所以為詐欺，並不在於其宗教商品與服務的價格，而在於他們所提供的方式與手段，是否使當事人陷於錯誤，或因為脅迫而失去意思表示的自由。以妙天一案為例，所提供的蓮座，要價達三十萬元，此部分並不涉及違法，因為物品的價值，是由消費者自我決定的，有相當的主觀性，但其所提供「蓮座」的納骨塔，卻因違建而面臨隨時拆除的命運，當事人明知該重大瑕疵，卻仍出售牟利，這樣的手段，方屬須以法律加以非難的所在。同樣地，宋七力分身以及發光的照片，也可以做如此的說明。至於信徒為信仰所支付的「代價」，則在所不問，舉凡性、金錢、以及其他財產，都可能成為「奉獻」的對象，這在上述的案例裡，我們都可以找到相關的蛛絲馬跡。

在另一方面，宗教交易有著以下的五項特徵（林本炫，對宗教團體經濟活動的規範，國家政策雙週刊第152期）：（一）交易資訊不對等；（二）交易對象不明確；（三）交易對價無形化；（四）交易人地位不對等；（五）交易性質不明確。其中「交易人地位不對等」一項，其實就意涵著宗教上的交易關係和一般交易關係可能存在著不一樣的形態，也就是「宗教師」和「信徒」之間的從屬關係，而這種從屬關係使得信徒無法和一般的商品購買者一樣，對其交易內容或是交易的標的物要求提供充分的資訊，或是自由退出交易過程。它必須符合下列條件：（一）只提供給皈依的信徒；（二）不訂定價格，而是以奉獻名義行之（至於何種屬「奉獻」，何種屬「價格」，其實亦不難區別。譬如有信徒要將先人骨骸奉入宗教團體所屬靈骨塔時，如果在詢問條件時，寺方或是宗教團體承辦者答以某種外在固定條件（譬如十五萬元），而非「隨緣奉獻」或是以其在該宗教上的入教年資或是修行為依據，即可認定是價格，而為交易行為）依照這兩個條件，我們可以區分出四種類型的經濟互動關係：類型一，只提供給皈依的信徒，而且不訂定價格。類型二，只提供服務給信徒，但是有固定價格；類型三，提供給一般信徒以及

非信徒的其他人士，但是不訂定價格自由奉獻。（譬如一般廟宇的「收驚」等宗教服務項目）；類型四，提供給一般信徒以及非信徒的其他人士，而且有固定價格（譬如神壇的「解運」等活動，以及新興宗教團體的禪坐班、靜坐班，採取入班繳費，類似補習班的收費方式，而且其信徒資格的認定極為模糊，參加活動者未必是正式皈依的信徒）。類型二和類型四所牽涉到的，即是所謂的宗教「商品化」的問題。（林本炫，對宗教團體經濟活動的規範，國家政策雙週刊第152期）

利用「神蹟」

其實在以上的幾個案例中，我們也可以看到，宣傳「神蹟」，其實也在宗教斂財的手法中扮演一項重要的角色，只要經過適當的宣傳與包裝，以及技巧，利用人性心理上的弱點，就能夠取信於信徒，進而引起信徒們的盲目崇拜，日本「法之華三行」聲稱能以足下觀測未來，以及宋七力案件中的「神光」等均為若是，而在台灣民間信仰裡，相關的宗教詐財騙術亦不勝枚舉，例如所謂的「開天眼」，就是不肖神棍為了取信信眾，先用硬幣緊緊貼住雙眼，然後上冥紙，最後以紅布矇住雙眼。而第一步的「貼銅板」是利用銅板的力量撐住往上翻的眼皮，這樣便能進餘光而可看到車外情形，至於第二的「上冥紙」及第三步「戴眼罩」，甚至還有神明附體起駕的情形，其實都是障眼法，都是為了取信觀眾所為。（2000.11.21聯合報）「月下老君」一案，其實就比較近似這傳統的類型。而我們曾在前述談過，宗教的要素之一，需要一個被認為係神聖而超自然的事物存在，但值得省思的是－我們眼睛所見，是否為一個「人造」的神蹟。

宗教斂財在刑法上的法律效果

在宗教斂財行為的法律效果方面，在我國刑法上可能涉及的條文主要是339條關於詐欺罪之規定：

> 「意圖為自己或第三人不法之所有，以詐術使人將本人或第三人之物交付者，處五年以下有期徒刑、拘役或科或併科一千元以下罰金。以前項方法得財產上不法之利益或使第三人得之者，亦同。前兩項之未遂犯罰之。」

傳統以來，國內多數說均受日本學界影響，認為339條第一項著重在保護個別的財產法益，第二項則是保護整體的財產利益。在第一項詐欺取財罪，被害人喪失對財物本身的持有，即屬一種損失，因妨害到使用財物本身的機能，所以無論被害人全部財產是否減少，只要喪失對財物本身的持有時，就是一種損害。（甘添貴，刑法的重要理念 p.376）但德國學說則一致認為，應該是要保護整體財產而不涉及個人財產。（月旦法學，30期p.14）在這概念下，因行為人行使詐術，導致他人陷於錯誤，也因此而導致了其為處分財產的行為，而此一處分財產的行為卻又導致了被害人遭受財產上的損害。所謂的行使詐術行為，即為事實上的欺瞞，是以作為不作為的方式傳遞與事實不符的資訊，進而對他人的智識發生決定性的效果（陳志龍，人性尊嚴p379）至於傳達的方式，即按社會一般通念，依行動即可使人瞭解其所傳達的訊息。言詞、行動都可包括在內。至於條文中所謂「陷於錯誤」，則指因行為人的詐術，使得相對人產生與客觀事實不符的認知，宋七力的顯像照

片，使信徒產生確有其事的錯覺，及不正確的想像，即是一個很好的例子。而受騙人的財產處分行為，只要有事實上的處分行為便能成立，至於有無行為能力，則非所問。（陳志龍，人性尊嚴p382）相反的，如果受欺騙人並無處分財產的行為，則不能構成本罪。此外，在行為人的詐術行為、陷於錯誤、財產處分、及財產損害之間必須有因果關係，此為一當然必備的要件。在主觀構成要件要素方面，詐欺罪的行為人則必須有兩要件，其一為詐欺故意，其二則為不法獲利的意圖，法條上雖稱為不法「所有」之意圖，但「所有」係以物權的觀點視之，但是本罪並不是要保護特定的所有權，而是對於整體利益的保護，因此本條之「所有」應理解為「得利」為妥。（林山田，刑法各論p771）而如以詐欺為業，行宗教斂財者，則涉及刑法340條的常業詐欺罪，前述的妙天禪師一案，法官即以本罪相繩：

> 「以犯339之罪為常業者，處一年以上、七年以下有期徒刑，得併科5000元以下罰金」

所謂常業犯，是指行為人意圖於一定期間內取得固定的收入來源，並重複同種類之犯罪行為為之者，重複同種類犯行之實施，固為常業犯的重要表徵，但並非絕對，只要行為人基於「常業」的意圖，而為第一次的常業行為亦可成立常業犯。（黃常仁，刑法總論P212）

不過在我國刑法上，對於未成年人與精神耗弱者，為了避免其因知慮淺薄或精神上的缺陷導致的意思決定能力欠缺，因此在刑法341條規定：

> 「意圖為自己或第三人不法之所有，乘未滿二十歲人之知慮淺薄或乘人之精神耗弱，使之將本人或第三人之物交付者，處五年以下有期徒刑、拘役或科或併科1000元以下罰金。縱以前項方法得財產上不法之利益，或使第三人得之者，亦同。前兩項之未遂犯罰之。」

　　實務上強調，本罪限於行爲人僅係消極的乘被害人精神上的缺陷，使之交付財物，而非積極的施用詐術。行爲人如係以詐術使人將財物交付，則被害人未滿二十歲，亦屬339之詐欺罪，而非構成本罪。（29上1156例）同時本罪的規定係未滿二十「且」知慮淺薄，如已滿二十之人知慮淺薄，或雖未滿二十但知慮並不淺薄，則均不屬之（蔡敦銘，刑法各論p238）以上係就宗教斂財行爲，在財產法益上可能涉及的部分所做之探討，至於利用宗教行爲漁色，所涉及的強制性交、猥褻等諸罪刑，則屬另一層次所應探討之問題。

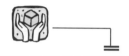

宗教斂財之制訂

　　鑑於八十五年間相繼發生的宋七力、妙天禪師等宗教斂財案件以來，有關宗教組織與寺廟管理相關規範是否應予制訂，就一直是個敏感的話題，蓋其涉及人民信仰自由的基本權之故；而在我國憲法的保護下，目前台灣各宗教均享有同等的傳教與信仰自由，並基於「政教分離」的原則，政府對於民間信仰情形，並不做任何的壓制，相較於解嚴之前對宗教行爲的打壓與管制，確實有極大的差異性（詳情可參台灣省警務處檔案彙編－民俗宗教）但也因此使得宗教事務的主管機關對於宗教法的制訂，有所顧忌，深怕動輒得咎，被標籤上製造「白色恐怖」的政治光環。而到底「宗教法」的制訂是否有其必要性？似乎我們可以先行瞭解一下離我們最近的兩個地區－日本以及大陸對於宗教的相關管理規定：日本對於宗教行爲的管理，主要以植基於「聖俗分立」的「宗教法人法」爲依據，而所賦予其主管機關（文部省文化廳文化部下的宗教課）的職權，則大

約包含以下四項：

    1. 宗教法人訂立組織章程或變更章程，及合併、任意解散的認證（認可），以及設立或合併認證的取消。
    2. 受理宗教法人的登記或崇拜用建物及建地登記之申請案件。
    3. 違反宗教法人設立目的之公益事業以外之事業的停止命令。
    4. 為宗教法人有違反法令或嚴重妨礙公共福祉之行為時，請求法院裁定其解散。

    從以上幾項職權來看，宗教事務主管機關的職掌主要是在登記與認證、不符設立目的事業之停止命令，以及對法院提出裁定的請求。但是主管機關對於宗教法人不具強制調查之權，對其業務及財務也無監督之權限。宗教主管機關對於宗教團體的登記無權進行實質審查，只能從事形式認證。換句話說，主管機關不但不能介入宗教團體的教義、信仰等等，即使是有關教義信仰之外的其他事務，所擁有的權限其實也是非常有限的。（林本炫，對宗教行政的若干概念性觀念探討）「聖與俗分立」是日本宗教法人法制定時的主要原則，主管機關的職權主要也是根據這一區分而來。但是聖與俗分立並不保證國家對於「俗」的一面的介入，不會妨礙到「聖」的一面的「宗教行事」。我們必須注意到日本「宗教法人法」中對於「俗」的一面的規範，乃是採取最低限度、最小範圍的作法，而且主管機關的權限被限定在非常有限的範圍內。至於，主管機關對「俗」的一面何以具有職權？其職權的行使是為了達成何種目的？如果再以日本為例，「宗教法人法」的立法目的在使宗教團體取得法人的地位，因此主管機關的職權主要也都和宗教法人的法人格的成立、轉變以及聲請撤銷有關。由此看來，主管機關對俗的一面的職權，並不就代表著主管機關可以根據其他目的而對宗教團體看似與「聖」的一面無關的事務進行介入。因此，就我國的情況來說，在釐清主管機關的權限之前，必須先確認此種職權之擁有與行使乃是基於何種目的而成立。（林本炫，對宗教行政的若干概念性觀念

探討）

　　在看完日本對於宗教法人的管理後，我們可以反過來看看大陸的宗教概況：

宗教組織與活動場所方面

　　中共認為「愛國宗教組織」是確保宗教政策落實與活動正常化的重要關鍵。為嚴格控制宗教，中共禁止民間自行組織宗教團體。目前中共認可的「全國性愛國宗教組織」計有七個，中共透過這個組織控制大陸的宗教活動，凡未經其安排許可的宗教活動均係非法。不過信徒在宗教活動場所從事宗教活動仍必須依相關規定進行。依照一九九四年「國務院」發布的「宗教活動場所管理條例」規定，宗教活動必須於宗教活動場所內進行，並須由縣級以上人民宗教監督部門、公安機關及司法機關進行監督。

宗教活動的管理

　　一九八二年中共所修訂的憲法指出「公民有信仰宗教的自由，國家保護正常宗教活動。」惟「正常宗教活動」的認定極為狹窄。例如宗教活動的進行必須符合「三定」政策（即「定片」─傳道區域劃定，不能跨區活動，「定點」─只能於指定地點活動，「定人」─指定負責人主持宗教活動），凡非屬佛教、天主教、基督教、道教、回教等五種宗教的信仰活動均被歸入會道門，依法必須取締等等。大陸地區有關適用於宗教活動的處罰規定繁多，加上中共法治上的不健全，認定標準往往受政治因素影響，例如「中華人民共和國」刑法第九十九條規定及第一百六十五條規定：「組織、利用封建迷信、會道門進行反革命活動的，處五年以上有期徒刑，情節較

輕的，處五年以下有期徒刑、拘役管制或剝奪政治權利」、「神
漢、巫婆藉迷信進行造謠、詐騙財物活動的，處二年以下有期徒
刑、拘役管制，情節嚴重的，處二年以上七年以下有期徒刑。」充
滿了不確定法律概念。而根據一九九四年「亞洲觀察」人權組織統
計，一九九三年中國大陸將近有兩百五十件原因不明的非法逮捕案
件，其中有八成是與宗教信仰有關。（行政院陸委會，大陸地區宗
教法規彙編）在看過上述兩個極端的例子後，我們可以回顧一下我
國之情形，我國目前與宗教直接有關的法律只有「監督寺廟條
例」，賦予主管機關登記、保管、許可處分廟產、革除寺廟住持之
職權。但該法為訓政時期之產物，有其爭奪廟產的時代背景，且主
管機關目前對於宗教團體所行使之行政權力並未完全依照該法律或
其他法律，而主要是以行政命令與釋示為之，所以主管機關對於宗
教團體相關事務究竟擁有何種行政權力，嚴格來說是曖昧不清的。
在過去的威權時代，政府基於政治的考量，以行政命令與行政手
段，對於統治權有顧慮或者社會控制有所妨礙者直接加以取締。然
而實際上，受到「取締」的宗教團體不但沒有銷聲匿跡，而且日益
壯大，最後迫使政府不得不加以解禁。由此說明了以行政權力取締
宗教團體，實際上並不能達到抑制宗教團體成長、阻遏某種信仰傳
佈的目的。當然，宗教團體如果違反既有的任何法律，必須經由司
法程序接受處分，這是另外一個層面的問題，和行政機關直接的介
入有所不同。（林本炫，對宗教行政的若干概念性觀念探討）
但在將來的立法上，除應於「法律保留原則」之下，以法律明確規
範主管機關職權範圍、干涉方式以及目的外，也有必要在信徒與宗
教團體之間的關係予以規範，例如八十七年內政部所提出的「宗教
團體法」草案中第四十三條規定：「未依本法申請許可設立之宗教
團體或供奉神佛之場所，不得接受信徒或教徒之捐贈」。這個條文
的立法原理，乃是希望透過對「接受信徒或教徒之捐贈」這一宗教
行為的許可為「誘因」，試圖誘導新興宗教團體以及神壇（供奉神
佛之場）「化暗為明」，易於監督管理。此種立法原理較諸過去自然
是進步許多，但是背後所存在的預設值得提出來加以討論。首先，

「接受信徒或教徒之捐贈」被認為是具有「公共性」的宗教行為，因此成為國家得以介入的基礎。而這種公共性宗教行為的取得，必須獲得國家的許可。事實上，如果以這一宗教行為為例子，其實反映了長久以來一直存在的，宗教活動（宗教結社、宗教傳播）必須獲得國家認可的深層想法。（林本炫，對宗教行政的若干概念性觀念探討）

　　宗教斂財行為，其實牽涉了人類內心對未知的恐懼與空虛，因

結　論

信與不信，盡其在我，我們不能以主觀認定宗教的好壞，但對於信仰的熱誠，卻是宗教斂財犯罪行為中，不肖宗教師所欲利用的對象，如何在信仰熱誠與真實做出取捨，而不被謊言與掩飾所蒙蔽，端視個人是否能夠以智慧辨別「宗教商品」、「供養」以及「斂財」的區別。而在宗教立法方面，首應注意的是，應賦予主管機關能於法律授權下，有完整而清楚的職權，而能就宗教斂財所生的影響與宗教團體金錢財務，進行事先的進行預防與控制。其次應就信徒與宗教師、宗教團體的財務贈受關係部分，能夠給予明確的規範，避免斂財事件的一再重演，也方能展現政府及立法部門掃除宗教詐財行為的決心。馬克斯曾說過：「宗教是人民的鴉片。」這句話似乎否定了宗教指引人心的正面功能，但宗教斂財事件提醒了我們—其實「明燈」與「鴉片」只在一線之間。

　　1.王震寰、翟海源，社會學與台灣社會

★ **參考文獻**

2.林本炫，2000年6月，〈台灣的宗教變遷與社會控制〉。《輔仁學誌：法／管理學院之部》第三十一期，頁1-26。

3.傅佩榮，宗教與人心安頓。

4.任繼愈，宗教詞典。

5.何鳳嬌，台灣省警務檔案彙編。

6.林本炫，1998年12月，〈宗教行政的若干關鍵性概念的探討〉。淡水學院宗教學系主辦「宗教與行政」研討會論文。

7.林本炫，對宗教團體經濟活動的規範，國家政策雙週刊第152期。

8.甘添貴，刑法的重要理念，頁376。

9.聯合報，2000.11.21。

10.自由時報，1996.10.13。

11.月旦法學，30期，頁14。

12.林山田，刑法各論，頁771。

13.蔡敦銘，刑法各論，頁238。

14.行政院陸委會，大陸地區宗教法規彙編，頁10-11。

參訪http://china.kyodo.co.jp

參訪http://china.kyodo.co.jp

參訪http://202.108.249.200/special/23/3/3405.html

參訪民視時事評論，
http://hyden.ftvn.com.tw/NewsData/FTVN/NewsCri/ch9807.htm

參訪聯合電子報，2001.05.01第193期

參訪新浪網 – 各報新聞，
http://news.sina.com.tw/sinaNews/ettoday/society/2001/0817/3804128.html

參考書目

1. 行政院研考會（1989），「飆車問題之成因與防制途徑」專案研究報告。

2. 謝靜琪（1998），「少年飆車行爲的分析與防制」，刑事政策與犯罪研究論文集，法務部犯罪中心編印。

3. 法務部犯罪研究中心（1998），民國八十七年犯罪狀況及其分析，法務部編印。

4. 蔡德輝、楊士隆（2000），「少年犯罪理論與實務」，五南出版社。

5. 蔡聖偉（1998），「刑法分則」，來聖文化事業有限公司。

6. 蔡德輝、楊士隆（2001），「犯罪學」，五南出版社。

7. 蔡德輝、楊士隆（2000），「幫派入侵校園問題與防制對策」，青少年暴力行爲原因、類型與對策，犯罪學學會印行。

8. 侯崇文、侯友宜，「青少年幫派問題與防制對策」，青少年暴力行爲原因、類型與對策，犯罪學學會印行。

9. 李義男（1998），「校園暴力問題與防制方法之探討」，刑事政策與犯罪研究論文集，頁217-218，法務部犯罪研究中心編印。

10. 林東茂（2001），一個知識論上的刑法學思考，五南出版社。

11. 教育部（1999）「教師法律手冊」。

12. 陳麗欣（2000），「國中校園學生與教師被害的問題與防制對策」，青少年暴力行爲原因、類型與對策，犯罪學學會印行。

13. 劉安玲（1997），學生輔導雙週刊第五十期，教育部訓育委員會出版。

14. 楊美雪（1997），「家栽之人」，學生輔導雙週刊第五十期，教育部訓育委員會出版。

15. 呂淑妤（1998）「我國藥物濫用問題之探討」，刑事政策與犯罪研究論文集，法務部犯罪研究中心印行。

16. 趙星光（1998），「生活形態觀點的毒品濫用及戒治之分析與政策應用」，刑事政策與犯罪論文集，法務部犯罪研究中心印行。

17. 何進財，鄧煌發（2000/12/26），台灣地區國小暨國中學生輟學概況及其與社會鉅觀因素關係之比較分析，中輟學生與青少年犯罪問題研討會論文集。

18. 林淑瓊，（2000/12/26），日本中途輟學問題暨中輟生之預防，中輟學生與青少年犯罪問題研討會論文集。

19. 高桓忠一郎（1997），登校拒否、不登校をめぐって，青木書店。

20. 能重眞作（1998），居場所を求める子どもたち，東京あゆみ出版。

21. 吳芝儀（2000），中輟生的危機與轉機，濤石文化事業有限公司。

22. 日本文部省（1998），登校拒否への取り組みについて―小学校、中学校編―財務省印刷局。

23. 朱台深（2000/12/26），一所會飛的學校―談中途學校對中輟生之服務，中輟學生與青少年犯罪問題研討會論文集。

24. 「執行強迫入學條例作業手冊」（2000），教育部編印。

25. 蔡德輝、楊士隆（2001），「青少年性侵害行為與防制對策」，青少年暴力行為、原因類型與對策，中華民國犯罪學學會印行。

其他中文資料

1. 聯合報2001.5.4。
2. 中時晚報2001.9.4。

網路資料來源

1. 參訪泰安產物保險公司網站http://www.taian.com.tw，
   2001.12.9參訪。
2. 陳麗欣，「從校園暴行之迷思談校園危機處理」，網址
   http://www.nmh.gov.tw/edu，2001.12.9參訪。
3. 毒品犯罪及預防諮詢服務網，網址：
   http://www.medinet.com.tw，90.12.11參訪。
4. 性侵害教師防制手冊，網址：http://sco.miaoli.gov.tw/
   90.12.16參訪。
5. 內政部性侵害防治委員會網站，網址：
   http://vo1.moi.gov.tw/safe，90.12.16參訪。
6. 王如玄，民國八十六年，「父女人身安全與法律」，轉載自內政
   部性侵害防治委員會網站，網址：
   http://vo1.moi.gov.tw/safe，90.12.16參訪。

行動研究：生活實踐家的研究錦囊

Jean McNiff & Pamela Lomax & Jack Whitehead ◎著

吳美枝、何禮恩 ◎譯者

吳芝儀 ◎校閱

定價 320元

　　本書『行動研究－生活實踐家的研究錦囊』關注行動研究的各個階段，並採取一個實務工作者–研究者的取向（從行動計畫到書寫報告），提供一些具體有用的建議，包括蒐集、處理與詮釋資料的議題，以及行動研究報告的評鑑標準等。本書的實務取向將鼓舞讀者嘗試新的行動策略來改善他們自身的實務工作，並持續尋求更好的專業發展。一系列行動研究(action research)的循環過程，則是促使教師能秉其專業知能設計課程與建構教學的最有效方法。

質性教育研究：理論與方法

Robert C. Bogdan & Sari Knopp Biklen ◎著

黃光雄 ◎主編/校閱

李奉儒、高淑清、鄭瑞隆、林麗菊

吳芝儀、洪志成、蔡清田 ◎譯

定價 450元

　　本書其目的在於為質性研究在教育上的應用提供一個可理解的背景，檢視其理論根基和歷史淵源，並討論實際進行研究的特定方法。除此之外，還包含性別研究和女性主義、後現代論、解構論、電腦科技之應用於質性資料蒐集、分析和報告撰寫等之議題，最後並聚焦於質性教育研究之應用研究—討論有關評鑑、行動和實務工作者的研究。

質性研究入門
《紮根理論研究方法》

Anselm Strauss & Juliet Corbin ◎著

吳芝儀、廖梅花 ◎譯

定價 400元

　　研究者之經常面對一些問題：如何理解研究材料？如何產生理論性詮釋？如何將詮釋紮根於研究材料中？如何突破分析情境中所無法避免的歧見、偏見和刻板化觀點？本書之目的，即是在循序漸進地回答與進行質性分析有關的問題。並企圖為準備展開其初次質性研究方案的研究者，以及想要建立實質理論的研究者，提供基本的知識、技術和程序。

中輟學生的危機與轉機

吳芝儀 ◎著

定價 350元

　　本書彙整目的有二：一是試圖從多元層面理解中輟學生的問題，二是深入探討能解決中輟學生問題的有效中輟防治策略和選替教育方案。能提供關心中輟學生問題的教育、輔導、社福、警政、法務等不同專業領域的實務工作者參考，協力促成國內中輟學生教育和輔導方案的長足發展，以有效消弭青少年中途輟學或犯罪的問題，減低少年偏差和犯罪行為對社會之戕害。

英國教育：政策與制度

李奉儒 ◎著

定價 420元

　　隨著國內教育改革的風起雲湧，如何參考借鑑先進國家的教育政策與制度，掌握其教育問題與實施缺失，就成了比較教育研究的焦點。

　　本書的主要目的正式要分析英國近年來主要教育政策與制度變革之背景、現況與發展趨勢，提供給關心我國教育研究及教育改革者作為參考。

課程統整模式的原理與實作

周淑卿 ◎著

定價 300元

　　當國內教育提倡九年一貫課程，經驗豐富與否的國小教師，首當其衝便是思考如何結合理論與實務，進行課程設計。然而在課程設計實例中，我們總是依次又依次地相互詰問論辯，試著就一些統整課程的設計模式，思索如何實際運用於九年一貫課程的架構中。

　　本書旨在清楚陳述幾個課程統整的設計模式，包含基本理念及設計步驟，以及如何與九年一貫課程的能力指標配合。讀者可由各個模式的設計解說，配合實例對照，進一步了解這一些模式如何轉化為實際的方案…

青少年法治教育與犯罪預防
陳慈幸 ◎著
定價 420元

　　有人說，青少年犯罪問題是一個進步中社會的產物，而同時也是一個污點。但是正當這個污點逐漸趨向擴大為一種黑暗時，我們不覺深思，這群遊走於黑暗邊緣孤獨、無助、期待伸援的淪失靈魂，我們究竟該如何協助他在一線之間，回頭，走出沈淪？

　　刻板的刑罰，是最真確的輔導方式嗎？還是該給在觸犯法律之前，先給予正確的法治教育，才是更「溫柔」的關懷？………

社會人文 系列

校言校語
《四十年教育心旅》
吳景南 ◎著
定價 220元

　　「校言校語」是一個服務於教育工作四十年校園老園丁的諄諄絮語，既非道貌岸然的孝言孝語，亦非幽默有趣的笑言笑語，而是表達作者對學校教育與辦學經營的善言善語；它們也是好言好語，希望有助於促進青少年的身心健康與生命的永續發展。作者傳承其寶貴的學校辦學與青少年學輔導的實務工作經驗，提供校園師生分享共勉。

希望之鴿（一）（二）
國立嘉義大學家庭教育研究所 ◎主編
定價 240元；定價 220元

　　從國內外犯罪學家的研究發現，大部分的犯罪成因可謂與家庭因素息息相關，家庭教育的健全與否關係著該社會犯罪率的高低。本書集合32位收容人及每個家庭過去的成長背景、教育方式、及造成家庭成員墮落為犯罪者的無奈與辛酸、也包括收容人目前親職問題及其困難、與往後生涯規劃的瓶頸…

法律與犯罪 01

法律的詮索

陳慈幸 ◎著

定價 400元

法律從字元及其定義來說，是具有功能性的社會規範，其特徵在於有強制力之驅使。法律的目的在於保障群眾安寧，並維持社會秩序。因此法律這一門學問，在以往總被認定是專業且艱澀的。有許多人說，法律是用來保護懂法律的人，此種說法或許不慎正確，但又不無道理。只能說法律是需要靠多層面才思考的，這其中需要綜合其他領域的常識，並不因懂法律條文或法學的基本原則就可以稱之為知法。

事實上，人類為了更進一步的保障自我權益，使社會功能有所依循，於是制定了各種法令約束日常生活行為。隨著時代的進步，人的生活中，幾乎所有的事情都與法律有所關連，如民法，由出生到死亡，綜攬人類一生。

台灣目前已經慢慢在推動青少年法治教育，但依目前所謂的的法治教育方式，會有什麼樣的成果仍是未知數。此外人民在修習熟知法律之後，是否就能因此遵循守法，抑或是鑽法律漏洞，我們並無從得知。

法律是現代人生活中的一部份，舉凡結婚、房屋租賃、契約的訂定、各種民事索賠問題，以及最常於社會新聞中出現的性侵害的問題、校園意外事件與青少年犯罪問題，於本書中皆有全面及詳盡的說明。

即 將 出 版

史》）、蔣善國（著有《尚書綜述》）、陳夢家（著有《尚書通論》）三位先生，雖能擺脫這種窠臼，欲盡力釐清《尚書》的是非及其發展，然而卻無及於篇章內容義理的推闡，基於這點情由，雖不能說「過猶不及」，但如欲對《尚書》作義理方面進一步的了解，似乎應採取既明字義，又明義理的折中辦法，就著經文，提綱標目，以通俗淺近之言，貫串成篇，使《尚書》的字義文理，清晰地展現在讀者面前，借收易讀、易解、易悟的效果。

本書在以單篇形式發表的時候，多以「尚書──大義探討」為名，將《尚書》的篇名嵌在中間。如「堯典」，即署以「尚書堯典大義探討」，「皋陶謨」，署以「尚書皋陶謨大義探討」。間亦有例外，如「禹貢」，僅署以「禹貢山水」，「呂刑」，則署以「尚書呂刑篇的刑罰大義淺探」等。所以如此的原因，僅為求變化而已。今既加整合，命以「尚書學述」（學述者，陳述所學之管見也。），而加諸單篇篇名上下的文字，則悉予刪削，仍以《尚書》原篇名與讀者見面，求簡明也。至於篇次，除五誓（〈甘誓〉、〈湯誓〉、〈牧誓〉、〈費誓〉、〈秦誓〉）為比其異同，以見世情之變化，置於〈禹貢〉後外，其餘篇目，則仍依【十三經注疏】本僞古文尚書次序排列。

　本書分上下兩編。上編除「尚書篇目」外，其餘均為通論性質的文字，借著這些文字，表示筆者的一點淺見。雖有違俗之處，但卻甚執著，這大概就是所謂的「愚者好自用」吧！下編間有在某篇後，贅有該篇附錄的短文，這雖是副產品，但卻有助於對該篇文字的了解。而〈康誥〉、

序

《尚書》，為我國自上古所遺留下來的一部典籍。因是一部政書，所以含蘊非常豐富。《禮記・大學》篇所說「誠、正、修、齊、治、平」之道，無不在是。於此，即可想見其價值之大。同時，它也是我國上古時代生活、文化的紀實。就本原說，最為純粹。是以如欲發揚我國固有文化，了解上古生活情節，《尚書》，是不可以不讀的。

近年來，筆者研讀此書，稍有所得，是以不揣淺陋，以單篇方式，發表在《政大學報》、《中華學苑》、《孔孟學報》月刊，以及《中央日報文史專刊》，迄今已近十個寒暑。這期間，曾請文史哲出版社以「尚書流衍及大義探討」、時報出版公司以「華夏的曙光──尚書」兩個名稱，分別刊行若干篇，也曾兩度獲得國科會的獎助（民國七十一年、七十三年）。而今，全書已告殺青，想著整合在一起，按照《尚書》篇目的順序，把它印出來，請讀者指教。

目前，流行坊間的《尚書》著作很多，也都能擲地有聲，筆者是望塵莫及的。不過就其闡述的方式言，多半是就《尚書》的篇章內容，作注解、語譯，少有例外。而劉起釪（著有《尚書學

國立中央圖書館出版品預行編目資料

尚書學述／李振興著. --初版. --臺北
市：東大發行：三民總經銷，民83
面；　公分. --（滄海叢刊）
ISBN 957-19-1610-2 （一套：精裝）
ISBN 957-19-1614-5 （一套：平裝）

1.書經-評論

621.117　　　　　　　　83002402

© 尚　書　學　述（下）
（分　　論　　篇）

著作人　李振興
發行人　劉仲文
著作財
產權人　東大圖書股份有限公司
總經銷　三民書局股份有限公司
印刷所　東大圖書股份有限公司
　　　　復興店／臺北市復興北路三八六號
　　　　重慶店／臺北市重慶南路一段六十一號
　　　　郵　撥／〇一〇七一七五──〇號
初　版　中華民國八十三年五月
編　號　E 03068
基本定價　拾貳元
行政院新聞局登記證局版臺業字第〇一九七號

ISBN 957-19-1617-X （平裝）

尚書學述(下)

李振興 著　東大圖書公司 印行